Ekkehard Kaier

# Turbo Basic-Wegweiser Grundkurs

Mikrocomputer sind Vielzweck-Computer (General Purpose Computer) mit vielfältigen Anwendungsmöglichkeiten wie Textverarbeitung, Datei/Datenbank, Tabellenverarbeitung, Grafik und Musik. Gerade für den Anfänger ist diese Vielfalt häufig verwirrend. Hier bieten die Wegweiser-Bücher eine klare und leicht verständliche Orientierunghilfe.

Jedes Wegweiser-Buch wendet sich an Benutzer eines bestimmten Mikrocomputers bzw. Programmiersystems mit dem Ziel, Wege zu den grundlegenden Anwendungsmöglichkeiten und damit zum erfolgreichen Einsatz des jeweiligen Computers zu weisen.

Bereits erschienen:

**BASIC-Wegweiser**
- für den Apple II e/c
- für den IBM Personal Computer und Kompatible
- für den Commodore 64
- für den Commodore 16, 116 und plus/4
- für den Commodore 128
- für MSX-Computer
- für Schneider CPC

**MBASIC-Wegweiser**
- für Mikrocomputer unter CP/M und MS-DOS

**Turbo Basic-Wegweiser**
- Grundkurs

**Turbo Pascal-Wegweiser**
- Grundkurs
- Aufbaukurs
- Übungen zum Grundkurs

**Festplatten-Wegweiser**
- für IBM PC und Kompatible unter MS-DOS

**In Vorbereitung:**
- BASIC-Wegweiser für den Atari ST
- Turbo C-Wegweiser
- Quick C-Wegweiser

**Zu allen Wegweisern sind die entsprechenden Disketten lieferbar.**

(Bestellkarten jeweils beigeheftet)

Ekkehard Kaier

# Turbo Basic-Wegweiser Grundkurs

Mit 72 Programmen, 4 Dateien, 24 Struktogrammen und 132 Abbildungen

Friedr. Vieweg & Sohn Braunschweig / Wiesbaden

CIP-Titelaufnahme der Deutschen Bibliothek

**Kaier, Ekkehard:**
Turbo-Basic-Wegweiser, Grundkurs /
Ekkehard Kaier. – Braunschweig;
Wiesbaden: Vieweg, 1988
ISBN-13: 978-3-528-04596-8 e-ISBN-13: 978-3-322-86346-1
DOI: 10.1007/978-3-322-86346-1

Das in diesem Buch enthaltene Programm-Material ist mit keiner Verpflichtung oder Garantie irgendeiner Art verbunden. Der Autor und der Verlag übernehmen infolgedessen keine Verantwortung und werden eine daraus folgende oder sonstige Haftung übernehmen, die auf irgendeiner Art aus der Benutzung dieses Programm-Materials oder Teilen davon entsteht.

Der Verlag Vieweg ist ein Unternehmen der Verlagsgruppe Bertelsmann.

Umschlagggestaltung: Peter Lenz, Wiesbaden

ISBN-13: 978-3-528-04596-8

# Vorwort

Das vorliegende Wegweiser-Buch führt den Leser zum erfolgreichen Einsatz von Turbo Basic und ist in die drei Abschnitte „Entwicklung von Software allgemein", „Bedienung und Definitionen des Turbo Basic-Systems" und „Programmierkurs mit Turbo Basic – Grundkurs" gegliedert.

**1. Abschnitt:** Das Wegweiser-Buch vermittelt aktuelles Grundlagenwissen zur Programmentwicklung allgemein:

- Was sind Datentypen und Datenstrukturen?
- Welche Programmstrukturen unterscheidet die Informatik?
- Wie lassen sich Daten- und Programmstrukturen als Software-Bausteine anordnen?
- Was versteht man unter der Datei als umfangreicher Datenstruktur?

Nach der Lektüre dieses Abschnitts sind Sie in der Lage, die Programmiersprache Turbo Basic in den Gesamtrahmen der „Datenverarbeitung bzw. Informatik" einzuordnen.

**2. Abschnitt:** Das Wegweiser-Buch gibt einen detaillierten Überblick zu Bedienung und Definitionen von Turbo Basic als Programmentwicklungssystem:

- Wie erstellt man das erste Programm in Turbo Basic?
- Wie bedient man den Editor und den Compiler?
- Wie arbeitet man im Hauptmenü?
- Welchen Zeichensatz und welche Datentypen kennzeichnet Turbo Basic?
- Welche Befehle (Anweisungen und Funktionen) stellt das Entwicklungssystem zur Verfügung? Im alphabetisch geordneten Befehlsverzeichnis werden alle Befehle mit Format und Anwendungsbeispielen erläutert.

Nach der Lektüre dieses Abschnitts können Sie Ihr Turbo Basic-System bedienen sowie einfache Programme editieren, speichern, übersetzen und ausführen lassen.

**3. Abschnitt:** Hier wird ein kompletter Programmierkurs mit den folgenden Problemkreisen angeboten:

- Programme mit den wichtigen Ablaufstrukturen (Folge-, Auswahl, Wiederholungs- und Unterprogrammstrukturen).
- Strukturiertes Programmieren (Prozeduren und Funktionen, Lokalisierung von Bezeichnern, Parameterübergabe).
- Textverarbeitung mit Strings als strukturiertem Datentyp.
- Tabellenverarbeitung mit Arrays als strukturiertem Datentyp.
- Dateiverarbeitung sequentiell und im Direktzugriff.

Nach der Lektüre dieses Abschnitts können Sie die grundlegenden Sprachmöglichkeiten von Turbo Basic zur Lösung Ihrer Probleme nutzen.

**Ergänzung zum Handbuch:** Das Wegweiser-Buch kann das Turbo Basic-Handbuch keineswegs ersetzen, sondern ergänzen:

- Im Handbuch werden die Befehle und Sprachmittel von Turbo Basic „lexikonähnlich" dargestellt.
- Das Wegweiser-Buch hingegen kommt in seinem didaktischen Aufbau mehr dem assoziativen Denken des menschlichen Gehirns entgegen, das sich lieber an Zusammenhänge und Problemkreise erinnert als an „lexikonähnlich" dargestellte Befehle.

**Wegweiser-Buch für Schulung, Aus- und Weiterbildung:**

- Zu allen Programmbeispielen werden das Basic-Listing und die Ausführung wiedergegeben und ausführlich kommentiert.
- Das Buch orientiert sich an der bewährten Gliederungsfolge der Informatik: Die grundlegenden Programmstrukturen (Folge, Auswahl, Wiederholung und Unterprogramm) werden zunächst auf einfache Datentypen (Zahl, String als Einheit bzw. Einzelzeichen) angewendet, um sie dann zur Verarbeitung von Datenstrukturen String als Zeichenkette, Array und Datei zu nutzen.
- Theorie in Abschnitt 1: Die Grundlagen der Softwareentwicklung werden system- und sprachenunabhängig dargestellt.
- Systembedienung und Sprachdefinition in Abschnitt 2: Die umfangreichen Sprachmittel von Turbo Basic werden anschaulich dargestellt.
- Programmierkurs in Abschnitt 3: Das Buch bietet einen kompletten Grundkurs zum Entwickeln und Testen der elementaren Algorithmen in der Programmiersprache Turbo Basic.

**Vergleich von Programmiersprachen:** Zahlreiche Abläufe des Turbo Basic-Wegweisers finden sich auch in verschiedenen anderen Wegweiser-Büchern. Damit eröffnet sich ein interessanter und lehrreicher Vergleich auf der Ebene von Betriebssystem, Programmierumgebung wie Programmiersprache.

**Vorgehensweise:** Die Abschnitte 2.1 und 3 des Wegweiser-Buches bauen aufeinander auf und sollten in dieser Abfolge gelesen werden. Die Abschnitte 1 und 2.2 bis 2.4 hingegen können parallel dazu bearbeitet werden.

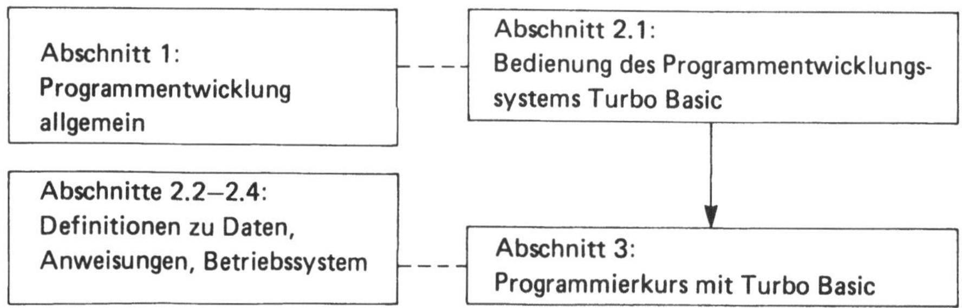


Für eilige und schnelle Turbo Basic-Anwender: Das Wegweiser-Buch läßt sich auch als Nachschlagewerk benutzen. Aus diesem Grunde wurden das Inhalts-, Befehls- und Sachwortverzeichnis sehr detailliert aufgegliedert.

Heidelberg, im August 1987 Dr. Ekkehard Kaier

# Inhaltsverzeichnis


**1 Entwicklung von Software allgemein** . . . 1

**1.1 Software = Daten + Programme** . . . 3
1.1.1 Begriffsbildungen für Daten . . . 5
1.1.2 Begriffsbildungen für Programme . . . 6
1.1.2.1 Anwenderprogramme und Systemprogramme . . . 6
1.1.2.2 Vier Standard-Programmpakete . . . 8

**1.2 Datentypen und Datenstrukturen** . . . 11
1.2.1 Einfache Datentypen als ‚Moleküle' . . . 12
1.2.2 Datenstrukturen als strukturierte Datentypen . . . 12
1.2.3 Statische und dynamische Datentypen . . . 14
1.2.4 Vordefinierte und benutzerdefinierte Datentypen . . . 15
1.2.5 Datentypen bei den verschiedenen Programmiersprachen . . . 15

**1.3 Programmstrukturen** . . . 17
1.3.1 Folgestrukturen . . . 18
1.3.2 Auswahlstrukturen . . . 20
1.3.3 Wiederholungsstrukturen . . . 21
1.3.4 Unterprogrammstrukturen . . . 23
1.3.5 Mehrere Strukturen in einem Programm . . . 23

**1.4 Daten- und Programmstrukturen als Software-Bausteine** . . . 25
1.4.1 Modell des Hauptspeichers RAM als Regalschrank . . . 27
1.4.2 Daten als Variablen und Konstanten vereinbaren . . . 28
1.4.3 Programm mit Vereinbarungsteil und Anweisungsteil . . . 29

**1.5 Datei als umfangreiche Datenstruktur** . . . 31
1.5.1 Zugriffsart, Speicherungsform und Verarbeitungsweise . . . 33
1.5.2 Vier Verarbeitungsformen von Dateien . . . 37
1.5.3 Grundlegende Abläufe auf Dateien . . . 38
1.5.4 Datei öffnen, verarbeiten und schließen . . . 39
1.5.5 Eine oder mehrere Dateien verarbeiten . . . 40
1.5.6 Datenbank . . . 40

**1.6 Programmentwicklung in Schritten** . . . 43
1.6.1 Aufgabenbeschreibung mit Problemstellung und Strukturbaum . . . 44
1.6.2 Problemanalyse . . . 45
1.6.3 Entwicklung und Darstellung des Algorithmus . . . 46
1.6.4 Programmierung im engeren Sinne . . . 51
1.6.5 Programmiertechniken und Entwurfsprinzipien . . . 52
1.6.6 Kleine Mauskunde . . . 54

**2 Bedienung und Definitionen des Turbo Basic-Systems** ............ 55

**2.1 Bedienung des Programmentwicklungssystems** ...................... 57
2.1.1 Erstellung des ersten Programmes in acht Schritten ............ 58
2.1.1.1 Schritt 1: Turbo Basic starten .................... 58
2.1.1.2 Schritt 2: Quelltext eingeben mit dem Edit-Kommando ... 59
2.1.1.3 Schritt 3: Quelltext speichern mit dem File-Kommando ... 60
2.1.1.4 Schritt 4: Programm ausführen mit dem Run-Kommando .. 61
2.1.1.5 Schritt 5: Fehler im Quelltext korrigieren ............. 63
2.1.1.6 Schritt 6: Disketten-Directory einstellen und anzeigen .... 64
2.1.1.7 Schritt 7: Unterbrechungsschalter auf ON setzen ........ 65
2.1.1.8 Schritt 8: Turbo Basic beenden .................. 66
2.1.2 Kommandos im Hauptmenü von Turbo Basic ................ 67
2.1.2.1 Übersicht ............................ 67
2.1.2.2 Kommando File ........................ 68
2.1.2.3 Kommando Edit ........................ 70
2.1.2.4 Kommando Run ........................ 73
2.1.2.5 Kommando Compile ...................... 73
2.1.2.6 Kommando Options ....................... 74
2.1.2.7 Kommando Setup ....................... 76
2.1.2.8 Kommando Window ....................... 78
2.1.2.9 Kommando Debug ....................... 79

**2.2 Daten und Datentypen** ............................ 81
2.2.1 Zeichensatz von Turbo Basic ........................ 82
2.2.1.1 Reservierte Einzelzeichen .................... 82
2.2.1.2 Reservierte Wörter ...................... 83
2.2.1.3 Ausdrücke ........................... 83
2.2.2 Einfache Datentypen ........................... 86
2.2.2.1 Vier numerische Datentypen und ein Stringtyp ......... 86
2.2.2.2 Variablen und Konstanten .................... 87

**2.3 Einfache und strukturierte Anweisungen** .................. 89
2.3.1 Anweisungen zur Kontrolle der Programmstrukturen ........... 90
2.3.2 Anweisungen im Programmtext ..................... 91
2.3.3 Alle Anweisungen ohne Dateizugriff mit Beispielen ............ 92
2.3.4 Alle Funktionen ohne Dateizugriff mit Beispielen ............. 100
2.3.5 Alle Anweisungen und Funktionen zum Dateizugriff mit Beispielen . 106
2.3.6 Alle Compiler-Befehle mit Beispielen ..................... 110

**2.4 Arbeiten in der MS-DOS-Ebene** ....................... 113

**3 Programmierkurs mit Turbo Basic – Grundkurs –** .............. 115

**3.1 Lineare Programme (Folgestrukturen)** ..................... 117
3.1.1 Codierung und Ausführung zu einem Programm ............... 118
3.1.2 Programm mit Vereinbarungsteil und Anweisungsteil ............ 120
3.1.3 Darstellung von Namen und reservierten Wörtern im Quelltext ..... 121

3.1.4 Anweisungsfolge Eingabe – Verarbeitung – Ausgabe ........... 123
3.1.5 Programmentwicklung in Schritten ........................ 125

**3.2 Verzweigende Programme (Auswahlstrukturen)** .................. 129
3.2.1 Zweiseitige Auswahl ........................................ 130
3.2.1.1 Kontrolle mit blockorientierter Anweisung IF-END IF .... 130
3.2.1.2 Kontrolle mit zeilenorientierter Anweisung IF-THEN-ELSE . 132
3.2.2 Einseitige Auswahl ......................................... 134
3.2.2.1 Kontrolle mit blockorientierter Anweisung IF-END IF .... 134
3.2.2.2 Kontrolle mit zeilenorientierter Anweisung IF-THEN ..... 135
3.2.3 Mehrseitige Auswahl ........................................ 136
3.2.3.1 Kontrolle mit blockorientierter Anweisung IF-END IF .... 136
3.2.3.2 Kontrolle mit zeilenorientierter Anweisung IF-THEN-ELSE . 138
3.2.3.3 Stringvergleich zur Auswahl ........................... 139
3.2.3.4 Fallabfrage mit Anweisung SELECT-END SELECT ...... 140

**3.3 Programme mit Schleifen (Wiederholungsstrukturen)** ............ 145
3.3.1 Abweisende Schleife ......................................... 147
3.3.1.1 Kontrolle mit Anweisung DO WHILE-LOOP ........... 147
3.3.1.2 Kontrolle mit Anweisung WHILE-WEND ............. 149
3.3.2 Nicht-abweisende Schleife mit Anweisung DO-LOOP UNTIL ...... 151
3.3.3 Schleife mit Abfrage in der Mitte mit Anweisung
DO-EXIT LOOP-LOOP ......................................... 152
3.3.4 Zählerschleife mit Anweisung FOR-NEXT ..................... 154
3.3.5 Unechte Zählerschleife mit Anweisung FOR-EXIT FOR-NEXT .... 156
3.3.6 Schachtelung von Zählerschleifen .......................... 158

**3.4 Prozeduren und Funktionen (Unterprogrammstrukturen)** ......... 161
3.4.1 Prozedurvereinbarung mit Anweisung SUB-END SUB .......... 163
3.4.1.1 Prozedur mit Variablenparameter ..................... 163
3.4.1.2 Prozedur ohne Parameter ............................. 165
3.4.2 Unechtes Unterprogramm mit Anweisung GOSUB ............. 167
3.4.3 Funktionsvereinbarung mit Anweisung DEF FN-END DEF ....... 169
3.4.4 Gültigkeitsbereich bzw. Attribute von Variablen .............. 171
3.4.4.1 Gültigkeitsbereich bei ungeschachtelten Unterprogrammen . 171
3.4.4.2 Gültigkeitsbereich bei geschachtelten Unterprogrammen ... 173
3.4.4.3 Gegenüberstellung der Attribute LOCAL, SHARED und
STATIC ................................................ 175
3.4.5 Wertübergabe und Adreßübergabe bei Parametern ............ 176
3.4.5.1 Variablen einfacher Datentypen als Parameter .......... 176
3.4.5.2 Arrays als Parameter bei Prozeduren ................. 178

**3.5 String als strukturierter Datentyp (Textverarbeitung)** ........... 181
3.5.1 Überblick .................................................. 183
3.5.2 Zeichen für Zeichen verarbeiten ........................... 184
3.5.3 Datumsangaben in Stringform verarbeiten ................... 191
3.5.4 Teilstrings aufbereiten ..................................... 192
3.5.5 Stringvergleich mit Wildcard-Zeichen ....................... 194

3.5.6 Blocksatz erstellen . . . . . 196
3.5.7 Verschlüsselung zwecks Datenschutz . . . . . 197

**3.6 Array als strukturierter Datentyp (Tabellenverarbeitung)** . . . . . 199
3.6.1 Eindimensionale numerische Arrays . . . . . 201
3.6.1.1 Zugriff auf das Arrayelement mittels Indizierung . . . . . 201
3.6.1.2 Elemente eines Arrays umkehren . . . . . 203
3.6.2 Eindimensionale String-Arrays . . . . . 204
3.6.2.1 Dynamische Dimensionierung . . . . . 204
3.6.2.2 Methode der parallelen Arrays . . . . . 205
3.6.3 Nicht-rekursive und rekursive Methoden . . . . . 206
3.6.3.1 Fakultät über Array als Kellerspeicher . . . . . 206
3.6.3.2 Fakultät über Rekursion . . . . . 208
3.6.4 Zweidimensionale Arrays . . . . . 210
3.6.4.1 Schleifenschachtelung . . . . . 212
3.6.4.2 Arrays als Parameter übergeben . . . . . 212
3.6.5 Speicherplatzbelegung durch Arrays . . . . . 213
3.6.5.1 Array als lokale und dynamische Variable . . . . . 213
3.6.5.2 Speicherbereiche String, Array und Stack . . . . . 214

**3.7 File als strukturierter Datentyp (Dateiverarbeitung)** . . . . . 219
3.7.1 Sequentielle Datei . . . . . 221
3.7.1.1 Datensätze erfassen und auf die Datei schreiben . . . . . 223
3.7.1.2 Alle Datensätze von Datei in den RAM lesen und anzeigen . . 225
3.7.1.3 Änderungsdienst am Beispiel des Einfügens eines Datensatzes . . . . . 226
3.7.2 Direktzugriff-Datei . . . . . 228
3.7.2.1 Datei neu anlegen und Leersätze speichern . . . . . 229
3.7.2.2 Datensätze erfassen und im Direktzugriff schreiben . . . . . 231
3.7.2.3 Einen Datensatz direkt lesen und anzeigen . . . . . 232
3.7.2.4 Dateiinhalt komplett anzeigen . . . . . 233
3.7.2.5 Änderungsdienst am Beispiel der Umsatzfortschreibung . . . 234
3.7.3 Gerätedatei . . . . . 236
3.7.4 Binärdatei . . . . . 237
3.7.4.1 Lesender Zugriff auf eine Binärdatei . . . . . 238
3.7.4.2 Schreibender Zugriff auf eine Binärdatei . . . . . 240

ASCII-Tabelle . . . . . 242

Programmverzeichnis . . . . . 243

Sachwortverzeichnis . . . . . 245

# 1

# Entwicklung von Software allgemein

# 1

# Entwicklung von Software allgemein


| | |
|---|---|
| 1.1 **Software = Daten + Programme** | 3 |
| 1.2 Datentypen und Datenstrukturen | 11 |
| 1.3 Programmstrukturen | 17 |
| 1.4 Daten- und Programmstrukturen als Software-Bausteine | 25 |
| 1.5 Datei als umfangreiche Datenstruktur | 31 |
| 1.6 Programmentwicklung in Schritten | 43 |

**Computer = Hardware + Software + Firmware:** Jeder Computer besteht aus Hardware (harter Ware), aus Software (weicher Ware) und aus Firmware (fester Ware). Dies gilt für Personalcomputer wie für Großcomputer.

**Hardware:** Die Hardware umfaßt alles das, was man anfassen kann: Geräte einerseits und Datenträger andererseits. Das wichtigste Gerät ist die Zentraleinheit bzw. CPU (für Central Processing Unit), mit der periphere Einheiten als Randeinheiten verbunden sind; so z.B. eine Tastatur zur Eingabe der Daten von Hand, ein Drucker zur Ausgabe der Resultate schwarz auf weiß und eine Disketteneinheit zur langfristigen Speicherung der Daten auf einer Diskette als Datenträger außerhalb der CPU.

**Software:** Im Gegensatz zur Hardware läßt sich die Software als zweite Computerkomponente nicht anfassen. Software bedeutet soviel wie Information; sie umfaßt die Daten und auch die Programme als Vorschriften zur Verarbeitung dieser Daten. Ist die Hardware als festverdrahtete Elektronik des Computers fest und vom Benutzer nicht (ohne weiteres) änderbar, dann gilt für die Software genau das Gegenteil: Jeder Benutzer kann Programm wie Daten verändern, austauschen, ergänzen und auch zerstören.

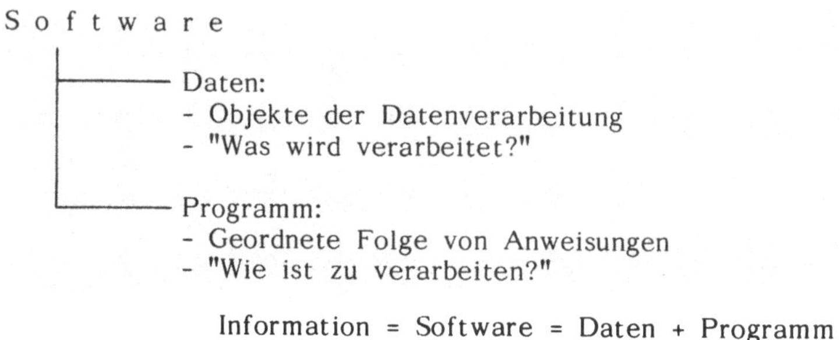


**Firmware:** Die Firmware als dritte Komponente des Computers kann man der Hardware oder der Software zuordnen. Sie ist deshalb "wie ein Zwitter "halb Hardware und halb Software". So ist z.B. das Rechenprogramm jedes Taschenrechners in einem speziellen Speicher ROM (Read Only Memory als Nur-Lese-Speicher) enthalten. Der Benutzer kann dieses Programm zwar laufen lassen, Information entnehmen und lesen (read), nicht jedoch Information abändern. Für den Benutzer ist es wie Hardware fest. Für den Hersteller des ROMs hingegen stellt es sich wie Software veränderbar dar, da er den Speicher ROM ja programmieren kann und muß.

**Drei Komponenten des Computers:** Die Hardware (fest verdrahtete Elektronik), die Software (frei änderbare Daten und Programme) und die Firmware (hart für den Benutzer und weich für den Hersteller) stellen die drei grundlegenden Komponenten jedes Computers dar. Darüberhinaus gibt es weitere ....ware: so die Orgware (Organisation von Aufbau und Ablauf), die Menware (Personen), die Brainware (geistige Leistungen) und die Teachware (Lehren und Lernen).

Im folgenden wird auf die Software mit ihren beiden Komponenten Daten und Programme eingegangen.

### 1.1.1 Begriffsbildungen für Daten

**Stammdaten** bleiben normalerweise über einen längeren Zeitraum hinweg konstant (z.B. Artikelstammdaten, Kundenstammdaten, Personalstammdaten); Änderungsdaten dienen der Anpassung von Stammdaten.

**Bestandsdaten:** Im Gegensatz zu Stammdaten erfahren Bestandsdaten oftmalige Änderungen, die durch Bewegungsdaten vorgenommen werden (Zugang für "+" und Abgang für "-"); letztere werden kurz auch als Bewegungen bezeichnet. Die Lagerbestandsfortschreibung nach der Formel "Anfangsbestand + Zugänge - Abgänge ergibt Endbestand" gehört in diese Datenkategorie.

**Ordnungsdaten** legen eine Speicherungs-, Sortier- bzw. Verarbeitungsfolge fest, Mengendaten hingegen eine Anzahl (Stück, Größe, Gewicht, Preis).

**Numerische- und Textdaten:** Mit numerischen Daten bzw. Zahlendaten rechnet jeder Computer, nicht jedoch mit Textdaten. Letztere umfassen beliebige Zeichen, die stets zwischen Gänsefüßchen oder Hochkommata stehen. Sie werden auch als alphanumerische Daten, als Zeichenkettendaten oder als Strings bezeichnet.

**Unformatierte Daten** weisen keine einheitliche Form auf. In der kommerziellen Datenverarbeitung überwiegen formatierte Daten: Auf einem Rechnungsformular stehen z.B. die Dezimalpunkte der DM-Beträge untereinander jeweils auf zwei Nachkommastellen gerundet.

1) Stammdaten (1019 als Kundennummer)
oder
Änderungsdaten (1019007 als neue Kundennummer mit PLZ=7)

2) Bestandsdaten (256 als Lagermenge)
oder
Bewegungsdaten (70 Stück als Lagerbestandszugang)

3) Ordnungsdaten (6 für die Artikelfarbe "gelb")
oder
Mengendaten (8 kg als Bestellmenge)

4) Numerische Daten (Zahl 10950.25 als Rechnungspreis)
oder
Text- bzw. Stringdaten ("Francs" als Währungsbezeichnung)

5) Unformatierte Daten (z.B. ein Brief)
oder
Formatierte Daten (z.B. Rechnungsformular)

6) Einfache Datentypen (z.B. 50 als eine Mengenangabe)
oder
Strukturierte Datentypen (z.B. drei Mengen 50 24 98)

7) Im Programm gespeicherte Daten (z.B. 6% in Variable R)
oder
Getrennt vom Programm gespeicherte Daten (z.B. Kundendatei)

Sieben grundlegende Begriffspaare für Daten

**Einfache Datentypen und strukturierte Datentypen bzw. Datenstrukturen:** Einfache Datentypen bestehen aus jeweils nur einem einzigen Datum, so aus einer Ganzzahl (INTEGER), aus einer Dezimalzahl (REAL) oder aus einem Textwort (STRING).
Die Datenstrukturen als strukturierte Datentypen hingegen umfassen jeweils mehrere Daten, die unterschiedlich z.B. als Feld (ARRAY), Menge (SET), Verbund (RECORD) oder Datei (FILE) angeordnet sein können. In Abschnitt 1.5 werden die Datentypen im Zusammenhang mit der Datei erklärt.

**Datei, Datenbank:** Einzeldaten und kleinere Datenbestände lassen sich innerhalb eines Programmes speichern, so z.B. der Rabattsatz in einem Rechnungsschreibungsprogramm. Die umfangreichen in der kommerziellen Datenverarbeitung zu verarbeitenden Datenbstände werden getrennt vom Programm als Datei auf Externspeichern wie Platte und Band untergebracht.

### 1.1.2 Begriffsbildungen für Programme

#### 1.1.2.1 Anwenderprogramme und Systemprogramme

Man unterscheidet Anwenderprogramme und Systemprogramme. Dazwischen sind die Software-Werkzeuge bzw. Tools einzuordnen.

Anwenderprogramme:
- Vom Anwender selbst erstellt (z.B. eigene Rechnungsschreibung)
- Von Softwarehaus fremd bezogen (z.B. Standardpaket)

Werkzeuge (Tools):
- Dateiverwaltung (z.B. dBASE)
- Textverarbeitung (z.B. Word)
- Tabellenkalkulation (z.B. Multiplan)
- Grafik (z.B. Chart)
- Kommunikation

Systemprogramme:
- Steuerprogramm (z.B. COMMAND.COM von MS-DOS)
- Dienstprogramm (z.B. Utility zum Sortieren von Dateien)
- Übersetzerprogramm (z.B. Turbo Basic-Compiler)

Anwenderprogramme (Problem), Systemprogramme (Computer)
und Tools (dazwischen)

**Anwenderprogramme** lösen die konkreten Probleme des jeweiligen Anwenders und werden auch Benutzer- bzw. Arbeitsprogramme genannt oder unter der Bezeichnung Anwender-Software zusammengefaßt. Anwenderprogramme können vom Anwender selbst erstellt und programmiert oder fremd von einer Softwarefirma bezogen sein. Zwischen diesen beiden Extremen gibt es zahlreiche Abstufungen: so z.B. die individuelle Anpassung standardisierter Anwender-Software.

**Systemprogramme** sind das Gegenstück zu den Anwenderprogrammen; ihre Gesamtheit als **Betriebssystem** bezeichnet. Ein Betriebssystem gewährleistet den geordneten Betrieb des jeweiligen DV-Systems. Ganz allgemein wird das Betriebssystem oft als OS (Operating System) und als DOS (Disk Operating System, da plattenoriertiert) bezeichnet. Jedes Betriebssystem umfaßt drei Arten von Systemprogrammen: Steuer-, Dienst- und Übersetzerprogramme.

**Steuerprogramme** steuern das Zusammenwirken der Peripherie mit der CPU und die Ausführung eines Programms.
**Dienstprogramme bzw. Utilities** sind zwar nicht unbedingt notwendig, werden aber als unerläßlicher Komfort zum einfachen und benutzerfreundlichen Betrieb des Computers angesehen (ein Programm zur Herstellung einer Diskettenkopie gehört eben einfach "dazu"). Steuer- und Dienstprogramme bilden oft eine Einheit: Ein **Editor** z.B. dient zumeist nicht nur dem Eintippen und Bearbeiten von Programmtext über einen Bildschirm, dem sogenannten Editieren also, sondern ebenso dem Abspeichern dieser Texteingabe auf Diskette oder Band, und damit der Ein-/Ausgabesteuerung.
**Übersetzerprogramme** übersetzen den in einer Programmiersprache codierten Quelltext in die Muttersprache des Computers (maschinensprachliche Befehle, die 0/1-Form, Objektcode). Man unterscheidet zwei Übersetzertypen:

- **Interpreter** übersetzen den Quelltext bei jeder Programmausführung Anweisung für Anweisung neu. Das ist vergleichbar mit der Tätigkeit eines Simultan-Dolmetschers, der Sätze aus einer Fremdsprache (z.B. Englisch) in die eigene Muttersprache (z.B. Deutsch) übersetzt.
- **Compiler** übersetzen den gesamten Quelltext in einem gesonderten Übersetzungslauf. Der so entstandene Objektcode kann auf Diskette gespeichert und bei Bedarf sofort ausgeführt werden.

**Programmstrukturen** kennzeichnen die Form des Programmablaufes. Man unterscheidet Folge-, Auswahl-, Wiederholungs- und Unterprogrammstrukturen.

(1) Folgestrukturen:
- Lineare Programme

(2) Auswahlstrukturen:
- Verzweigende Programme

(3) Wiederholungsstrukturen:
- Programme mit Schleifen

(4) Unterprogrammstrukturen:
- Programme mit Unterabläufen (Prozeduren, Funktionen)

Vier grundlegende Programmstrukturen

Diese Programmstrukturen werden als "Bausteine der Software" bezeichnet, da die Analyse noch so komplexer Programmabläufe stets zu diesen Strukturen als Grundmuster führt. In Abschnitt 1.3 werden die Programmstrukturen an kleinen Beispielen und Abschnitt 1.4 im Zusammenhang mit den Datenstrukturen erklärt.

### 1.1.2.2 Vier Standard-Programmpakete

**Software-Tools:** Die vier Programme
- Tabellenkalkulation
- Textverarbeitung
- Datei bzw. Datenbank
- Grafik

werden auch als Tools bzw. Werkzeuge bezeichnet. Sie werden als eigenständige Programme oder als integrierte Programmpakete angeboten. Die folgende Software-Pyramide zeigt, daß die Tools zwischen den Programmiersprachen und den (fertigen) Anwenderlösungen einzuordnen sind.

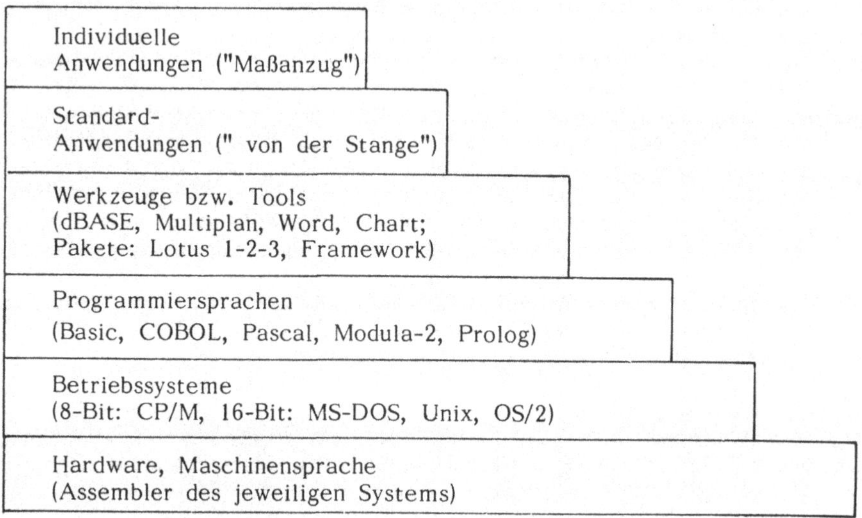


Software-Pyramide mit sechs Ebenen der Nutzung eines PCs

**Tabellenkalkulationsprogramme** als "Spread Sheets" bzw. "Ausgebreitete Papierbogen" übertragen alles das, was bislang mit Bleistift, Papier und Taschenrechner vorgenommen wurde, in den Hauptspeicher und auf den Bildschirm. Der Benutzer baut jedes Arbeitsblatt als Tabelle auf, kann in die Tabellenzeilen und -spalten numerische oder auch Textwerte eintragen und durch eine Vielzahl von Formeln verknüpfen. Arbeitsblätter können auf einem externen Speicher aufbewahrt werden. Tabellenkalkulationsprogramme lassen sich "zweckentfremden": Trägt man Text anstelle von Zahlen in die Tabelle ein, so kann leicht ein kleines Informationssystem realisiert werden. Genauso sind Anwendungen zur Fakturierung, zum Bestellwesen, zur Bilanzierung usw. denkbar. Das Beiwort "Kalkulation" verweist also eher auf die Ursprünge als auf deren heute universellen Nutzungsmöglichkeiten.

**Textverarbeitungsprogramme** für Personalcomputer sind aus den Editoren entstanden, also aus den Programmhilfen zum Eingeben und Aufbereiten von Programmtext am Bildschirm. Man hat sie zur Verarbeitung anderer Dokumente (Briefe, Rechnungen, Manuskripte, Formulare usw.) weiterentwickelt. Damit treten sie in Konkurrenz zur Schreibmaschine, zum Textautomaten sowie zur Großrechner-Textverarbeitung. Die Textverarbeitung umfaßt die Teilprogramme Editor, Ausgabeformatierer und Verarbeitung; diese Programme können zu einem Paket integriert oder getrennt sein.

- **Editor als Eingabe- und Bearbeitungsprogramm:** Der Bildschirm wird ähnlich wie eine Lupe über den Text bewegt bis zu einem Bildschirmausschnitt, der cursorgesteuert zu bearbeiten ist (verschieben, einfügen, kopieren, Rand ausgleichen usw.).
- **Formatierer zur Aufbereitung der Druckausgabe:** Beim WYSIWYG-Formatierer (What you see is what you get) erscheint der Text am Bildschirm so, wie er später ausgedruckt wird. Beim Steuerzeichen-Formatierer sind in den Bildschirmtext Befehle zur Steuerung des Druckformates eingefügt.
- **Eigentliches Verarbeitungsprogramm:** Dieses richtet sich nach den Anforderungen der unterschiedlichen Benutzer wie Sekretärin, Abteilungsleiter, Schriftsteller, -setzer: Textbausteine als wiederholt vorkommende Textteile speichern, Serien- sowie Ganzbriefe erstellen, Formulararbeiten, Textdateien anlegen, Autorenkorrektur usw.
- **Desktop-Publishing:** Dieses Gebiet der Textverarbeitung wird auch als CAP (Computer Aided Publishing) bezeichnet und wurde mit dem Macintosh (Laserdrucker, Grafikfähigkeit, Benutzeroberfläche, Grafiksprache Postskript, Programm Pagemaker) bekannt. Bei der "Druckerei auf dem Schreibtisch" stellt die Laserdruckerausgabe entweder das Endprodukt dar, oder er dient als Vorlage für eine Belichtungsmaschine wie z.B. Linotype.

**Datei/Datenbank:** Nach den Programmen zur Tabellenkalkulation und Textverarbeitung nun zur Datei/Datenbank, auf die noch in Abschnitt 1.5 eingegangen wird. Die kommerziellen Programm-Pakete hierzu werden unter den unterschiedlichsten Bezeichnungen angeboten, z.B. als Dateiverwaltung, Datenmanager, Datenbankmeister, Datenbank-System oder schlicht als Datei-System. Da solche Begriffe kaum etwas aussagen, ist es sinnvoll, einzelne Eigenschaften dieser Software-Produkte wie folgt zu überprüfen:

- **Dateiaufbau:** Anzahl der gleichzeitig geöffneten Dateien? Satzanzahl einer Datei? Anzahl der Datenfelder je Satz? Feste Satzlänge? Datentypen? Maximale Feldlänge? Maximale Dateigröße? Eine Datei auf mehreren Disketten?
- **Systemverwaltung:** Schnittstelle zu höheren Programmiersprachen? In Mehrplatzumgebung einsetzbar? Abfragesprachen, Listen- bzw. Programmgeneratoren? Dynamische Dateiverwaltung? Kompatibilität zu anderen Dateien (z.B. aus Textverarbeitung)? Datensatzaufbau nachträglich änderbar? Implementierungen für welche Mikros? Datei-Sicherheitskopien leicht erstellbar? Daten nach Löschen wiederherstellbar? Datenschutz durch Datei- bzw. Satzpaßwort? Realisierung als Datenbankmaschine? Eingebaute eigene Programmiersprache?
- **Speicherung:** Aufwand zum Neueinrichten der Datenbank? Cursorsteuerung? Datenprüfung bei Eingabe? Daten aus anderen Dateien kopierbar? Speicherung satz-, block- oder dateiweise? Eingabefehlerkorrektur möglich? Ablegen als Binärdatei oder Textdatei?
- **Zugriff:** Zugriffsmodus direkt oder indirekt? Anzahl der Suchbegriffe? Schlüssel aus einem oder mehreren Datenfeldern bestehend? Sortierbegriffe für wieviele Datenfelder? Sortierprogramme? Index intern als

Tabelle? Möglichkeiten zur Datenausgabe? Ausgabeeinheiten für Listen? Zwischensummenbildung in Listen möglich?

**Grafikprogramm als viertes Standard-Paket:** Programme dieser Kategorie erlauben es, Kuchen-, Säulen- sowie Liniengrafiken menügesteuert über einen hochauflösenden Bildschirm und z.B. einen Matrixdrucker mit Einzelpunktansteuerung zu erstellen und auszugeben. Die Skalierung der Bilder kann im Dialog festgelegt werden. Oft können dreidimensionale Grafiken bzw. räumliche Formen erzeugt werden. Gerade für kommerzielle Veranschaulichungen sind Grafikprogramme mit den statistischen Grundfunktionen von Vorteil.

**Schnittstellen für Tools:** Ein Grafikprogramm kann nur dann sinnvoll genutzt werden, wenn man Daten aus anderen Programmen übergeben kann. Wir kommen zur Frage der Verbindung bzw. Kompatibilität dieser Programme. Sollen Tabellenkalkulation, Textverarbeitung, Datenbank sowie Grafik nicht isoliert, sondern als eine Einheit genutzt werden, müssen entsprechende Schnittstellen zu den Programmen gegeben sein. Zur Verbindung dieser Programme ein Beispiel:
In einem Tabellenkalkulationsprogramm verknüpft man Zahlen, um diese dann an ein Grafikprogramm zwecks Diagrammdarstellung zu übergeben. Anschließend wird über das Textverarbeitungsprogramm ein Bericht verfaßt, in den diese Zahlen als Tabelle wie auch als Diagramm bildlich eingebunden sind. Schließlich kann man die Teile dieser Arbeit über das Dateiprogramm extern und langfristig speichern. Wie können die vier Programme nun verbunden werden?

- Zum Beispiel über Textdateien (alle Zeichen als Text im ASCII-Code gleichermaßen dargestellt) als gemeinsamer Schnittstelle. Die Steuerung kann über ein übergeordnetes Menüprogramm erfolgen, das die einzelnen Programme aufruft und den Datenaustausch überwacht.
- Benutzeroberflächen wie Windows und GEM unterstützen den Informationstransfer zwischen einzelnen Tools.
- Bei integrierten Paketen wird die Schnittstelle zur Verknüpfung von Text, Tabelle, Datei und Grafik natürlich im Programm mitgeliefert.

# 1

# Entwicklung von Software allgemein


| | | |
|---|---|---|
| 1.1 | Software = Daten + Programme | 3 |
| **1.2** | **Datentypen und Datenstrukturen** | 11 |
| 1.3 | Programmstrukturen | 17 |
| 1.4 | Daten- und Programmstrukturen als Software-Bausteine | 25 |
| 1.5 | Datei als umfangreiche Datenstruktur | 31 |
| 1.6 | Programmentwicklung in Schritten | 43 |

Im vorangehenden Abschnitt wurden sieben Datenbegriffe angeführt, darunter der Begriff des Datentyps. Dieser Begriff ist grundlegend für die Programmierung. Wir wollen ihn erklären: Es gibt einfache und strukturierte, statische und dynamische sowie standardmäßig vorhandene und benutzerseitig definierbare Datentypen.

### 1.2.1 Einfache Datentypen als „Moleküle"

Einfache Datentypen lassen sich nicht weiter zerlegen und werden deshalb auch als elementare, skalare sowie unstrukturierte Datentypen bezeichnet. Diese Typen enthalten deswegen stets nur ein einziges Datum und stellen sozusagen die "Moleküle" der Daten dar, da sie vom Programmierer nicht - so ohne weiteres - unterteilt werden können.

Char:
- Einzelzeichen wie z.B. "D"
- Wertebereich: Zeichen (Buchstabe, Ziffer, Sonderzeichen)

Integer:
- Ganze Zahl wie z.B. 126
- Wertebereich: Ganze Zahlen z.B. von -32768 bis 32767

Real:
- Dezimalzahl wie z.B. 126.75
- Wertebereich: Reelle Zahlen, Zahlen mit Dezimalpunkt

Boolean:
- Ja/Nein-Entscheidung wie z.B. ja bzw. True bzw. wahr
- Wertebereich: True (-1, wahr) oder False (0, unwahr)

String:
- Zeichenkette, Text (als Dateneinheit)
- Wertebereich: Gesamter Zeichenvorrat des Computers

Fünf einfache bzw. elementare Datentypen

Der Datentyp CHAR umfaßt nur ein Zeichen. Als STRING (Text) gilt alles, was zwischen Gänsefüßen oder Hochkommata steht, also auch der Text "99.50 DM Summe". Numerische Typen sind INTEGER oder REAL. Der Datentyp BOOLEAN kennt nur die zwei Werte TRUE (z.B. Stammkunde, wahr) oder FALSE (kein Stammkunde, unwahr).

### 1.2.2 Datenstrukturen als strukturierte Datentypen

Strukturierte Datentypen sind neben anderen der ARRAY, der RECORD, der SET und der FILE. Dabei werden mehrere Daten unter einem Namen zusammengefaßt abgelegt. Der ARRAY wird auch als Feld, Tabelle und Bereich bezeichnet und enthält Komponenten bzw. Elemente gleichen Typs. Beim RECORD können die Datentypen verschieden sein. Verarbeitet man den STRING nicht als Einheit, sondern element- bzw. zeichenweise, dann kann man ihn auch zu den Datenstrukturen zählen.

**Datenstruktur Array:** Beim eindimensionalen ARRAY sind die Elemente in Reihe angeordnet. Beispiel: fünf Wochentagsabsatzmengen 12, 3, 44, 56 und 21. Der zweidimensionale ARRAY hingegen dehnt sich in zwei Richtungen aus: waagerecht in Zeilen (hier vier Zeilen) und senkrecht in Spalten (hier drei Spalten). Es gibt nicht nur Integer-Arrays (alle Elemente sind ganzzahlig) und Real-Arrays (alle Elemente sind Kommazahlen), sondern z.B. auch String-Arrays wie "MO,DI,MI,DO,FR,SA,SO" und "Hammer, Säge, Axt" (alle Elemente sind Textworte).

A R R A Y **(eindimensional, Vektor, Liste):**
- Komponenten haben alle den gleichen Datentyp
- Beispiel:

| 12 | 3 | 44 | 56 | 21 |
|---|---|---|---|---|

A R R A Y **(zweidimensional, Matrix):**
- Komponenten haben alle den gleichen Datentyp
- Beispiel mit 4 Zeilen und 3 Spalten:

| | | |
|---|---|---|
| 33.5 | 36.7 | 11.2 |
| 24.0 | 99.1 | 74.5 |
| 10.5 | 10.0 | 75.3 |
| 99.5 | 22.6 | 44.2 |

R E C O R D **(Verbund, Satz):**
- Komponenten mit unterschiedlichen Datentypen
- Beispiel: Kundensatz mit Typen Integer, String und Real:

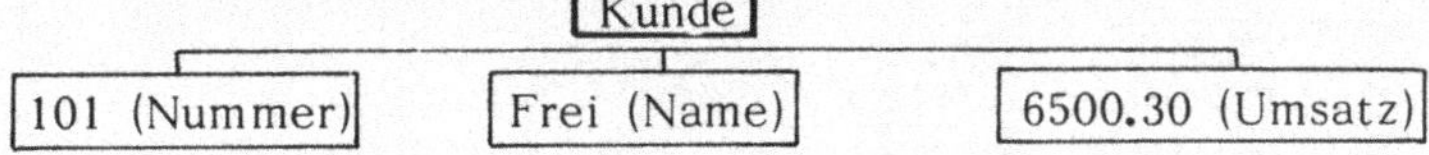


S E T **(Menge):**
- Komponenten sind Teilmengen einer Grundmenge
- Beispiel: () (1) (2) (12) für einen SET OF 1..2

F I L E **(Extern auf Diskette abgelegte Datei):**
- Datei als Sammlung zusammengehörender datensätze
- Beispiel: über 1000 Datensätze einer Kundendatei

Vier Datenstrukturen Array, Record, Set und File

**Datenstruktur Record:** Im Gegensatz zum ARRAY können im RECORD auch Daten verschiedener Datentypen abgelegt sein. Der oben wiedergegebene RECORD verbindet drei Komponenten vom Typ INTEGER (Kundennummer ganzzahlig), STRING (Kundenname stets Text) und REAL (Kundenumsatz als Dezimalzahl) - deshalb auch die Bezeichnung "Verbund". In der kommerziellen DV entspricht diese Datenstruktur häufig den Datensätzen bzw. Komponenten von Dateien wie hier der Kundendatei.

**Datenstruktur File:** Unter einer Datei versteht man allgemein eine Sammlung von Datensätzen, die getrennt vom Programm auf einem Externspeicher (Diskette, Platte, Kassette, Band) als selbständige Einheit gespeichert sind. Die Datensätze stellen die Datei-Komponenten dar und weisen alle denselben Datentyp auf, d.h. sie sind alle z.B. vom Typ RECORD oder alle vom Typ ARRAY. Eine Datei bzw. ein FILE kann viel größer sein als der im Hauptspeicher verfügbare Speicherplatz.

### 1.2.3 Statische und dynamische Datentypen

Datenstrukturen können statisch oder aber dynamisch vereinbart sein. Statische Datentypen behalten während der Programmausführung ihren Umfang unverändert bei. Beispiel: Beim Beginn eines Programms wird vereinbart, daß ein eindimensionales Feld bzw. Array mit fünf Elementen zur späteren Aufnahme und Verarbeitung der Absatzmengen für die fünf Wochentage eingerichtet wird. Statisch heißt, daß die Anzahl der Feldelemente während der Programmausführung gleich bleibt, während sich ihre jeweiligen Inhalte ändern können.

S t a t i s c h e  D a t e n s t r u k t u r e n :

- Werte ändern sich, niemals aber die Anzahl der Komponenten
- Anzahl der Komponenten und belegter Speicherplatz konstant
- Unstrukturiert: Char, Byte, Integer, Real, String, Boolean, Array (Feld), Menge (Set), Verbund (Record)

D y n a m i s c h e  D a t e n s t r u k t u r e n :

- Werte und Struktur (Anzahl, Aufbau) ändern sich
- Anzahl und Aufbau der Komponenten ist variabel
- Belegter Speicherplatz ist variabel
- Unstrukturiert: Zeiger (Pointer) als Hilfsmittel
- Strukturiert: Datei (File), Stapel (Stack), Schlange, Gekettete Liste (Linked List), Binärbaum

Einige statische und dynamische Datentypen

**Dynamische Datentypen** erlauben, die Anzahl der Komponenten nicht bereits beim Schreiben des Programms festzulegen, sondern erst im Zuge der Programmausführung. Die Datei bzw. das FILE ist stets als dynamischer Datentyp vereinbart. Warum? Beim Anlegen einer Kundendatei werden z.B. 455 Kunden in 455 Datensätzen auf Diskette erfaßt. Diese Zahl von 455 Dateikomponenten muß veränderbar sein, um neue Kunden aufnehmen und Ex-Kunden löschen zu können. Da die Änderungen aber "trivialer Natur" sind (so Niklaus Wirth, der Erfinder von Pascal), zählt man eine Datei zu den statischen Datenstrukturen. Die dynamischen Datenstrukturen können vom Programmierer selbst durch Verknüpfung der standardmäßig angebotenen Datentypen konstruiert werden. Das heißt, daß alle dynamischen Strukturen auf einer tieferen Komponenten-Ebene irgendwo wieder statisch sind; Listen

(z.B. verkettete Liste) und Baumstrukturen gehören dazu.
**Zeiger** (auch Pointer, Verweis, Referenz genannt) werden dabei als Hilfsmittel zur Strukturierung verwendet.
Die **Rekursion** als Ablauf, der sich selbst aufruft bzw. zur Ausführung bringt, bildet (generiert) dynamisch lokale Variable und wird deshalb häufig im Zusammenhang mit dynamischen Datenstrukturen genannt.

### 1.2.4 Vordefinierte und benutzerdefinierte Datentypen

**Vordefinierte Typen:** Die bislang dargestellten einfachen und strukturierten Datentypen sind vordefiniert in dem Sinne, daß sie als Standardtypen vom DV-System bereitgestellt werden. Daneben gestatten einige Programmiersprachen wie z.B. Pascal dem Programmierer, selbst eigene Datentypen zu definieren, die dann eben als benutzerdefiniert bezeichnet werden.

**Benutzerdefinierte Aufzählungstypen:** Eine einfache Möglichkeit besteht darin, alle Werte aufzuzählen, die der Datentyp umfassen soll - deshalb der Begriff Aufzählungstyp. (Mo,Di,Mi,Do,Fr,Sa,So) ist ein solcher Aufzählungstyp für die Wochentage wie auch (Pkw,Lkw,Krad,Bus) für Kraftfahrzeugarten.

**Benutzerdefinierte Unterbereichstypen:** Eine weitere Möglichkeit bietet sich dem Benutzer dadurch, daß er einen Datentyp als Unterbereich z.B. eines vordefinierten Datentyps definiert - einen Unterbereichstyp (auch Teilbereichstyp genannt). Drei Beispiele:

- 0..7 umfaßt als Unterbereich des Datentyps INTEGER die acht Ganzzahlen 0, 1, 2, ... ,7.
- "A".."Z" umfaßt als Unterbereich des Datentyps CHAR alle Großbuchstaben.
- Di..Fr umfaßt als Unterbereichstyp des obigen Aufzählungstyps vier Werktage. Angegeben wird also stets das kleinste und das größte Element des gewünschten Unterbereiches.

**Zeigertypen:** Neben den Aufzählungs- und Unterbereichstypen zählen auch die Zeigertypen zur Kategorie der benutzerdefinierten Datentypen.

### 1.2.5 Datentypen bei den verschiedenen Programmiersprachen

Es hängt vom jeweiligen Programmier-System ab, mit welchen Datentypen Sie arbeiten können.

- **Unstrukturierte Programmiersprachen** wie GwBasic und BasicA lassen den Programmierer weitgehend allein bei der Bildung von Datenstrukturen, oder anders: Sie unterstützen ihn kaum. Oft fehlten der Verbund bzw. Record (was gerade bei der Dateiverarbeitung von Nachteil ist) wie auch die benutzerdefinierten Typen.
- **Strukturierte Programmiersprachen** stellen die oben angeführten Datentypen bereit. Aber auch hier gibt es Unterschiede. So ist Pascal - was die standardmäßige Vorgabe von Datentypen angeht - eher sparsam, aber die wenigen Datentypen können sehr flexibel zum Entwurf komplexer Datenstrukturen genutzt werden. Sprachen wie ADA und auch Modula 2 sind weniger sparsam ausgestattet.

# 1

# Entwicklung von Software allgemein


| | |
|---|---|
| 1.1 Software = Daten + Programme | 3 |
| 1.2 Datentypen und Datenstrukturen | 11 |
| **1.3 Programmstrukturen** | 17 |
| 1.4 Daten- und Programmstrukturen als Software-Bausteine | 25 |
| 1.5 Datei als umfangreiche Datenstruktur | 31 |
| 1.6 Programmentwicklung in Schritten | 43 |

Die vier Programmstrukturen Folge, Auswahl, Wiederholung und Unterprogramm sind die grundlegenden Ablaufarten der Informatik überhaupt. Grundlegend in zweifacher Hinsicht:
**Analyse:** Zum einen gelangt man beim Auseinandernehmen noch so umfangreicher Programmabläufe immer auf diese vier Programmstrukturen als Grundmuster (Analyse von Programmen).
**Synthese:** Zum anderen kann umgekehrt jeder zur Problemlösung erforderliche Programmablauf durch geeignetes Anordnen dieser vier Programmstrukturen konstruiert werden (Synthese von Programmen).

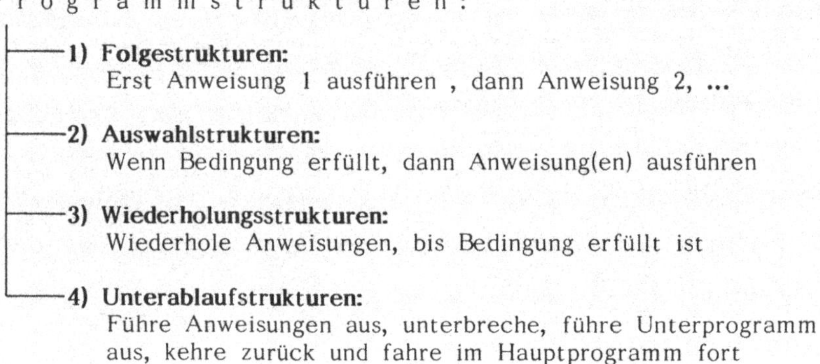
Programmstrukturen:

1) **Folgestrukturen:**
Erst Anweisung 1 ausführen , dann Anweisung 2, ...

2) **Auswahlstrukturen:**
Wenn Bedingung erfüllt, dann Anweisung(en) ausführen

3) **Wiederholungsstrukturen:**
Wiederhole Anweisungen, bis Bedingung erfüllt ist

4) **Unterablaufstrukturen:**
Führe Anweisungen aus, unterbreche, führe Unterprogramm aus, kehre zurück und fahre im Hauptprogramm fort

Vier grundlegende Programm- bzw. Ablaufstrukturen

### 1.3.1 Folgestrukturen

**Linearer Ablauf:** Jedes Programm besteht aus einer Aneinanderreihung von Anweisungen an den Computer (vgl.Abschnitt 1.1). Besteht ein bestimmtes Programm nur aus einer Folgestruktur, dann wird Anweisung für Anweisung wie eine Linie abgearbeitet. Man spricht deshalb auch vom linearen Ablauf bzw. unverzweigten Ablauf, vom Geradeaus-Ablauf oder von einer Sequenz.

**Ablaufbeispiel mit vier Darstellungsformen:** Das Beispiel zeigt ein Programm, bei dem fünf Anweisungen in Folge ausgeführt werden: Über Tastatur wird ein Rechnungsbetrag eingegeben, um nach der Berechnung den Skonto- und Überweisungsbetrag als Ergebnis am Bildschirm auszugeben. Das Ablaufbeispiel wird in vier Darstellungsformen wiedergegeben:
- als Ablaufregel (verbale Kurzform)
- als Entwurf (algorithmischer Entwurf, Pseudocode, Entwurfsprache)
- als Dialogprotokoll (Dialog zwischen Benutzer und Computer)
- als Struktogramm (Nassi-Shneiderman-Diagramm)

**1) Allgemeine Regel:**
Erst Anweisung 1 ausführen, dann Anweisung 2, dann ...

**2) Beispiel in Entwurfsprache:**

Ausgabe Fragestellung
Eingabe RECHNUNGSBETRAG
berechne SKONTOBETRAG
bereichne UEBERWEISUNGSBETRAG
Ausgabe der Ergebnisse

**3) Beispiel als Dialogprotokoll:**

Rechnungsbetrag eintippen:
200
Skontoabzug: 6 DM
Überweisung: 196 DM

**Tastatureingabe des Benutzers durch Unterstreichen gekennzeichnet**

**4) Ablauf als Struktogramm:**

| Anweisung 1 |
|---|
| Anweisung 2 |
| Anweisung 3 |
| Anweisung 4 |
| Anweisung 5 |

Vier Darstellungsformen eines Ablaufs mit Folgestruktur

**Algorithmischer Entwurf:** Um unabhängig von den Formalitäten der vielen Programmiersprachen Programmabläufe beschreiben zu können, verwenden wir eine einfache Entwurfsprache (auch algorithmischer Entwurf oder Pseudocode genannt), die umgangssprachlich formuliert wird. Im Beispiel werden die umgangssprachlichen Anweisungsworte "Ausgabe", "Eingabe" und "berechne" verwendet. Die Beschreibung von Abläufen mittels einer Entwurfsprache ist in der Informatik weit verbreitet.

**Das Dialogprotokoll** zum Ablaufbeispiel gibt den "Dialog" zwischen Benutzer (der Werte eintippt) und Computer (der Information ausgibt) wieder, wie er bei der Programmausführung am Bildschirm erscheint bzw. protokolliert wird. Im Beispiel gibt der Benutzer den Befehl RUN ein, worauf der Computer mit der Ausgabe "Rechnungsbetrag eintippen:" anwortet; nach der Benutzereingabe von 200 rechnet der Computer (im Dialogprotokoll nicht sichtbar) mit 3%, um dann den Skonto- und den Überweisungsbetrag in zwei Ausgabezeilen am Bildschirm anzuzeigen.

**Struktogramm:** Nach dem Entwurf und dem Dialogprotokoll ist das Programmbeispiel zeichnerisch als Struktogramm dargestellt. Die Sinnbilder von Struktogrammen sind nach DIN 66261 genormt. Für jede Programmstruktur gibt es ein gesondertes Strukturblock-Sinnbild.

### 1.3.2 Auswahlstrukturen

**Zweiseitige Auswahlstruktur:** Die Auswahlstrukturen dienen dazu, aus einer Vielzahl von Möglichkeiten bestimmte Fälle auszuwählen: In der folgenden Abbildung sind es die beiden Fälle "Skontoabzug bei Bezahlung in weniger als acht Tagen nach Rechnungserhalt (Bedingung TAGE kleiner 8 erfüllt)" sowie "Zahlung rein netto bei späterer Überweisung (Bedingung TAGE kleiner 8 nicht erfüllt)". Dieses Beispiel bezeichnet man deshalb auch als zweiseitige Auswahl(-struktur).

**1) Allgemeine Regel:**

Wenn Bedingung 1 erfüllt ist, dann führe Anweisung 2 aus, sonst führe Anweisung 3 aus, um dann gemeinsam fortzufahren.

**2) Beispiel in Entwurfsprache:**

```
Ausgabe der Fragestellung
wenn TAGE kleiner 8
  dann überweise mit Skonto
  sonst überweise rein netto
Ende-wenn
```

**3) Zwei Ausführungsbeispiele als Dialogprotokolle:**

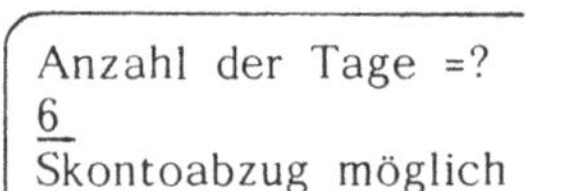


Anzahl der Tage =?
14
Zahlung rein netto

**4) Ablauf als Struktogramm:**

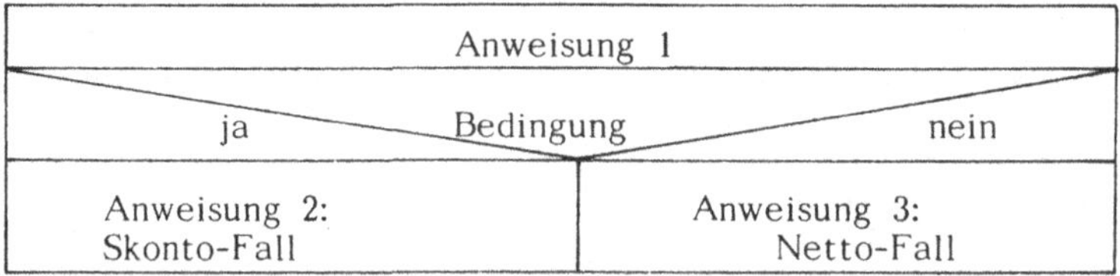


**5) Allgemeiner Ablauf in Entwurfsprache:**

```
Anweisung(en) 1
wenn Bedingung 1 erfüllt
  dann Anweisung(en) 2
  sonst Anweisung(en) 3
Ende-wenn
```

Fünf Darstellungsformen eines Ablaufs mit zweiseitiger Auswahlstruktur

**Einseitige Auswahlstruktur:** Neben der zweiseitigen Auswahl gibt es zwei weitere Auswahltypen: die einseitige Auswahl mit nur einem Fall und die mehrseitige Auswahl bzw. Fallabfrage mit mehr als zwei Fällen. Bei der einseitigen Auswahl ist ein Zweig leer:

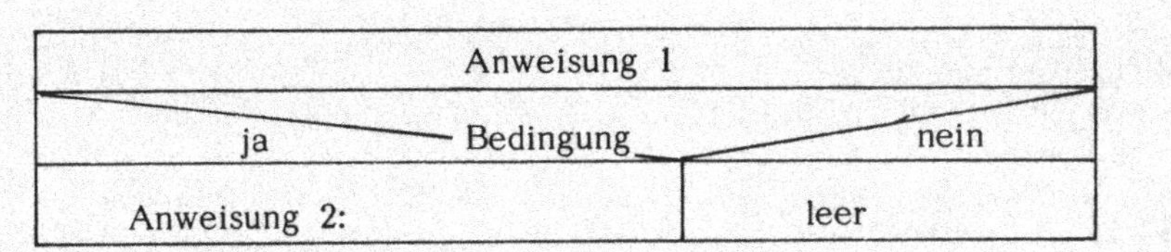


Einseitige Auswahlstruktur als Struktogramm

**Mehrseitige Auswahlstruktur:** Bei der mehrseitigen Auswahl werden mehrere Fälle unterschieden; im folgenden Beispiel sind es drei Fälle. Das Struktogramm zeigt, daß die mehrseitige Auswahl als Schachtelung von zweiseitigen Auswahlen aufgefaßt werden kann.

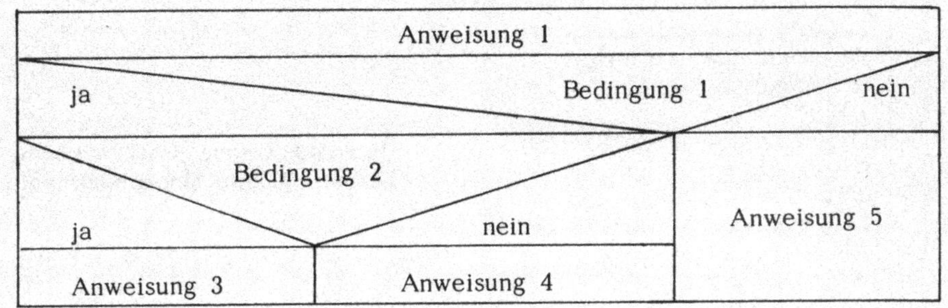


Mehrseitige Auswahlstruktur als Struktogramm

Auswahlstrukturen werden auch als Alternativstrukturen, Abläufe mit (Vorwärts-)Verzweigungen bzw. als Selektion bezeichnet.

### 1.3.3 Wiederholungsstrukturen

**Schleifen:** Wiederholungsstrukturen führen zu Programmschleifen, die mehrmals durchlaufen werden. In dem unten wiedergegebenen Beispiel wird die Anweisungsfolge "Eingabe", "berechne", "berechne" und "Ausgabe" wiederholt durchlaufen, bis die Bedingung RECHNUNGSBETRAG = 0 erfüllt ist; diese Bedingung wird über die Tastatur als Signal zum Beenden der Schleife eingetippt. Wiederholungsstrukturen werden auch als Repetitionen und Iterationen bezeichnet.

**Schleifentypen:** Auf die verschiedenen Schleifentypen wie
- abweisende und nicht-abweisende Schleife
- Zählerschleife
- offene und geschlossene Schleife

gehen wir in Abschnitt 3.3 an Beispielen ausführlicher ein.

**1) Allgemeine Regel:**

Wiederhole die Anweisungen 1, 2, 3, ... so lange, bis eine bestimmte Bedingung zum Beenden der Schleife erfüllt ist.

**2) Beispiel in Entwurfsprache:**

```
Ausgabe Überschriftszeile
wiederhole
  wenn RECHNUNGSBETRAG=0 dann Ende
  berechne SKONTOBETRAG
  berechne UEBERWEISUNGSBETRAG
  Ausgabe Ergebnis
Ende-wiederhole
Ausgabe Hinweis für Programmende
```

**3) Ausführungsbeispiel als Dialogprotokoll:**

```
Programm mit Schleife
Rechnungsbetrag =?
100
Überweisungsbetrag: 97 DM
Rechnungsbetrag =?
200
Überweisungsbetrag: 194 DM
Rechnungsbetrag =?
0
Programmende.
```

**Benutzereingabe unterstrichen. Dreimalig Schleifenwiederholung.**

**4) Ablauf als Struktogramm:**

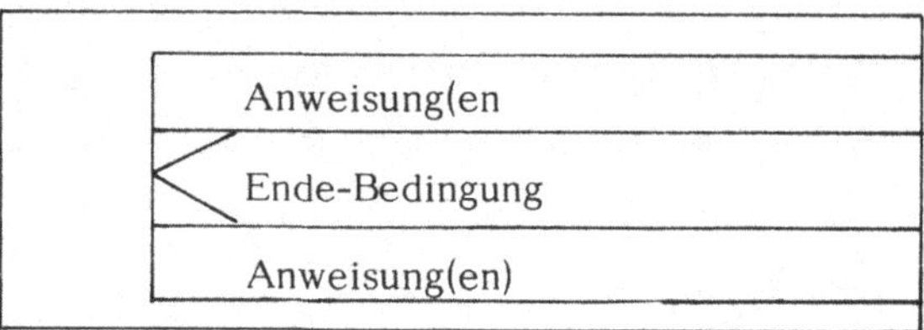


**5) Allgemeiner Ablauf in Entwurfsprache:**

```
Anweisung 0
wiederhole
  Anweisung 1
  Anweisung 2
  .....
  Anweisung n
  wenn Bedingung erfüllt ist, dann Schleifenende
  Anweisung n+1
  Anweisung n+2
  .....
Ende-wiederhole
```

Fünf Darstellungsformen eines Ablaufs mit Wiederholungsstruktur

### 1.3.4 Unterprogrammstrukturen

Unterprogrammstrukturen bieten sich immer dann an, wenn eine Aufgabe während eines Programmablaufes mehrmals benötig wird, so z.B. die im Beispiel wiedergegebene Aufgabe "Runde kaufmännisch auf zwei Dezimalstellen". Auch zur übersichtlichen Gliederung eines komplexen Programmms und zur Programmentwicklung im Team (jeder Mitarbeiter entwickelt einen Teil des Programmes) werden Unterprogramme verwendet.

**W o z u Unterprogramme bzw. Unterabläufe bilden?**

1. Ein (Unter-)Ablauf wird mehrmals benötigt und aufgerufen
2. Übersichtliche Gliederung eines umfangreichen Programms
3. (Unter-)Programme getrennt entwickeln und später binden

Drei Gründe zur Verwendung von Unterprogrammen

**1) Allgemeine Regel:**

Führe Anweisungen A1 aus, unterbreche Tätigkeit A, um Anweisungen B auszuführen, kehre zurück und fahre mit der Ausführung der Anweisungen A2 fort (A im Haupt- und B im Unterprogramm).

**2) Beispiel in Entwurfsprache:**

```
Beginn Hauptprogramm
   Eingabe RECHNUNGSBETRAG
   berechne SKONTOBETRAG
   Aufruf Unterprogramm RUNDEN
   berechne UEBERWEISUNGSBETRAG
   Ausgabe ERGEBNIS
Ende Hauptprogramm

          Beginn-Unterprogramm
             runde BETRAG auf zwei Stellen
             ersetze BETRAG durch den gerundeten BETRAG
          Ende-Unterprogramm
```

Zwei Darstellungsformen eines Ablaufs mit Unterprogrammstruktur

**Prozeduren und Funktionen:** Auf Unterprogrammarten wie Prozeduren und Funktionen gehen wir in Abschnitt 3.4 konkret an Beispielen ein.

### 1.3.5 Mehrere Strukturen in einem Programm

Die meisten Programme umfassen natürlich mehrere dieser Strukturen. Dabei sind zwei Anordnungsprinzipien zu unterscheiden. Programmstrukturen können entweder hintereinander oder aber geschachtelt angeordnet sein.

- **Anordnung hintereinander:** Mit der jeweils folgenden Struktur wird erst dann begonnen, nachdem die gerade in Ausführung befindliche Struktur beendet wurde.
- **Anordnung geschachtelt:** Mit der äußeren Struktur kann erst fortgefahren werden, nachdem die innere Struktur vollständig ausgeführt wurde. Teilweises Einschachteln bzw. Überlappen von Programmstrukturen ("Wilde GOTO's") ist folglich nicht erlaubt.

Zwei Anordnungsmöglichkeiten von Programmstrukturen

**Programmkonstrukte:** In DIN 66262 werden Programmstrukturen als Programmkonstrukte bezeichnet. Diese Bezeichnung verdeutlicht, daß durch entsprechendes Hintereinanderreihen und Einschachteln der vier Programmstrukturtypen jeder noch so komplexe Algorithmus computerverständlich formuliert werden kann.

# 1

# Entwicklung von Software allgemein


| | |
|---|---|
| 1.1 Software = Daten + Programme | 3 |
| 1.2 Datentypen und Datenstrukturen | 11 |
| 1.3 Programmstrukturen | 17 |
| **1.4 Daten- und Programmstrukturen als Software-Bausteine** | 25 |
| 1.5 Datei als umfangreiche Datenstruktur | 31 |
| 1.6 Programmentwicklung in Schritten | 43 |

In den beiden vorangegangenen Abschnitten wurden die wesentlichen Datenstrukturen (was wird verarbeitet?) sowie Programmstrukturen (wie ist zu verarbeiten?) allgemein dargestellt. Diese Strukturen in ihren recht unterschiedlichen Ausprägungen können insofern als Software-Bausteine aufgefaßt werden, als aus ihnen bausteinartig die zur Lösung eines Problems erforderlichen Abläufe gebildet werden können.

**Einfache Datenstrukturen:**
- CHAR für einzelnes Zeichen
- INTEGER für ganze Zahl
- REAL für Dezimalzahl
- STRING für Text bzw. Zeichenkette
- BOOLEAN für Wahrheitswert bzw. Logische Daten

**Strukturierte Datentypen (=Datenstrukturen):**
- ARRAY für Feld bzw. Bereich
- RECORD für Verbund bzw. Datensatz
- FILE für Datei (genauer: Datendatei)
- SET für Menge

S O F T W A R E - B A U S T E I N E

**Programmstrukturen bzw. Ablaufstrukturen:**
- Folge für linearen Ablauf
- Auswahl für verzweigenden Ablauf
- Wiederholung für schleifenförmigen Ablauf
- Unterprogramm als Prozedur oder Funktion

Daten- und Programmstrukturen als Software-Bausteine

**"Die Datenstruktur prägt die Programmstruktur":** Gemäß dieser Aussage von Jackson wird man bei der Programentwicklung von den zu verarbeitenden Daten- bzw. Datenstrukturen ausgehen, um den entsprechenden Lösungsalgorithmus zu entwickeln.

Wie werden Daten(-strukturen) im Hauptspeicher abgelegt und verarbeitet? Wie werden Programm(-strukturen) abgespeichert? Wie sind Programme aufgebaut? Zu diesen Fragen kommen wir nun.

### 1.4.1 Modell des Hauptspeichers RAM als Regalschrank

**Adressen:** Der Hauptspeicher (auch Intern- und Arbeitsspeicher genannt) ist als Speicher RAM bzw. Schreib-/Lese-Speicher vorgesehen. Im Hauptspeicher befinden sich die zur Verarbeitung benötigten Daten und Programme. Den RAM können wir uns als Regalschrank mit sehr vielen Speicherstellen vorstellen, wobei in jede Stelle ein Zeichen abgelegt werden kann. Ein RAM mit 64 KB (vgl. Abschnitt 1.2.3.4) umfaßt genau 65536 solcher Speicherstellen (64*1024), die von 0 an fortlaufend durchnumeriert sind. Die Nummern 0,1,2, ... ,65535 stellen die tatsächlichen Adressen der Speicherstellen dar.

**Name als symbolische Adresse:** Soll ein Rechnungsbetrag über 200.50 DM ab Adresse 2210 oder ab Adresse 58934 gespeichert werden? Um diese tatsächlichen Adressen muß sich der Benutzer nicht kümmern. Wie allen Daten gibt man auch dem Rechnungsbetrag einen Namen, z.B. BETRAG, der dann als symbolische Adresse zur Speicherung dient. Der Computer sucht sich selbständig einen für BETRAG freien Speicherplatz und legt die 200.50 DM dort ab. Wo soll das zugehörige Programm abgespeichert werden? Auch darum muß sich der Benutzer nicht kümmern. Man gibt dem Programm einen Namen wie z.B. RECHNUNG1, und der Computer reserviert selbständig die erforderliche Anzahl von Speicherstellen und bestimmt dann einen geeigneten Speicherort. Daten wie Programme werden also über ihre Namen adressiert.

**Modell des RAM als Regalschrank:** Einige Regale sind leer. In ihnen ist nichts gespeichert. Auf anderen Regalen aber befinden sich Schachteln, und zwar Daten-Schachteln mit Daten als Inhalt sowie Programm-Schachteln mit Anweisungen als Inhalt. Jede Schachtel ist mit dem von uns jeweils gewählten Namen beschriftet. Durch Angabe dieser Namen ist es möglich, Inhalte von Schachteln zu lesen und zu ändern. Für die ausreichende Größe einer Schachtel (= Anzahl von Speicherstellen) sowie das passende Regal (= tatsächliche Adresse) sorgt der Computer selbst.

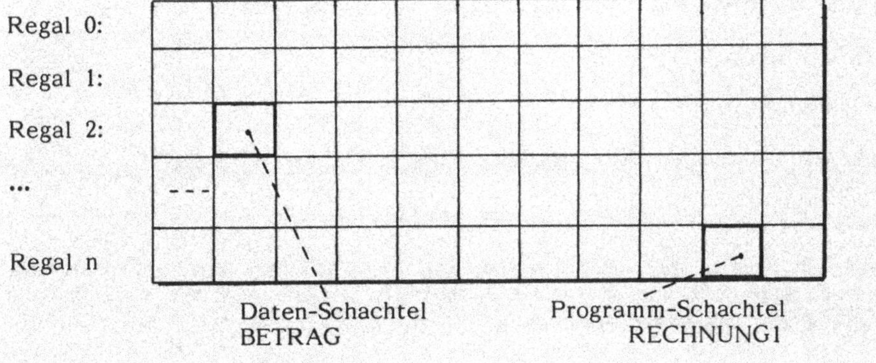


Modell des RAM als Regalschrank

### 1.4.2 Daten als Variablen und Konstanten vereinbaren

Daten sprechen wir mit Namen an. Dies gilt für Variablen als veränderliche bzw. variable Daten wie auch für Konstanten als feste bzw. konstante Daten.

**Variablen und Konstanten mit drei Komponenten:** Das Einrichten von Daten-Schachteln bezeichnet man als Deklaration oder als Vereinbarung.

- **Variable als Schreib-Lese-Speicher:** Für eine Variable müssen wir vereinbaren, welchen Namen (z.B. den Namen BETRAG) und welchen Datentyp (z.B. Dezimalzahl bzw. REAL) sie haben soll. Mit dem Datentyp wird der Wertebereich angegeben. Den Inhalt als den Wert der Variablen können wir dann später im Rahmen des jeweiligen Wertebereichs beliebig verändern.
- **Konstante als Nur-Lese-Speicher:** Im Unterschied zur Variablen wird der Konstanten bereits im Zuge der vereinbarung ein fester Wert zugewiesen, der später nicht mehr verändert (wohl aber gelesen) werden kann.

| | |
|---|---|
| 1. Name | (bezeichnet die Speicheradresse) |
| 2. Datentyp | (legt den Wertebereich und die zulässigen Operatoren fest) |
| 3. Inhalt bzw. Wert | (aktueller bzw. fester Schachtelinhalt) |

Variable und Konstante mit drei Komponenten

**Zuerst vereinbaren, dann verarbeiten:** Die Vereinbarungen von Variablen und von Konstanten werden vom Programmierer im Rahmen der Programmerstellung getroffen; sie stehen am Anfang des Programmtextes. Das Sprachsystem muß eine Daten-Schachtel zuerst einrichten, um dann mit ihr gemäß den im Programm weiter angegebenen Anweisungen arbeiten zu können.

**Vereinbarung von BETRAG in Entwurfsprache:**

BETRAG: Dezimalzahl bzw. REAL

**Variable BETRAG vom Typ 'Dezimalzahl' als Daten-Schachtel:**

BETRAG als Name

REAL als Datentyp



200.50 als derzeitiger Wert bzw. Inhalt der Variablen BETRAG

Variable als Schreib-Lese-Speicher

Schachteln können sehr klein (wie die für den BETRAG) oder auch sehr umfangreich (wie z.B. ein String-Array mit 100 Zeilen und mit fünf Spalten für 100*5=500 Artikelmengen) sein.

**Vereinbarung der Konstanten S1 in Entwurfsprache:**

S1 = 3

**Konstante S1 mit ganzer Zahl 3 als Daten-Schachtel:**

S1 als Name

3 als konstanter Wert und
damit INTEGER als Datentyp

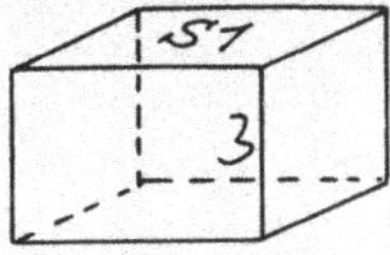


Konstante als Nur-Lese-Speicher

### 1.4.3 Programm mit Vereinbarungsteil und Anweisungsteil

Jedes Programm weist neben dem Programmnamen (Programmkopf) zwei weitere Bestandteile auf: den Vereinbarungsteil und den Anweisungsteil. Anstelle von Vereinbarung spricht man auch von Deklaration.

**Der Programmname** dient zum Aufrufen des Programms. Das Programm kann dabei im RAM als dem internen Speicher wie auch auf Diskette bzw. Festplatte als externen Speichereinheiten abgelegt sein.

**Im Vereinbarungsteil** legt der Programmierer fest, mit welchen Bezeichnern gearbeitet werden soll, welche Variablen und Konstanten einzurichten sind. In Abschnitt 3 werden wir sehen, daß ggf. auch selbstdefinierte Datentypen und Unterprogramme (Prozeduren und Funktionen) vereinbart werden können. In den Programmiersprachen wird unterschiedlich vereinbart. So muß in Pascal im Vereinbarungsteil in jedem Fall jeder Name explizit deklariert werden. In BASIC können ggf. Vereinbarungen auch implizit durch die Wahl des Variablennamens getroffen werden.

**1) Welchen Namen hat das Programm, und damit: Wo ist es gespeichert?**
Programm .....

**2) Was wird verarbeitet? Welche Bedeutung haben die Namen?**
Vereinbarungsteil mit Deklarationen
- von Sprungmasken (LABEL)
- von Konstanten (CONST)
- von selbstdefinierten Datentypen (TYPE)
- von Variablen (VAR)
- von Funktionen (FUNCTION)
- von Prozeduren (PROCEDURE)

Fortsetzung umseitig

**3) Wie ist zu verarbeiten? Welche Anweisungen sind auszuführen?**
Anweisungsteil mit Anweisungen
- zur Eingabe (z.B. Tastatureingabe)
- zur Ausgabe (z.B. auf den Drucker)
- zur Wertzuweisung (Zuweisungszeichen "=" bzw. ":=")
- zur Ablaufsteuerung (z.B. Schleife mit FOR)

Drei Bestandteile eines Programmes:
Name, Vereinbarungsteil und Anweisungsteil

Der Anweisungsteil als Folge von Anweisungen an den Computer enthält das eigentliche Programm. Auf die einzelnen Anweisungsarten zur Eingabe, Ausgabe, Wertzuweisung und Ablaufsteuerung gehen wir in Abschnitt 3 an Beispielen ein.

# 1

# Entwicklung von Software allgemein


| | |
|---|---|
| 1.1 Software = Daten + Programme | 3 |
| 1.2 Datentypen und Datenstrukturen | 11 |
| 1.3 Programmstrukturen | 17 |
| 1.4 Daten- und Programmstrukturen als Software-Bausteine | 25 |
| **1.5 Datei als umfangreiche Datenstruktur** | 31 |
| 1.6 Programmentwicklung in Schritten | 43 |

**Zum Dateibegriff:** Allgemein teilt man Dateien (Files) in Programmdateien (Program-Files) und Datendateien (Data-Files) ein.

- Eine Programmdatei besteht aus einer Folge von Anweisungen bzw. Befehlen. Man spricht kurz vom Programm.
- Eine Datendatei besteht aus einer Sammlung von Daten; dies können Textzeilen, Bytes odet Datensätze sein.
- Wenn im folgenden ohne nähere Bezeichnung von "Datei" gesprochen wird, dann ist damit die Datendatei (Data-File) gemeint.

**Kundendatei als Beispiel:** Die Datei stellt die typische Datenstruktur zur langfristigen Speicherung von Massendaten in der kommerziellen DV dar. Am Beispiel der in Abschnitt 1.2.2 bereits angesprochenen Kundendatei wollen wir auf die Dateiverarbeitung kurz eingehen. Andere Begriffe für Dateiverarbeitung sind Dateiverwaltung, File Handling (File für Datei). Die Kundendatei ist bewußt sehr einfach aufgebaut: Zu jedem der derzeit 1580 Kunden einer Handelsfirma werden die drei Angaben NUMMER, NAME und UMSATZ als Kundendatei auf einem Externspeicher abgelegt. Man sagt auch: Die Kundendatei umfaßt derzeit 1580 Datensätze (Kundensätze bzw. Sätze), wobei jeder Satz aus drei Datenfeldern als Komponenten besteht. Für diese Felder wiederum sind Variablen mit unterschiedlichen Datentypen vereinbart: eine Variable namens NUMMER für die Kundennummer ganzzahlig, eine Variable NAME als Text und eine Variable UMSATZ für den getätigten DM-Umsatz vom Datentyp Dezimalzahl. Die Datensätze stellen jeweils Verbunde (Records) dar. Der Datensatz hat den Namen KUNDSATZ, und die Datei heißt KUNDDATEI. Wie die in der Abbildung dargestellten vier Sätze zeigen, sollen die Kunden nach Kundennummern aufsteigend sortiert gespeichert sein. Mit (1),(2),... werden die Datensatznummern innerhalb der Datei angegeben.

**1) Vier Datensätze der Kundendatei namens KUNDDATEI ausgedruckt:**

| | | | |
|---|---|---|---|
| (1) | 101 | Frei | 6500.00 |
| (2) | 104 | Maucher | 295.60 |
| (3) | 109 | Hildebrandt | 4590.75 |
| (4) | 110 | Amann | 1018.75 |
| (5) | ...... | | |

**2) Datensatz namens KUNDSATZ als Verbund vereinbart:**

```
KUNDSATZ: Verbund bzw. Record
              NUMMER: Ganzzahl
              NAME: Text
              UMSATZ: Dezimalzahl
          Ende-Verbund
```

**3) Vereinbarung der Datei in Entwurfsprache:**

```
KUNDDATEI: Datei mit Datensätzen vom Typ KUNDSATZ
```

Inhalt und Vereinbarungen zur Kundendatei namens KUNDDATEI

**Dateihierarchie:** Eine Datei umfaßt mehrere Datensätze. Jeder Satz wiederum hat mehrere Datenfelder. Jedes Feld besteht aus mehreren Zeichen und jedes Zeichen wird als Byte bzw. Kombination von acht Bits gespeichert. Jeder Datensatz ist gleich aufgebaut und gleich lang (konstante Datensatzlänge für die meisten Dateisysteme). Die Überordnung Datei - Satz - Feld - Zeichen bezeichnet man auch als Dateihierarchie.

| | |
|---|---|
| Datei (File) | z.B. KUNDDATEI |
| Datensatz (Record) | z.B. 1580 Sätze |
| Datenfeld (Field) | z.B. Felder NUMMER, NAME, UMSATZ |
| Zeichen (Character), Byte | z.B. "a" als 3. Zeichen von "Amann" |
| Bit (Binary Digit:0 oder 1) | z.B. 0 als erstes Bit im Byte 01100001 für "a" |

Hierarchischer Aufbau einer Datei: Datei-Satz-Feld-Zeichen-Bit

### 1.5.1 Zugriffsart, Speicherungsform und Verarbeitungsweise

**Zwei Zugriffsarten:** Auf eine Datei wird stets datensatzweise zugegriffen, sei es in den RAM hinein (Lesen = Eingabe) oder aus dem RAM hinaus (Schreiben = Ausgabe). Entsprechend spricht man vom lesenden Zugriff (vom Externspeicher in den RAM) oder vom schreibenden Zugriff (vom RAM auf den Externspeicher). Zwei Zugriffsarten sind zu unterscheiden: der direkte und der indirekte Zugriff.

- **Der direkte Zugriff** läßt sich mit der Schallplatte vergleichen: Will man z.B. das siebte Musikstück hören, kann der Tonarm direkt bei diesem gewünschten Stück aufgesetzt werden. Entsprechend kann bei der Platte (Festplatte, Diskette) in der DV ein bestimmter Datensatz direkt durch Angabe seiner Datensatznummer als Adresse bzw. "Hausnummer" in den RAM gelesen werden.
- **Der indirekte Zugriff** ist - wie beim Tonband - umständlicher: Das Tonband muß z.B. zum siebten Musikstück gespult werden; wir können nur in der Reihenfolge zugreifen, in der früher einmal aufgenommen wurde. Dementsprechend muß in der DV Datensatz für Datensatz gelesen werden, bis z.B. der siebte Kunde gefunden ist.

Wir halten fest: Beim Band (Magnetband, Kassette) kann nur indirekt auf den Datensatz einer Datei zugegriffen werden, während bei der Platte auch direkt zugegriffen werden kann. Die Platte wird deshalb auch Direktzugriff-Speicher genannt, das Band hingegen sequentieller Speicher.

- Zwei Zugriffsarten: indirekt, direkt
- Vier Speicherungsformen: seriell, gestreut, indiziert, verkettet
- Zwei Verarbeitungsweisen: sortiert, unsortiert

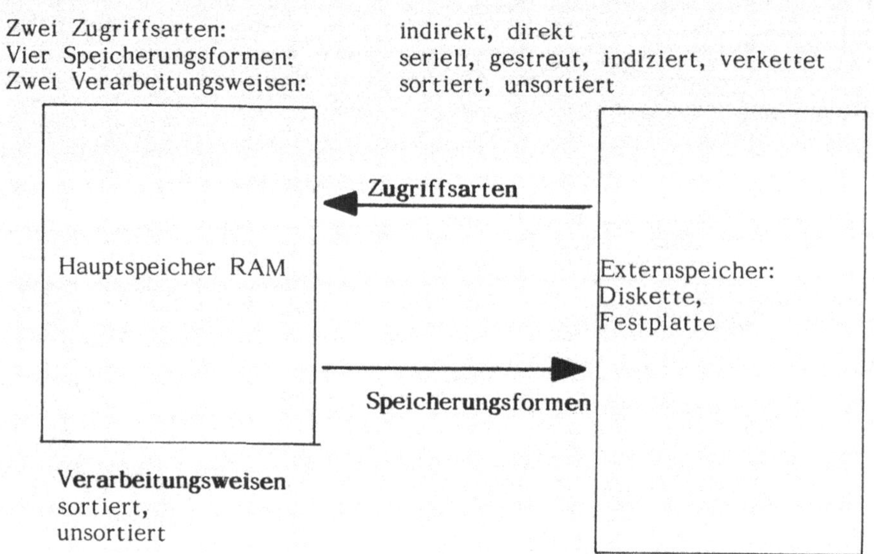


Zugriff, Speicherung und Verarbeitung einer Datei

Der Begriff der Speicherungsform bezieht sich auf das Abspeichern bzw. Schreiben von Sätzen aus dem RAM auf die Datei.

**1. Serielle Speicherungsform:**

Seriell speichern heißt starr fortlaufend speichern: Der nächste Neu-kunde wird als nächster Kunde hinter den zuvor gerade geschriebenen Datensatz gespeichert.

**2. Gestreute Speicherungsform:**

Gestreut speichern heißt, daß die Sätze zufällig über die Plattenoberfläche hinweg streuend abgelegt werden. Zur Erklärung folgendes Beispiel:

- In einem Betrieb seien die Kundennummern 101,104,109,110,...,50000 vergeben. Würde man nach dem Verfahren "Kundennummer ergibt Datensatznummer" vorgehen, so würde man auf der Platte 50000 Speicherorte für die nur 1580 Kundensätze zu reservieren haben.
- Man versucht, die Anzahl der Speicherorte durch die Wahl eines geeigneten Adreßrechnungsverfahrens zu verdichten, wie z.B. mit dem Divisions-Rest-Verfahren. Das führt dann dazu, daß Kunde 48236 als 237. Satz und Kunde 3973 als 1831. Satz abgelegt ist, daß also gestreut gespeichert ist. Der Nachteil solcher Verfahren: Für mehrere Kundennummern kann sich ein und dieselbe Datensatznummer ergeben (Problem der Überläufer).

**3. Indizierte Speicherungsform:**

Nach der seriellen Speicherung und der gestreuten Speicherung nun zur indizierten Speicherung als dritter Form. Zur Erklärung folgendes Beispiel:

- Zusätzlich zur Kundendatei wird in einer Indexdatei zu jedem Namen die Datensatznummer gespeichert, unter der dieser Name in der Kundendatei zu finden ist: Kunde Maucher so z.B. als zweiter Satz. Wie die Kundendatei (zur Unterscheidung Haupt- oder Datendatei genannt) vier Kundensätze hat, so hat auch die Indexdatei vier Indexsätze.
- Dann wird diese Indexdatei nach Namen sortiert abgespeichert. Möchte man sich nun später alle Kunden nach Namen sortiert ausdrucken lassen, so geht man wie folgt vor:
  1. Indirekter Zugriff auf den jeweils nächsten Indexsatz der sortierten Indexdatei.
  2. Direkter Zugriff auf den Kundensatz, dessen Datensatznummer gerade zuvor aus der Indexdatei gelesen wurde. Dann mit 1) fortfahren, bis das Ende der Indexdatei erreicht ist.

1. **Zugriff indirekt** auf die Indexdatei bzw. auf den nächsten Indexsatz (Satznummer S gelesen).
2. **Zugriff direkt** auf die Datendatei bzw. auf den Satz mit Satznummer S.

Index-sequentieller Zugriff erfolgt stets in zwei Schritten

Eine Indexdatei kann als Inhaltsverzeichnis aufgefaßt werden, das - ähnlich den Seitenangaben in einem Buchinhaltsverzeichnis - die Satznummern der zugehörigen Datendatei anzeigt (indizieren bedeutet anzeigen). Zu der Kundendatei sind zumindest drei Indexdateien möglich: je eine für die NUMMER, für den NAMEn und für den UMSATZ.

**1) Kundendatei mit den ersten vier Datensätzen:**

| | | |
|---|---|---|
| 101 | Frei | 6500.00 |
| 104 | Maucher | 295.60 |
| 109 | Hildebrandt | 4590.75 |
| 110 | Amann | 1018.75 |

**2) Indexdatei für Ordnungsbegriff NAME unsortiert:**

| | |
|---|---|
| Frei | 1 |
| Maucher | 2 |
| Hildebrandt | 3 |
| Amann | 4 |

**3) Indexdatei für NAME sortiert:**

| | |
|---|---|
| Amann | 4 |
| Frei | 1 |
| Hildebrandt | 3 |
| Maucher | 2 |

Kundendatei als Datendatei mit zwei Indexdateien

**Schneller Zugriff über den Index:** Das Anlegen einer Indexdatei gestattet einen schnellen Zugriff sowie vielseitige Verarbeitungsarten. Zunächst zur Geschwindigkeit:

- In der kaufmännischen Praxis ist ein Kundensatz mit z.B. 300 Zeichen viel länger als unser Beispielsatz, der Indexsatz hingegen unverändert kurz, da er ja nur die beiden Komponenten NAME als Schlüsselfeld und SATZNR als Adreßfeld umfaßt. Das Durchsuchen oder Sortieren einer Indexdatei geht somit schneller vonstatten als das der zugehörigen Datendatei. Zumal die Indexdatei aufgrund ihres geringen Umfanges dabei komplett im Hauptspeicher gehalten werden kann, während die Datendatei aufgrund ihrer Größe zum Sortieren wiederholt ein- und ausgelagert werden muß.
- Vielseitige Verarbeitung über Index: Ein zweiter Vorteil besteht in der Vielseitigkeit: Hat man zu den Schlüsseln NAME, UMSATZ, PLZ, WOHNORT, VERTRETER, RABATT, KUNDESEIT, OFFENERPOSTEN je eine Indexdatei sortiert angelegt, so können die Kunden jederzeit nach diesen acht Ordnungsbegriffen sortiert in einer Übersicht ausgedruckt werden. Ebenso kann ein bestimmter Kunde über schnelle Suchverfahren wie etwa über das "binäre Suchen" am Bildschirm angezeigt werden.

## 4. Verkettete Speicherungsform:

Als vierte Speicherungsform wurde oben die verkettete Speicherung genannt. Dazu folgendes Beispiel:

- Der Kundensatz wird um zwei Datenfelder erweitert, in denen Zeiger bzw. Pointer gespeichert sind, die auf den jeweils nächsten Kundensatz zeigen. Das erste Zeigerfeld verkettet die Sätze nach Namen aufsteigend sortiert: Nach dem Lesen von Amann (A für Ankeradresse) verweist Zeigerfeldinhalt 1 auf Frei, der dann eingelesen wird; dann zeigt Zeiger 3 auf Hildebrandt als drittem Satz, worauf mit Zeiger 2 auf Maucher zugegriffen wird, dessen Zeiger 0 das Ende der Kette signalisiert.
- Über diese Kette 3-0-2-1 können die Kunden rasch alphabetisch geordnet aufgelistet werden. Die zweite Kette 0-4-1-3 verkettet Kunden nach deren Umsatz geordnet.

| Kundennummer: | Nundenname: | Kundenumsatz: | Zeiger für Name: | Zeiger für Umsatz: |
|---|---|---|---|---|
| 101 | Frei | 6500.00 | 3 | 0 |
| 104 | Maucher | 295.60 A | 0 | 4 |
| 109 | Hildebrandt | 4590.05 | 2 | 1 |
| 110 | Amann A | 1018.75 | 1 | 3 |

Kundendatei mit Verkettung über zwei Zeigerfelder (A=Anker)

**Logische Ordnungen:** Das Beispiel zeigt, daß über die verkettete Speicherung beliebig viele logische Ordnungen gebildet werden können, ohne die Datensätze dazu physisch auf dem Externspeicher umspeichern zu müssen.

**Zwei Verarbeitungsweisen:**

Nach den zwei Zugriffsarten und den vier Speicherungsformen nun zu den zwei oben unterschiedenen Verarbeitungsweisen: zur sortierten und zur unsortierten Verarbeitung.

**Sortierte Verarbeitungsweise:** Eine Datei sortiert verarbeiten heißt, daß eine physisch oder logisch zusammenhängende Folge von Datensätzen verarbeitet wird. Beispiele: Auflisten des gesamten Dateiinhaltes; Gehaltsabrechnung für alle Angestellten eines Betriebes. Wenn die Bewegungsdatei (Lagerzugänge und -abgänge) genauso sortiert vorliegt wie die Bestandsdatei (Artikel insgesamt), so wird von einer sortierten Verarbeitung gesprochen.

**Unsortierte Verarbeitungsweise:** Bei der unsortierten Verarbeitung werden einzelne Sätze einer Datei ggf. mehrmals direkt angesprochen. Beispiele: Verarbeiten einzelner Kundenaufträge; Auskunft erteilen über den derzeitigen Kontostand.

### 1.5.2 Vier Organisationsformen von Dateien

Je nach Kombination von Zugriffsart (Eingabe eines Datensatzes vom Externspeicher in den Hauptspeicher RAM), Speicherungsform (Ausgabe vom RAM auf den Externspeicher) und Verarbeitungsweise (Verarbeitung intern im Hauptspeicher) kann eine Vielzahl von Datei-Organisationsformen unterschieden werden. Folgende vier Organisationsformen werden heute am häufigsten genannt - wenn auch kaum einheitlich ausgelegt.

**Sequentielle Datei:**
- Indirekter Zugriff, serielle Speicherung und sortierte Verarbeitung bei zumeist sortierter Speicherungsfolge.
- Typische Banddatei (Magnetband, Kassette).

**Direktzugriff-Datei:**
- Direkter Zugriff, oft gestreute Speicherung und unsortierte Verarbeitung.
- Typische Plattendatei (Magnetplatte, Diskette, Festplatte).
- Bezeichnungen: Random-Datei, Relative Datei.

**Index-sequentielle Datei:**
- Kombination von sequentieller - und Direktzugriff-Datei.
- Alle Zugriffsarten, Speicherungsformen und Verarbeitungsweisen möglich.
- Kennzeichnend ist die indizierte Speicherung.

**Verkettete Datei:**
- Indirekter Zugriff, Verkettete Speicherungsform bei sortierter Verarbeitung.

Vier grundlegende Organisationsformen von Dateien

Die rein sequentiell organisierte Datei wird mit der zunehmenden Verbreitung von Wechselplatte, Festplatte und Diskette immer mehr durch die Direktzugriff-Datei und die index-sequentielle Datei verdrängt.

### 1.5.3 Grundlegende Abläufe auf Dateien

Die Dateiverarbeitung umfaßt viele Abläufe: So müssen Daten zunächst einmal erfaßt bzw. computerlesbar gemacht werden, um sie dann auf einem Externspeicher abzulegen, später wieder zu suchen, abzuändern, auszudrucken, zu löschen usw. Zusammenfassend können wir hierzu elf grundlegende Abläufe zum Einrichten, Verwalten und Auswerten von Dateien unterscheiden. Jedes kommerzielle Datei-System mit dem Anspruch auf eine universelle Verwendbarkeit wird diese Abläufe bereitstellen.

**1) Anlegen:**
Datei(-struktur) auf einem Externspeicher leer einrichten.

**2) Neu schreiben:**
Datensätze erfassen und neu in die Datei hinzufügen.

**3) Lesen:**
Einen oder mehrere Sätze in den RAM lesen und dann anzeigen.

**4) Bewegen:**
Zu- und Abgänge mengenmäßig (Lagerbestandsfortschreibung) oder wertmäßig (Kontoführung) aktualisieren.

**5) Ändern:**
Sätze löschen (entfernen) oder inhaltlich abändern.

**6) Sortieren:**
Sätze in eine auf- oder absteigende Sortierfolge bringen.

**7) Mischen:**
Quelldateien zu einer Zieldatei sortiert zusammenfügen.

**8) Kopieren:**
Datei abbildgetreu (Back up) oder geändert (Teildatei bilden) übertragen bzw. kopieren.

**9) Auswählen:**
Sätze, die bestimmten Bedingungen genügen, heraussuchen bzw. selektieren (Satzgruppen bilden).

**10) Klassifizieren:**
Datei nach bestimmten Größenklassen auswerten.

**11) Verdichten:**
Sätze nach Merkmalen gruppieren und Gruppensummen bilden (Gruppenwechsel).

Elf grundlegende Abläufe bzw. Algorithmen auf Dateien

**Datei-Algorithmen:** Die elf grundlegenden Abläufe beziehen sich auf die vier Datei-Organisationsformen (sequentiell, Direktzugriff, index-sequentiell, verkettet) gleichermaßen. Man spricht auch von den grundlegenden Datei-Algorithmen (ein Algorithmus ist eine Folge von Anweisungen, der in einer endlichen Schritt-Anzahl zur Lösung eines Problems führt).

**Vier Dateiarten:** In Abschnitt 1.1.1 wurden Bestands- und Bewegungsdaten sowie Stamm- und Änderungsdaten unterschieden. Entsprechend gibt es dem Inhalt nach vier Dateiarten:

- die Bestandsdatei (z.B. Artikelbestandsdatei)
- die Bewegungsdatei (z.B. Zu-/Abgänge von Artikellagerbeständen)
- die Stammdatei (z.B. Kundenstammdatei)
- die Änderungsdatei (z.B. Anschriftsänderung von Kunden)

### 1.5.4 Datei öffnen, verarbeiten und schließen

Beim Lesen, Schreiben oder Ändern einer Datei geht man immer in drei Schritten vor: Datei öffnen, verarbeiten und schließen.

**1. Datei öffnen:**
Verbindung zwischen Datei und Programm herstellen (Dateiname, Zugriffsart, Verbindungskanal usw.).

**2. Datei verarbeiten:**
Lesen (eingeben), schreiben (ausgeben) und/oder ändern (ein/-ausgeben bzw. überschreiben).

**3. Datei schließen:**
Verbindung ordnungsgemäß beenden (Dateiende EOF (End of File) kennzeichnen, Directory (Inhaltsverzeichnis) auf Datei zurück-übertragen).

Dateizugriff in drei Schritten

**Treiber:** Bei komplexen Datei-Algorithmen sind für diese drei Schritte jeweils gesonderte Unterprogramme vorgesehen, die Programmvorlauf, Programmtreiber und Programmabschluß genannt werden.

**Dateiweiser Datenverkehr:** Ist eine Datei auf Band abgespeichert, liest man sie nach dem Eröffnen häufig in einem Arbeitsgang komplett in den Hauptspeicher, um sie dort z.B. als Array (Feld, Bereich, Tabelle) verarbeiten zu können. Erst unmittelbar vor dem Schließen wird die aktualisierte Datei dann - wiederum komplett - auf die Kassette zurückgeschrieben. Man bezeichnet dies als dateiweisen Datenverkehr.

**Datensatzweiser Datenverkehr:** Ist die Datei größer als der im RAM intern verfügbare Speicherplatz, dann ist dieses Vorgehen nicht möglich. Als Gegenstück kann man mit Schritt 2 je einen Datensatz einzeln in den RAM übertragen und umgekehrt (datensatzweiser Datenverkehr). Zwischen diesen beiden Extremen - Datenverkehr dateiweise oder datensatzweise - gibt es natürlich zahlreiche Abstufungen.

### 1.5.5 Eine oder mehrere Dateien verarbeiten

**Dateiverkettung:** In der kaufmännischen Praxis wird man nur selten eine Datei einzeln verarbeiten. Vielmehr sind zumeist mehrere Dateien in ein System eingebunden; man spricht dann häufig von Dateiverkettung. Dazu ein Beispiel: In einer Lagerverwaltung sind die "Artikelstammdatei", "Bestandsdatei", "Bestelldatei (Einkauf)" und "Auftragsdatei (Verkauf)" verkettet, um von einem Programm(-paket) verwaltet zu werden; Datenverwaltungssystem ist die oft verwendete Bezeichnung hierfür.
**Integrierte DV:** Wird nicht nur die Aufgabe der Lagerverwaltung gelöst, sondern werden sämtliche betrieblichen Aufgaben in einem Datei-System eingebunden, dann spricht man oft von integrierter Datenverarbeitung.

### 1.5.6 Datenbank

**Problem der Datenredundanz:** Bei isolierter Verarbeitung einzelner Dateien wie auch bei der Dateiverkettung ist nicht zu vermeiden, daß ein Datum mehrfach in verschiedenen Dateien gespeichert ist; man spricht von der Datenredundanz. So kann z.B. ein Kunde samt Kundenanschrift in der Kundenstammdatei, der Offene-Posten-Datei und der Weihnachtssonderzahlungsdatei dreifach gespeichert sein. Um dies zu vermeiden, faßt man sämtliche Daten in einer gemeinsamen Datenbasis zusammen, die **Datenbank** genannt wird. Eine solche Datenbank kann (für sich allein genommen) ebenfalls als Verkettung von Dateien angesehen werden. Neu dabei ist, daß auf alle Elemente der Datenbank über ein Datenbankmanagementsystem (DBMS) zentral zugegriffen wird. Das DBMS besteht aus mehreren Systemprogrammen zur Durchführung von Aufgaben wie dem Ändern von Daten der Datenbank, dem gleichzeitigen Zugriff mehrerer Benutzer, dem Abfragen von Daten, dem Überprüfen der Zugriffsberechtigung usw.

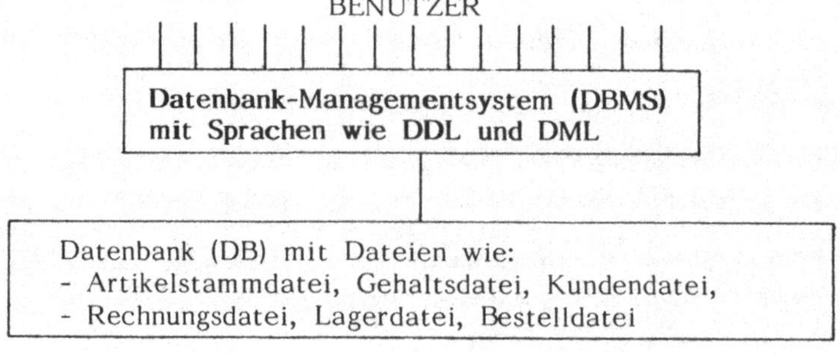


Das Datenbank-System (DBS) besteht aus Datenbank (DB) und DBMS

Mit dem DBMS werden dem Benutzer unter anderem zwei sprachliche Hilfsmittel zur Verfügung gestellt:

- Zum einen die **Daten-Definitions-Sprache DDL** (Data Definition Language) zum Aufbau und zur Pflege der Datenbank. Mit der DDL werden z.B. die Datensätze definiert (Name, Anzahl, Datentyp, Länge der Satzkomponenten). Sie richten sich mehr an den Programmierer bzw. an den Datenbankverwalter.
- Zum anderen eine **Daten-Manipulations-Sprache DML** (Data Manipulation Language) zur eigentlichen Behandlung der Daten. Diese DML richtet sich mehr an den Sachbearbeiter, der ein Abfragen wie "Drucke eine Übersicht aller Kunden aus, die offene Rechnungen über DM 5000.- zu begleichen haben" laufen läßt. Die DML wird auch als Abfragesprache bzw. Query-Language bezeichnet.

Datenbank-Sprachen weisen wie Programmiersprachen zumeist englische Anweisungsworte auf wie etwa FIND zur Suchanfrage, READ zum Einlesen, WRITE zum Schreiben, DELETE zum Entfernen, INSERT zum Einfügen von Datensätzen.

**Unterschiede Datei - Datenbank:** Das herkömmliche Datei-System unterscheidet sich in zumindest drei Punkten vom Datenbank-System: in der Redundanz, Vielfachverwendbarkeit und Datenunabhängigkeit.

- **Redundanzfreiheit:**
  In der Datenbank werden die Daten möglichst redundanzfrei abgelegt, d.h. nicht mehrfach gespeichert.
- **Vielfache Verwendbarkeit:**
  In der Datenbank werden die Daten vielfach verwendbar abgelegt, um vielen Benutzern einen möglichst einfachen Direktzugriff zu gestatten.
- **Datenunabhängigkeit:**
  Die Programme bzw. Zugriffspfade arbeiten datenunabhängig in dem Sinne, daß bei der Änderung der Daten keine Änderung des Programms notwendig wird.

Drei Vorteile des Datenbank-Systems gegenüber dem Datei-System

**Strukturiertes und unstrukturiertes Datenbank-System:** Zwei grundlegende Datenbank-Systeme sind zu unterscheiden: das strukturierte und das unstrukturierte Datenbank-System. Strukturiert bedeutet, daß in der Datenbank Information zum Verweisen auf weitere Information abgespeichert ist; damit muß bei Anfragen stets entlang der vorgegebenen Pfade vorgegangen werden. Im Gegensatz dazu gibt es bei der unstrukturierten Datenbank keine vordefinierten Zugriffspfade; damit verlangsamt sich der Zugriff, gleichzeitig jedoch hat man unbegrenzte Möglichkeiten, Daten nach bestimmten Suchkriterien abzufragen.

Datenbank-System (DBS)

— **STRUKTURIERT:**
- Suchbegriffe, Zugriffspfade festgelegt gespeichert.
- Hierarchisches DBS: Daten baumartig verkettet.
- Netzwerk-Modell CODASYL: Netz von Zugriffspfaden.

— **UNSTRUKTURIERT:**
- Verknüpfung der Information erst im Moment der Abfrage.
- Invertierte Dateien: Zugriff über Indexlisten.
- Relationen-Modell: Anordnung der Daten in Tabellenform.

Strukturiertes und unstrukturiertes Datenbank-System

**CODASYL-Modell:** Beim Netzwerk-Modell gemäß dem CODASYL-Ausschuß (COnference of DAta SYstem Language in den USA im Jahre 1971) sind die in der Datenbank abgelegten Daten in Datentypen (Item Types) sowie in Datensatztypen (Record Types) zu gliedern, wobei zwischen den verschiedenen Datensatz-Typen sogenannte Beziehungstypen (Set Types) definiert werden.

**Relationale Datenbank:** Bei der relationalen Datenbank als Gegenstück zum Netzwerk-Modell werden nur Datensätze im herkömmlichen Sinne unterschieden, wobei die einzelnen Datensatzkomponenten bzw. Datenfelder in Beziehung zueinander stehen wie die Zeilen und Spalten einer Matrix (Tabelle bzw. zweidimensionaler Array). Das Datenbanksystem dBASE gilt als weitverbreiteter Vertreter der relationalen Datenbank. Dazu betrachten wir nochmals die Kundendatei von Abschnitt 1.5.1:

| | | |
|---|---|---|
| 101 | Frei | 6500.00 |
| 104 | Maucher | 295.60 |
| 109 | Hildebrandt | 4590.05 |
| 110 | Amann | 1018.75 |
| --- | --- | --- |

- Matrix mit n Zeilen und 3 Spalten.
- Jeder Zeile entspricht ein Datensatz.
- Jeder Spalte entspricht ein Datenfeld.
- Zugriffsbeispiel: Matrix(2,3) ergibt 295.60 (2. Zeile, 3. Spalte).

Kundendatei als Beispiel einer Relation (Matrix)

Das Relationen-Modell ist weit anschaulicher als das Netzwerk-Modell. Komplexe Datenstrukturen allerdings lassen sich in einer "flachen Matrix" nur schwer darstellen.

**Mehrfunktionale Pakete:** Ursprünglich lag die Aufgabe eines Datenbank-Systems in der Informationswiedergewinnung (= Information Retrieval) bzw. in der Auskunftserteilung. Zunehmend werden kommerzielle Datenbank-Systeme angeboten, die darüberhinaus andere Aufgaben bzw. Funktionen wie das Rechnen (sogenannte "rechnende Datenbanken") oder z.B. die Textverarbeitung übernehmen.

# 1
# Entwicklung von Software allgemein


| | |
|---|---|
| 1.1 Software = Daten + Programme | 3 |
| 1.2 Datentypen und Datenstrukturen | 11 |
| 1.3 Programmstrukturen | 17 |
| 1.4 Daten- und Programmstrukturen als Software-Bausteine | 25 |
| 1.5 Datei als umfangreiche Datenstruktur | 31 |
| **1.6 Programmentwicklung in Schritten** | 43 |

Die Programmentwicklung wird als Teil der DV-Systementwicklung vorgenommen und vollzieht sich wie diese in Teilschritten. Mag die Terminologie auch unterschiedlich sein, die Programmentwicklung wird stets in der Schrittfolge
A. AUFGABENBESCHREIBUNG
B. ABLAUFBESCHREIBUNG
- Problemanalyse
- Entwicklung des Algorithmus
- Programmierung im engeren Sinne
- Dokumentation

durchgeführt werden. Am Beispiel der Rechnungsstellung wollen wir diese Teilschritte im Abriß kurz erläutern.

A. Aufgabenbeschreibung

1. Beschreibung der Problemstellung
2. Strukturbaum mit Ebenengliederung, Abgrenzung von Teilproblemen

B. Ablaufbeschreibung

**3. Problemanaylse**
- AEV-Analyse (Ausgabe-Eingabe-Verarbeitung)
- Variablenliste

**4. Entwicklung und Darstellung des Algorithmus**
- Struktogramm nach DIN 66161 und 66162
- Programmablaufplan (PAP)
- Schrittplan
- Halbformale Beschreibung: Pseudocode, Entwurfsprache
- Codierung in einer Programmiersprache

**5. Programmierung im engeren Sinne**
- Eingabe und Speicherung der Codierung (Quelltext)
- Übersetzung von Quelltext in Objektcode
- Schreibtischtest
- Computertest: Ausführung des Objektcodes und Korrektur

**6. Dokumentation für Anwendung und Wartung**

Programmentwicklung in sechs Teilschritten

### 1.6.1 Aufgabenbeschreibung mit Problemstellung und Strukturbaum

Die Problemstellung wird verbal beschrieben. Dabei ist es häufig schon möglich, das Problem in Form eines Schrittplans zu gliedern. Zum Problem der Rechnungsschreibung könnte der Schrittplan wie umseitig aussehen.

1. Rechnungs- und Kundennummer mit Datum eintippen.
2. Rechnungskopf drucken
3. Rechnungszeile aufbereiten und drucken
4. Rechnungsabschluß drucken
5. Kundendatei aktualisieren
6. Eintrag in die Offene-Posten-Datei

Schrittplan zur Rechnungsschreibung

Im Anschluß daran gliedert man die gestellte Aufgabe in Form eines Strukturbaumes bzw. Blockdiagrammes in Teilaufgaben. Die Teilaufgaben werden später in getrennten Modulen oder in Unterprogrammen (Prozeduren) bearbeitet. Der Strukturbaum zum obigen ersten Schritt könnte so aussehen:

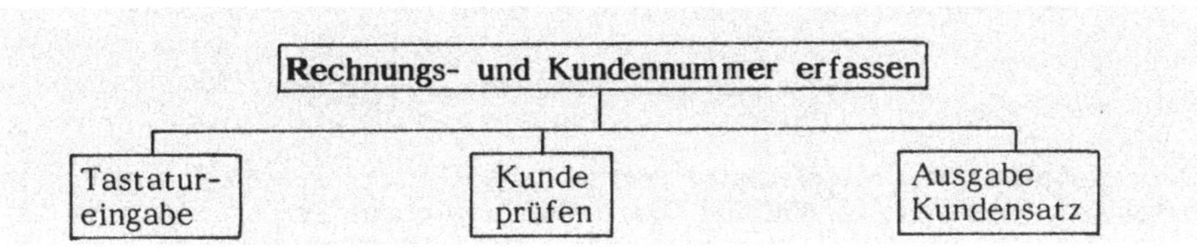


Strukturbaum gliedert hier in drei Teilaufgaben

### 1.6.2 Problemanalyse

Ein Problem analysieren heißt, dieses in seine Bestandteile zu zerlegen. Bei der Problemanalyse geht man nach der Idee "Vom Einfachen zum Schwierigen" von den Ausgabedaten aus, da diese ja mit der Problemstellung als erwartetem Resultat vorgegeben sind. Erst danach wendet man sich der Analyse der Eingabe und der Verarbeitung zu.

**Ausgabe-Analyse:** Daten (z.B. Rechnungszeile mit Artikelnummer, Bezeichnung, Menge, Einheit, Einzel- und Gesamtpreis), Form (z.B. Drucker für Rechnung, Diskette für Offene-Posten-Datei), Listbilder zum Ausgabeformat, Zeitpunkt der Ausgabe.

**Eingabe-Analyse:** Daten (Kundennummer, Artikelnummer und Anzahl sowie Datum), Form (z.B. Tastatur, Diskette für Kundendatei und Artikeldatei).

**Verarbeitungs-Analyse:** Die Verarbeitungsschritte ergeben sich aus den Ausgabe- und Eingabeanforderungen (z.B. Menge * Einzelpreis ergibt Gesamtpreis).

**Variablenliste:** In einer Variablenliste werden sämtliche Namen mit ihren Datentypen zusammengefaßt und beschrieben. In einem Datei-Verzeichnis werden die Dateien mit den entsprechenden Datensatz-Beschreibungen festgehalten.

### 1.6.3 Entwicklung und Darstellung des Algorithmus

Für den dann zu entwickelnden Algorithmus bzw. Lösungsablauf stehen verschiedene Darstellungsformen zu Verfügung:

**Darstellung verbal:**
- Entwurfsprache, algorithmischer Entwurf bzw. Pseudocode

**Darstellung grafisch:**
- Datenflußplan (primär Datenträger, Geräte)
- Programmablaufplan (PAP)
- Struktogramm

**Darstellung computerverständlich:**
- Programmiersprache (z.B. Pascal-Quelltext, Basic-Quelltext)

Formen zur Darstellung eines Ablaufes

**Datenflußplan:** Im Datenflußplan werden die Datenträger bzw. Geräte, die Arten zur Bearbeitung und der Datenfluß zwischen den Datenträgern grafisch festgehalten. Der Datenflußplan ist somit hardwareorientiert.

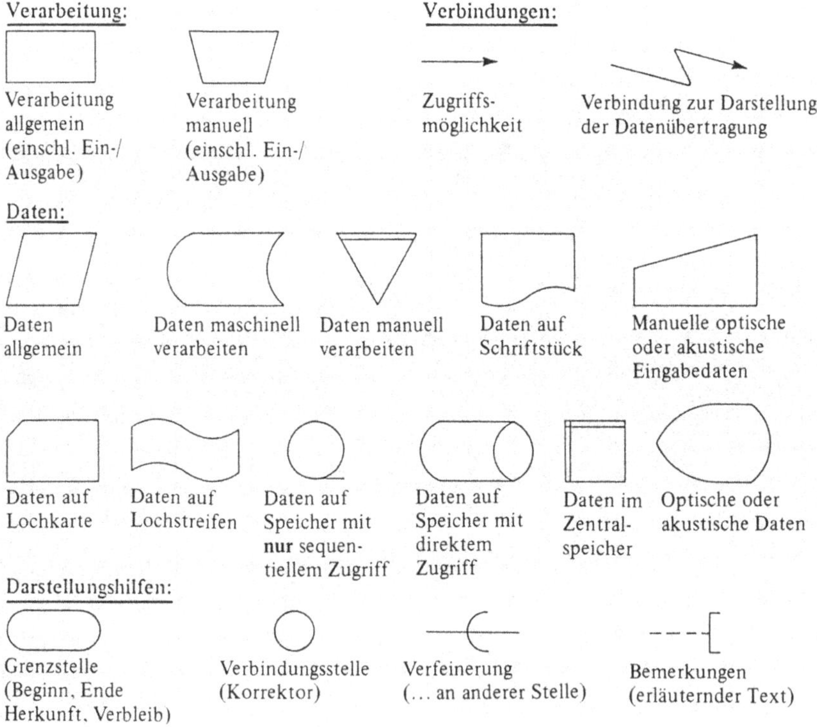


Sinnbilder für Datenflußpläne nach DIN 66001

Für die Rechnungsschreibung könnte der Datenflußplan in seiner knappsten Form etwa so aussehen:

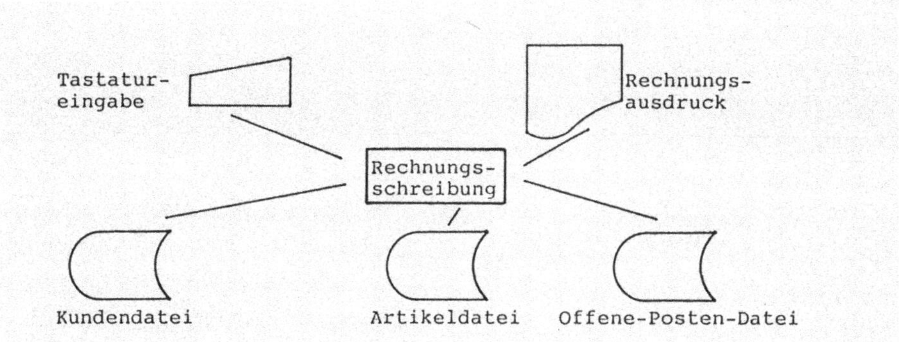


Einfacher Datenflußplan zur Rechnungsschreibung

**Programmablaufplan (PAP):**
Der Datenflußplan bezieht sich mehr auf die Hardware, während der Programmablaufplan (PAP) mit der zeichnerischen Darstellung des geplanten Programmablaufes eindeutig softwarebezogen ist. Die Sinnbilder für den PAP sind ebenfalls nach DIN 66001 genormt. Im Datenflußplan wie im PAP gleichbedeutend sind die Sinnbilder für Anschlußpunkt und Bemerkung. Eine im PAP etwas andere Bedeutung hat das Rechteck (Wertzuweisung) und das Parallelogramm (Eingabe, Ausgabe). Neu im PAP sind die Sinnbilder für die Verzweigung und für das Aufrufen eines Unterprogramms.

Die zum Teilschritt "Kunde prüfen" (obiger Schrittplan) zugehörige Anweisungsfolge kann als PAP z.B. so aussehen:

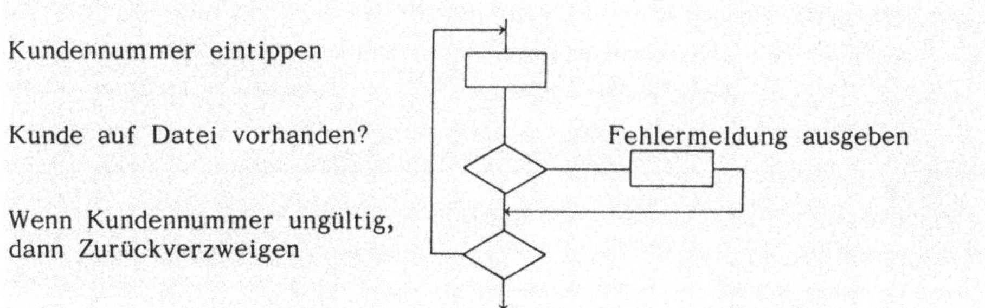


PAP zu Teilschritt "Kunde prüfen" (obiger Schrittplan)

Die Sinnbilder für PAPs sind nach DIN 66001 genormt. Die Verbindungslinien können dabei waagerecht oder senkrecht angeordnet sein.

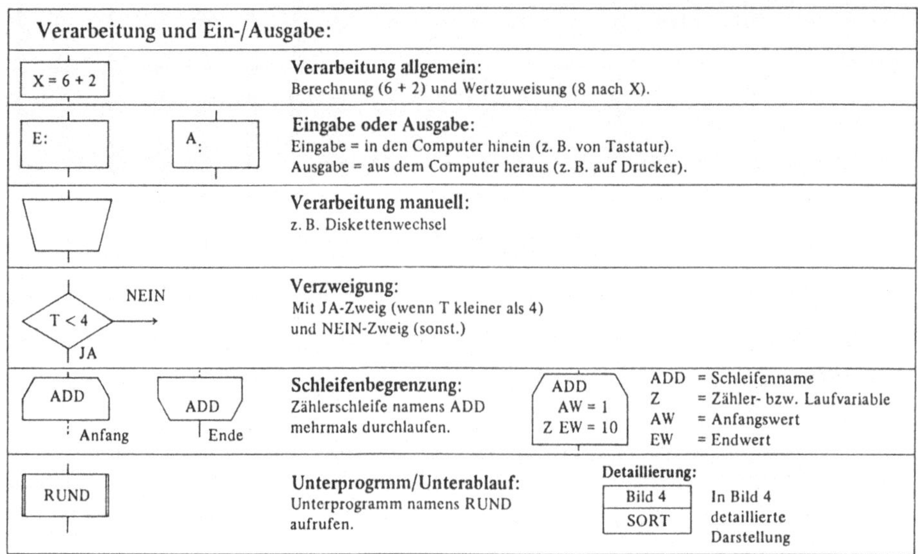


## Verbindungen und Darstellungshilfen:

**Grenzstelle:**
Programmanfang und -ende.

Verarbeitungsfolge:
Zur direkten Verbindung der Sinnbilder.

**Verbindungsstelle (Konnektor):**
Zur Verbindung auseinanderliegender Sinnbilder.

**Sprung mit Rückkehr** — **Sprung ohne Rückkehr**

**Unterbrechung einer anderen Verarbeitung** — **Steuerung der Verarbeitungsfolge von außen**

**Verfeinerung in einer weiteren Teildarstellung**

EINZELN
EINGEBEN

Bemerkung:
Zur Erklärung der Sinnbilder.

Sinnbilder für Programmablaufpläne (PAPs)

**Struktogramm:**
Neben dem PAP wird ein weiteres Hilfsmittel zur zeichnerischen Darstellung von Programmabläufen verwendet: das Struktogramm, auch Strukturdiagramm oder (nach dem Erfinder) Nassi-Shneiderman-Diagramm genannt. Struktogramme haben wir bereits in Abschnitt 1.3 verwendet, um damit die grundlegenden Programmstrukturen darzustellen.

Die Größe und Breite der Strukturblöcke von Struktogrammen kann vom Benutzer seinen Anforderungen gemäß selbst festgelegt werden.

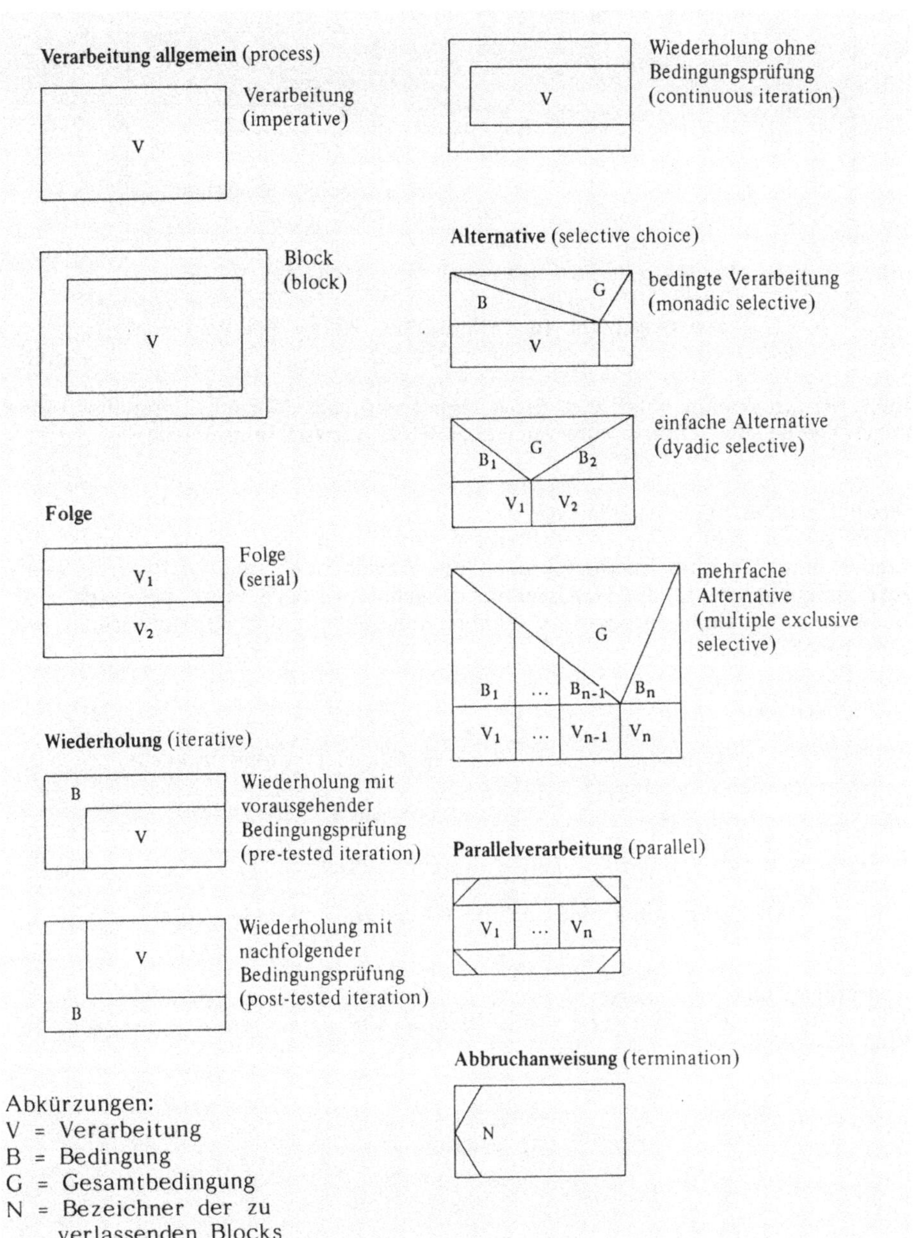


Sinnbilder für Struktogramme nach DIN 66261

Im folgenden Struktogramm wird der Ablauf "Kunde prüfen" dargestellt:

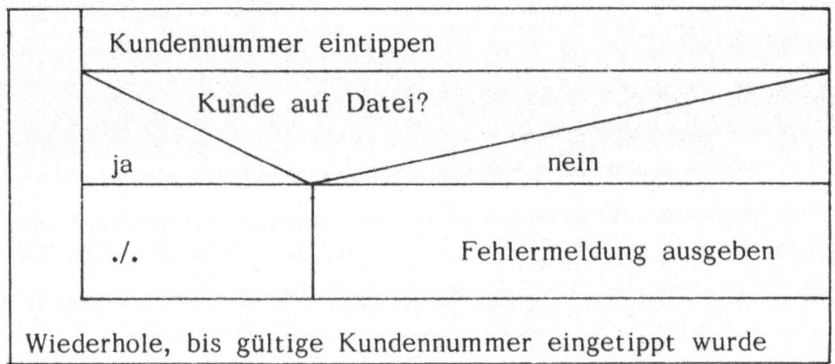


Struktogramm zu Teilaufgabe "Kunde prüfen"

Beim Struktogramm sind die Programmstrukturen deutlich erkennbar: eine nicht-abweisende Schleife, die eine einseitige Auswahl einschachtelt.

**Entwurfsprache bzw. Pseudocode:**
Neben diesen grafischen Darstellungsmöglichkeiten des Lösungsablaufes verwendet man oft eine Entwurfsprache als Pseudocode, um den Programmentwurf umgangssprachlich darzustellen (Abschnitt 1.3.1.). Der oben als PAP sowie Struktogramm dargestellte Ablauf läßt sich in der Entwurfsprache wie folgt beschreiben:

```
Wiederhole
    Tippe die Kundennummer ein
    wenn die Kundennummer in der Kundendatei gefunden wurde
        dann tue nichts
        sonst zeige eine Fehlermeldung am Bildschirm
    Ende-wenn
bis eine Kundenummer als gültig erkannt wurde
```

Algorithmischer Entwurf zu Teilaufgabe "Kunde prüfen"

**Programmierung im engeren Sinne:**
Der algorithmische Entwurf stellt häufig die unmittelbare Vorstufe zur Programmierung dar.

### 1.6.4 Programmierung im engeren Sinne

Programmieren heißt, den zeichnerisch und/oder verbal dargestellten Algorithmus in eine Programmiersprache umzusetzen und auszutesten. Dabei werden die Schritte "Codierung", "Eingabe", "Übersetzung" und "Testen" zumeist wiederholt durchlaufen. Der Übersetzungslauf als gesonderter Schritt ist bei Sprachen mit Compiler, nicht aber bei solchen mit Interpreter erforderlich. Das Austesten erfolgt als Computertest sowie Schreibtischtest. In Form eines Struktogramms läßt sich das Vorgehen beim Programmieren wie folgt darstellen:

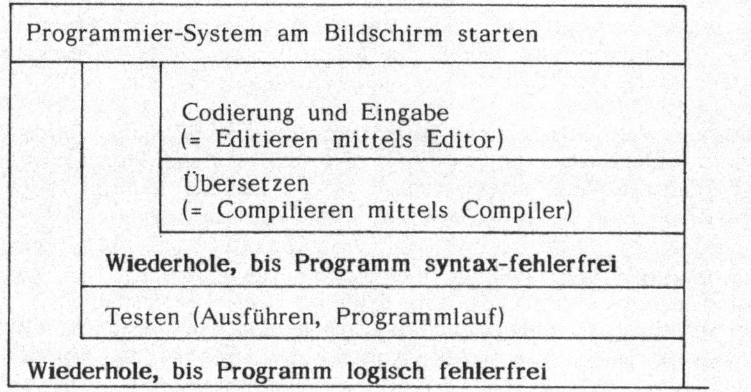


Programmieren im engeren Sinne als Struktogramm

**Dokumentation:**
Abschließend faßt man mit der Dokumentation alle Programmunterlagen als Gebrauchsanleitung zusammen: sei es als Anleitung für den Operator, damit dieser den Computer bei den Programmläufen auch richtig bedienen kann (Operator-Handbuch), oder als Anleitung für den Benutzer für die spätere Programmpflege und Programmkorrektur (Benutzer-Handbuch). Zusätzlich zum Benutzer-Handbuch sollte eine Kurzanleitung vorliegen, die nur die wichtigsten für den Umgang mit dem Programm notwendigen Schritte und Anweisungen für den Interessenten bereithält.

**Problemanalyse und Entwicklung des Algorithmus im Mittelpunkt:**
Zentraler Teil der Programmentwicklung ist der Programmentwurf und nicht - wie es manchem DV-Einsteiger scheinen mag - die Programmierung bzw. Codierung in einer Programmiersprache. Es ist denkbar, daß die Codierung eines Tages automatisiert durchgeführt werden kann.

**Software-Engineering:**
Angesichts der steigenden Software-Kosten (Abschnitt 1.1.2) geht man immer mehr dazu über, die Programmentwicklung und dabei besonders den Programmentwurf industriell und ingenieurmäßig vorzunehmen: Software-Engineering lautet die darauf verweisende Begriffsbildung. Auf einige der im Rahmen des Software-Engineering eingesetzten Programmiertechniken sowie Entwurfsprinzipien gehen wir nachfolgend ein.

### 1.6.5 Programmiertechniken und Entwurfsprinzipien

Programmiertechniken werden durch Begriffe wie Modularisierung, Normierung, Jackson-Methode, Top-Down-Entwurf, Buttom-Up-Entwurf, Unterprogrammtechnik, Menütechnik, Overlaytechnik und Strukturierter Entwurf geprägt. Im folgenden werden diese grundlegenden Begriffe erläutert:

**Die Modularisierung von Software** berücksichtigt, daß ein in kleine Teile bzw. Module gegliedertes Problem bzw. Programm einfacher zu bearbeiten ist. "Klein" heißt, daß ein Modul maximal 200 Anweisungen umfassen darf. Ein Modul ist ein Programmteil mit einem Eingang und einem Ausgang und kann selbständig übersetzt und ausgeführt werden. Module verkehren nur über Schnittstellen miteinander, über die Werte (Parameter genannt) vom rufenden an das aufgerufene Modul übergeben werden; ein Modul darf als Black Box nichts vom Innenleben eines anderen Moduls wissen.

**Die Normierung von Programmabläufen** als Vereinheitlichung durch eine standardisierte Ablaufsteuerung wird bei der Entwicklung komplexer kommerzieller Software-Pakete vorgenommen, an der zumeist mehrere Mitarbeiter beteiligt sind. Jedes Softwarehaus hat seine eigenen Normen.

**Die Jackson-Methode** geht bei der Programmentwicklung von der exakten Analyse der Datenstrukturen aus, um dann die entsprechenden Programm- bzw. Ablaufstrukturen zu entwerfen. Warum? In der kommerziellen DV sind die Daten zumeist bis in die Details vorgegeben, während die Abläufe den Daten gemäß formuliert werden müssen. Anders ausgedrückt: Die Datenstruktur prägt die Programmstruktur.

Dem Top-Down-Entwurf als "Von-oben-nach-unten-Entwurf" entspricht die Technik der schrittweisen Verfeinerung: Vom Gesamtproblem ausgehend bildet man Teilprobleme, um diese dann schrittweise weiter zu unterteilen und zu verfeinern bis hin zum lauffähigen Programm. Der Top-Down-Entwurf führt immer zu einem hierarchisch gegliederten Programmaufbau.

**Der Bottom-Up-Entwurf** als Gegenstück zum Top-Down-Entwurf geht als Von-unten-nach-oben-Entwurf von den oft verwendeten Teilproblemen der untersten Ebene aus, um sukzessive solche Teilprobleme zu integrieren. Beide Entwurfsprinzipien werden in der Praxis zumeist kombiniert angewendet.

**Die Unterprogrammtechnik** wird in folgenden drei Fällen genutzt:

- Ein Ablauf wird mehrfach benötigt.
- Mehrere Personen kooperieren und liefern Unterprogramme ab.
- Menügesteuerter Dialog (Menütechnik).

Der Begriff des Unterprogramms bzw. der Prozedur entspricht dabei dem des Moduls. Die bekannteste Schnittstelle ist der Unterprogrammaufruf mit Parameterübergabe.

**Die Menütechnik** erleichtert den benutzergesteuerten Dialog. Über das Menü als Auswahlübersicht steuert der Benutzer den Ablauf des Programmes, ohne zuerst alle Befehle lernen zu müssen. Das Menü als Gedächtnisstütze bei der Eingabe kann in Tabellenform alternativ zum Bildschirm, auf dem sonst der Dialog protokolliert wird, angeboten werden. Dies setzt den schnellen Wechsel zwischen den Bildschirmseiten voraus. Oder das Menü wird als

(Prompt-)Zeile ausgegeben, die zusätzlich zum Dialog ständig am Bildschirmrand stehen bleibt.

- Bei der Split-Screen-Technik werden Rechteckbereiche des Bildschirms wie eigenständige Bildschirme bzw. Fenster (Windows) behandelt. Über ein solches Fenstersystem kann der Benutzer Menüs an jeder Stelle des Bildschirms erscheinen lassen.
- Die Menütechnik kann sich auf das Arbeiten innerhalb eines Programmes wie auch auf das Verbinden mehrerer Programme beziehen. Im letzteren Fall wird beim Einschalten des Computers bzw. beim Beenden eines Programms automatisch ein Menüprogramm geladen, das am Monitor alle verfügbaren Programme anzeigt; der Benutzer kann durch Tippen z.B. eines Buchstabens dann das gewünschte Programm laden, ohne sich um den Speicherort auf Diskette kümmern zu müssen.
- Hierarchische Menüs teilen eine Aufgabe in übergeordnete Menü-Ebenen auf. Im Hauptmenü stehen häufig verwendete Funktionen, und nach der Wahl erscheint das nächste Menü mit weiter detaillierten Funktionen.
- Pop-up-Menüs erscheinen auf Tastendruck, bieten mehrere Möglichkeiten zur Auswahl an und verschwinden, sobald eine Wahl getroffen wurde. Pop-up-Menüs halten also nicht auf und lenken auch nicht ab: Sie erscheinen nur, wenn sie auch benötigt werden.
- Die Menüwahl erfolgt durch Klartexteingabe (Fehlerrisiko groß) bzw. durch Tasten eines Zeichens oder dadurch, daß der Cursor auf die gewünschte Position gesetzt wird und dann die Return-Taste gedrückt wird. Die Menüwahl vereinfacht sich weiter bei Einsatz von Lichtgriffel oder Maus (siehe Abschnitt 1.6.7).

**Bei der Overlaytechnik** werden Module überlagert (= overlay). Dies ist z.B. dann erforderlich, wenn der Hauptspeicherplatz nicht ausreicht, um alle Module gleichzeitig aufzunehmen. Das im Hauptspeicher stehende Modul ruft ein anderes Modul auf, das dann von einem Externspeicher geladen und dem rufenden Modul überlagert wird.

**Der strukturierte Entwurf** beinhaltet, daß ein Programm unabhängig von seiner Größe nur aus den vier (in Abschnitt 1.3 erklärten) grundlegenden Programmstrukturen aufgebaut sein darf:

- Folgestrukturen
- Auswahlstrukturen
- Wiederholungsstrukturen
- Unterprogrammstrukturen

Dabei soll auf unbedingtes Verzweigen mittels GOTO verzichtet werden. Jede Programmstruktur bildet einen Strukturblock. Blöcke sind entweder

- hintereinander angeordnet oder
- vollständig eingeschachtelt.

Die teilweise Einschachtelung (Überlappung) ist nicht zulässig. Sogenannte "blockorientierte Sprachen" wie Pascal und Modula-2 unterstützen das Prinzip des strukturierten Entwurfs weit mehr als die "unstrukturierten Sprachen" wie BASIC und APL.

**Strukturierte Programmierung:** Die oben nur stichwortartig dargestellten Prinzipien dürfen nicht getrennt betrachtet werden; unter dem Informatik-Sammelbegriff 'strukturierte Programmierung' faßt man sie zu einem heute allgemein anerkannten Vorgehen zusammen. Die tragenden Prinzipien sind:

- Top-Down-Entwurf mit schrittweiser Verfeinerung.
- Strukturierter Entwurf mit Blockbildung.

### 1.6.6 Kleine Mauskunde

**Anklicken:** Durch Drücken der Maustaste wird das Objekt, auf das der Mauszeiger gerade zeigt, aktiviert und somit gezeigt bzw. ausgeführt.

**Desktop:** Der Bildschirm bildet einen Schreibtisch nach, auf dem sich die Arbeitsmittel (dargestellt als Pictogramme) und der Papierkorb befinden. Man arbeitet mit Objekten (Inhaltsverzeichnis, Ordner, Frame bzw. Dokument), die man durch Anklicken mit der Maus öffnen und in Fenstern betrachten kann.

**Dialogbox:** Umrandeter Kasten, in dem Fehlerhinweise, Antworten bzw. Protokolle gezeigt werden.

**Dokument:** ... steht für Datei, die mittels Pictogramm als Papierblatt mit umgeknickter Ecke angezeigt wird.

**Editierfeld:** Unterlegtes Feld, in das der Benutzer seine Eingabe einträgt.

**Fenster:** Bereich des Bildschirms, in dem Information unabhängig von anderen Bildschirmbereichen (Fenstern, Windows) gezeigt und bearbeitet werden kann.

**Frame:** Rahmen, dessen Inhalt ähnlich wie bei einem Fenster bearbeitet werden kann (z.B. beim Paket Framework II).

**Maus:** Handliches Gerät, durch dessen Bewegen auf der Tischunterlage ein Mauszeiger auf dem Bildschirm verschoben wird. Die Maus hat einen oder mehrere Knöpfe; auf Knopfdruck wird das Objekt gezeigt bzw. ausgeführt, auf das der Mauszeiger gerade zeigt (anklicken).

**Mausknopf:** Dient dem ein- oder mehrfachen Anklicken sowie dem Verschieben eines Objekts: Beim Verschieben bewegt man das Pictogramm selbst (z.B. in den Papierkorb zwecks Löschen).

**Objekte:** Dateien (Dokumente), Ordner, Schalter, Papierkorb usw., die als Pictogramme auf dem Bildschirm gezeigt und durch Anklicken ausgeführt werden.

**Ordner:** Objekt, das als Inhaltsverzeichnis auf weitere Objekte verweist. Enthalten Ordner weitere Ordner, spricht man von Subdirectories (hierarchisches Inhaltsverzeichnis).

**Papierkorb:** Durch Verschieben eines Objektes in den Papierkorb (Mülleimer, Trash Can) wird es gelöscht. Objekte können aus dem Papierkorb entnommen und eingefügt (insert) werden (z.B. bei Lisa, Word), oder aber sie sind verloren (z.B. bei GEM).

**Pictogramm:** Grafische Darstellung eines Objekts, auch als Icon (für Bildchen) bezeichnet.

**Pull-Down-Menü:** Eine Menüleiste (menu bar) am Bildschirmrand nennt Wahlmöglichkeiten, die durch Anklicken mit der Maus oder durch Tastendruck heruntergezogen und damit geöffnet werden können.

# 2

# Bedienung und Definitionen des Turbo Basic-Systems

# 2
# Bedienung und Definitionen des Turbo Basic-Systems


| | | |
|---|---|---|
| **2.1** | **Bedienung des Programmentwicklungssystems** | 57 |
| 2.2 | Daten und Datentypen | 81 |
| 2.3 | Einfache und strukturierte Anweisungen | 89 |
| 2.4 | Arbeiten in der MS-DOS-Ebene | 113 |

### 2.1.1 Erstellung des ersten Programmes in acht Schritten

#### 2.1.1.1 Schritt 1: Turbo Basic starten

**1. Computer einschalten und Betriebssystem MS-DOS laden**

Bei einem PC mit zwei Diskettenlaufwerken A: und B: legt man die MS-DOS-Betriebssystemdiskette in Laufwerk A: und schaltet den PC an. Nach kurzer Zeit meldet sich DOS mit dem Bereitschaftszeichen

A>

und wartet auf weitere Eingaben.

Wird der PC von der Festplatte gestartet und das Betriebssystem von der Festplatte geladen (man sagt auch gebootet), so ist der PC (bei leeren Diskettenlaufwerken) einfach anzuschalten.

**2. Hauptmenü von Turbo Basic aufrufen**

Wir entnehmen die MS-DOS-Betriebssystemdiskette dem Laufwerk A: und legen stattdessen die Turbo Basic-Systemdiskette ein. Auf dieser Diskette befindet sich u.a. eine Datei namens TB.EXE. Diese Datei enthält das "eigentliche Programmiersystem" mit dem Editor (zum Bearbeiten von Programmtext), dem Compiler (zum Übersetzen) und der Laufzeit-Bibliothek (zum Kontrollieren aller Abläufe). "Turbo Basic starten" ist somit gleichbedeutend mit "Datei TB.EXE starten". Wir tun dies durch Eintippen der zwei Buchstaben TB:

A> TB Ret

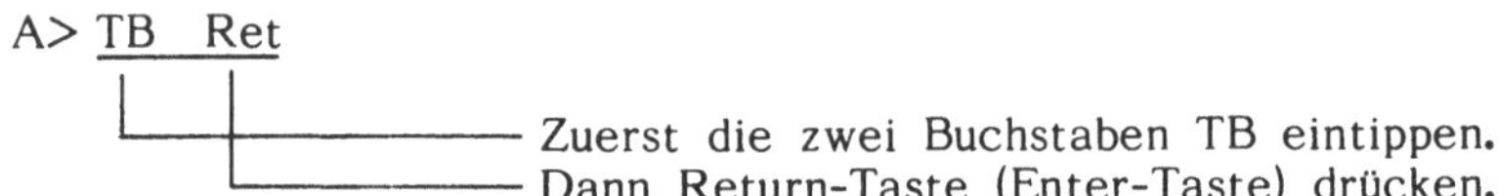


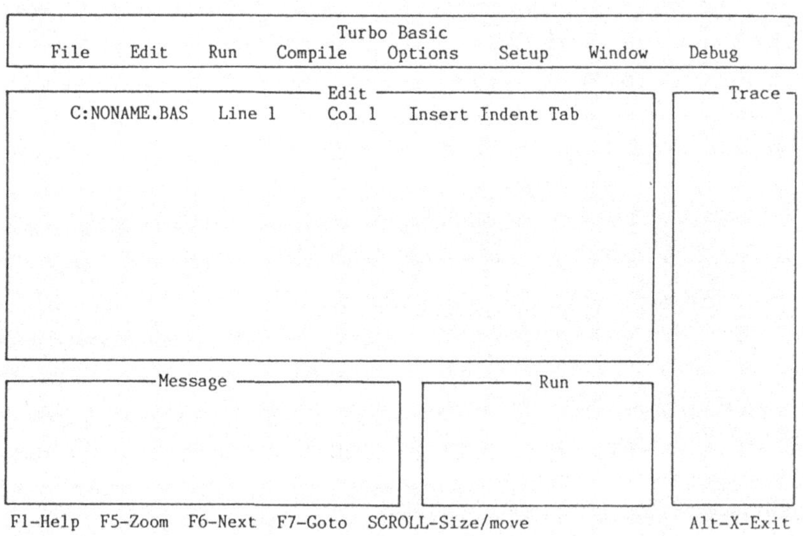


Bildschirm mit dem Hauptmenü von Turbo Basic
mit Kommandoleiste und vier Fenstern

Durch Unterstreichen wird in diesem Buch unsere Eingabe (also was wir eintippen) gekennzeichnet. Ob nun "TB", "tB", "Tb" oder tb" eingetippt wird, ist gleichbedeutend: das System übersetzt alle Kleinbuchstaben automatisch in Großbuchstaben. Wichtig ist, daß die Eingabe durch die Ret-Taste (Tastenaufschrift Return, Enter, Ein o.ä.) abgeschlossen wird.
Nach einiger Zeit erscheint am Bildschirm das Hauptmenü von Turbo Basic. Es zeigt **eine Kommandoleiste** mit den acht Kommandos File, Edit, Run, Compile, Options, Setup, Window und Debug sowie den **vier Fenstern** namens Edit, Message, Run und Trace.

### 2.1.1.2 Schritt 2: Quelltext eingeben mit dem Edit-Kommando

**1. Editor aufrufen mit dem Edit-Kommando**

In der Kommandoleiste ist das File-Kommando hervorgehoben bzw. markiert. Durch Drücken der Return-Taste würde jetzt dieses Kommando aktiviert. Wir brauchen aber das Edit-Kommando und können dies auf zwei Arten vornehmen:

- Mit Pfeiltaste Edit markieren und dann Return tippen.
- Hervorgehobenen Anfangsbuchstaben tippen: E für Edit.

Nach dem Aufrufen des Editors tut sich nicht sehr viel: Im Edit-Fenster erscheint "NONAME.BAS" als "unbekannter Programmname" und der Cursor wartet in der linken oberen Ecke in Position "Line 1, Col 1" bzw. "waagerechte Zeile 1, senkrechte Spalte 1".

**2. Programmtext bzw. Quelltext eintippen**

Das erste Programm soll ErstProg heißen (zwischen "Erst" und "Prog" ist kein Leerzeichen) und eine beliebige Zahl jeweils um 5 erhöhen. Der Programmtext besteht aus sieben Zeilen mit sieben Anweisungen. Wir tippen ihn Zeile für Zeile ein, wobei jede Zeile mit der Return-Taste abgeschlossen wird. Tippfehler werden durch Überschreiben korrigiert.

| **Quelltext:** | **Bedeutung der Anweisungen:** |
|---|---|
| CLS | Bildschirm löschen (CLear Screen). |
| PRINT "Welche Zahl" | Text "Welche Zahl" ausgeben. |
| INPUT Zahl | Warten und getippte Zahl in Zahl speichern. |
| LET Zahl=Zahl+5 | Inhalt von Variable Zahl um 5 erhöhen. |
| PRINT "Erhöhte Zahl:" | Konstanten Text "Erhöhte Zahl:" ausgeben. |
| PRINT Zahl | Inhalt der Variablen Zahl ausgeben. |
| END | Ausführung von Programm ErstProg beenden |

Basic-Quelltext zu Programm ErstProg mit sieben Anweisungen

**3. Editor verlassen mittels Esc-Taste**

Der Quelltext zu Programm ErstProg steht nun vollständig im Edit-Fenster. Durch Drücken der Esc-Taste (Esc für "Escape" bzw. "Entkommen") verlassen wird den Editor bzw. das Edit-Kommando. Der Cursor steht nun wieder in der Kommandoleiste am oberen Bildschirmrand.

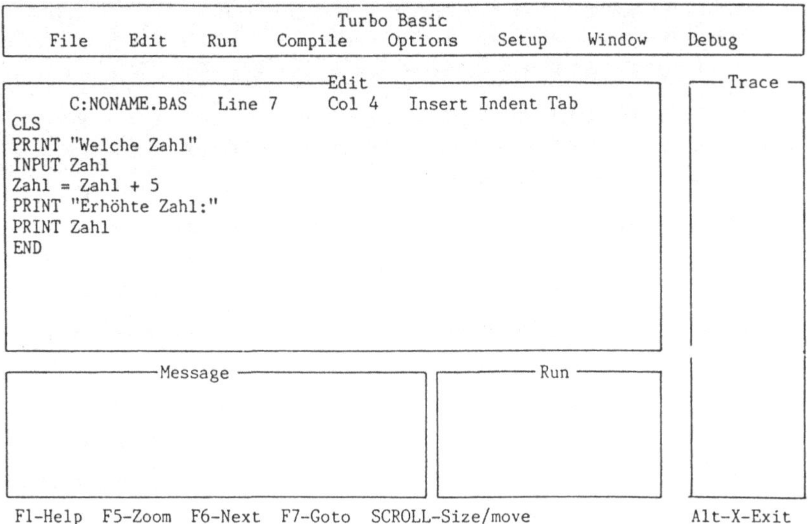


Bildschirm mit dem vollständigen Quelltext
zu Programm ErstProg im Edit-Fenster

Die Schrittfolge 1. Editor aufrufen, 2. Quelltext eingeben und 3. Editor verlassen stellen wir durch folgende Stufung in Kurzform dar:

| | |
|---|---|
| **Edit** | 1. Editor aufrufen |
| **Quelltext eingeben** | 2. Anweisungen tippen |
| Esc | 3. Editor verlassen |

Schrittfolge zur Eingabe des Quelltextes

### 2.1.1.3 Schritt 3: Quelltext speichern mit dem File-Kommando

Der Basic-Quelltext steht nun im Hauptspeicher RAM. Zum Beispiel bei einem Stromausfall wäre er verloren. Aus diesem Grunde sollte man ihn nach dem Verlassen des Editors unverzüglich auf Diskette kopieren. Das File-Kommando bietet dazu **Save** (für "Retten, Sicherstellen, Speichern") als Wahlmöglichkeit an.

| | |
|---|---|
| **File** | 1. File-Kommando aktivieren |
| **Save** | 2. Save kopiert Text auf Diskette |
| B:ErstProg | 3. Programmname für Laufwerk B: |
| Esc | 4. File über Esc-Taste verlassen |

Schrittfolge zum Speichern des Quelltextes auf Diskette mit Save

**1. File-Kommando aktivieren**
Zunächst wird das File-Kommando in der Kommandoleiste aktiviert: entweder "F" eintippen oder File mit der Pfeiltaste markieren und dann Return tippen. File bietet ein **Pull-down-Menü** an - so genannt, da neun Wahlmöglichkeiten (von Load bis Quit) "von oben nach unten herunterrollen"; man spricht auch von einem Rolladen-Menü.

**2. Save auswählen**
Aus dem Pull-down-Menü wählen wir den Save-Befehl aus. Dazu haben wir wieder zwei Möglichkeiten: entweder "S" eintippen oder mit der Pfeil- bzw. Cursortaste das Wort Save markieren und mit der Return-Taste aktivieren.

**3. Kopie der Quelltextes auf Diskette sicherstellen**
Der Save-Befehl kopiert den gerade im RAM befindlichen Quelltext unter einem bestimmten Programmnamen auf die Diskette in das angegebene Laufwerk. Wir geben "B:ErstProg" ein, um den Basic-Text unter dem Namen ErstProg auf die in Laufwerk B: einliegende Diskette zu kopieren.

**4. File-Kommando verlassen mit Esc**
Der Quelltext ist auf Diskette gerettet. Durch Drücken der Esc-Taste kehren wir zur Kommandoleiste des Hauptmenüs zurück.

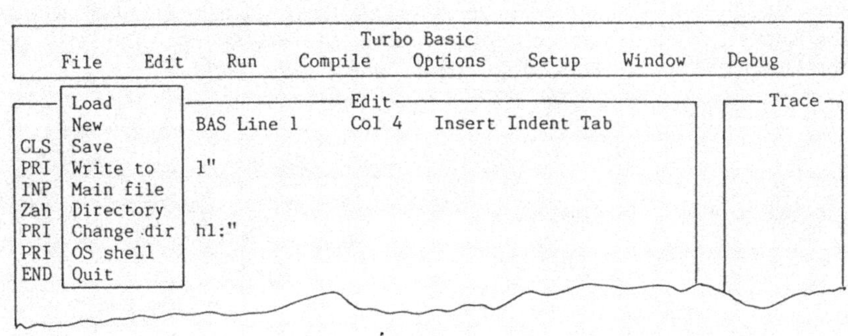


Bildschirm mit dem Rolladen-Menü des File-Kommandos zeigt Save als eine von neun Wahlmöglichkeiten

### 2.1.1.4 Schritt 4: Programm ausführen mit dem RUN-Kommando

Das Run-Kommando dient dem Programmlauf bzw. der Programmausführung.

| | |
|---|---|
| **Run** | 1. Run-Kommando aktivieren |
| **Ausführung** | 2. Programmgeführter Dialog |
| **Esc** | 3. Rückkehr ins Hauptmenü |

Schrittfolge zur Ausführung des Programmes mit Run

Der wiedergegebene Bildschirm zeigt, daß Run zwei Aufgaben übernimmt, die im Message-Fenster und im Run-Fenster protokolliert werden:

1. **Quelltext in Objektcode übersetzen bzw. compilieren**
   Der Quelltext des im RAM befindlichen Programms ErstProg umfaßt sieben Zeilen mit sieben Anweisungen. Diese Anweisungen können zwar von Mensch wie Computer gelesen, vom Computer aber noch nicht ausgeführt werden. Dazu müssen sie in den Objektcode als ausführbare Programmform übersetzt werden. Run ruft dazu den **Compiler** auf, der den Objektcode erzeugt und ebenfalls im RAM ablegt. Im Message-Fenster wird der Übersetzungsvorgang protokolliert (Meldung "Compiling: ERSTPROG").

2. **Objektcode ausführen**
   Nun kann das Programm ausgeführt werden. Im Run-Fenster wird der Dialog zwischen Mensch (der eingibt) und Computer (der verarbeitet und ausgibt) protokolliert: Der Computer gibt die Frage "Welche Zahl" aus, der Benutzer gibt die Zahl 1000 ein, ... .

Zwei Aufgaben von Run: Compilieren lassen und ausführen

**Einmal übersetzen - mehrmals ausführen:** Geben wir erneut Run ein, so muß der Übersetzungsvorgang nicht nochmals wiederholt werden. Run findet im RAM bereits den Objektcode vor und kann ihn unverzüglich im Run-Fenster zur Ausführung bringen. Wurde der Quelltext zwischen zwei Run-Aufrufen abgeändert, wird erneut compiliert. Das System merkt sich also genau, ob der Quelltext exakt zum Objektcode "paßt" oder nicht.

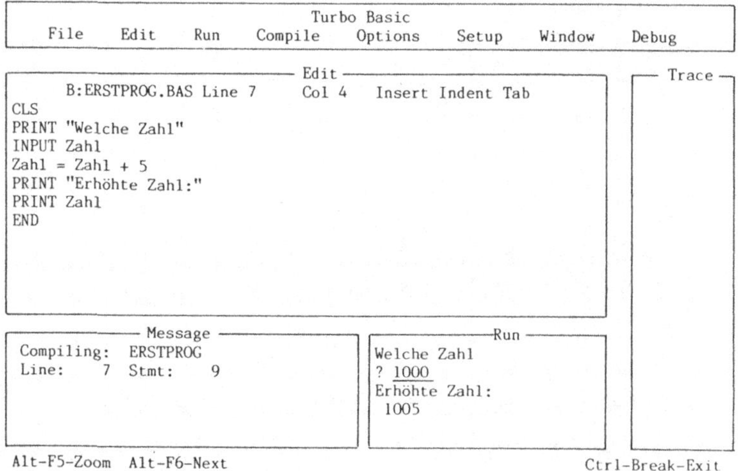


**Zuerst Editieren (Edit-Fenster), dann Übersetzen (Message-Fenster) und dann erst Ausführen (Run-Fenster)**

Bildschirm zu Run: Übersetzung im Message-Fenster und Ausführung im Run-Fenster

### 2.1.1.5 Schritt 5: Fehler im Quelltext korrigieren

Turbo Basic vereinfacht das Korrigieren von Fehlern dadurch, daß die fehlerverursachende Stelle im Quelltext (zumeist) angezeigt wird und automatisch der Editor aktiviert wird. So kann man den Quelltext sofort ohne neue Kommandoeingabe korrigieren. An einem Beispiel soll dies verdeutlicht werden.

**1. Absichtlich einen Fehler erzeugen: CL statt CLS schreiben**

Wir sehen im Programm ErstProg einen Fehler vor, um daran zu zeigen, wie man Fehler korrigiert: Das Anweisungswort CLS (für Bildschirm löschen) ändern wir in CL ab. Dazu rufen wir den Editor auf, löschen das "S" in CLS mit der Del-Taste und verlassen den Editor mit Esc. In Kurzschreibweise sieht diese Schrittfolge so aus:

| | |
|---|---|
| **Edit** | 1. Editor aufrufen |
| **CL_** | 2. Zeichen "S" entfernen: CL bleibt |
| **Esc** | 3. Zurück ins Hauptmenü |

**2. Fehlermeldung beim Übersetzen**

Wir aktivieren das Run-Kommando. Run merkt, daß der Quellcode geändert wurde und ruft den Compiler auf, um den Quelltext neu zu übersetzen. Der Compiler findet den Syntaxfehler, gibt die Meldung 'Error 414 "= expexcted"' aus und aktiviert automatisch wieder den Editor: Der Quelltext wird im Edit-Fenster gezeigt und die fehlerhafte Stelle mit dem Cursor markiert:

| | |
|---|---|
| **Run** | 1. Run-Kommando aufrufen |
| **Error 414 "= expected"** | 2. Übersetzung abgebrochen: Meldung |
| **CL▨** | 3. Cursor markiert Fehlerstelle |

Zur Fehlermeldung 414: Der Compiler hat "CL" mit einer nachfolgenden Leerstelle gefunden. Die clevere Folgerung von "CL" zu "CLS" hat der Compiler nicht vollzogen - dazu ist er zu dumm; dies könnte ein KI-System (KI = Künstliche Intelligenz) ggf. leisten. Der Compiler erwartet eine Wertzuweisung in eine Variable namens CL (etwa als CL = 555) und meldet deshalb auch "= erwartet bzw. expected".

**3. Fehler korrigieren, Quelltext neu speichern und Programm testen**

Zunächst korrigieren wir den Fehler und schreiben das "S" hinter "CL". Wichtig dabei ist, daß wird uns im Insert-Modus befinden (oben im Edit-Fenster steht "Insert") und nicht im Overwrite-Modus (ggf. mit Ins-Taste umschalten). Dann wird der Quelltext neu gesichert und getestet. Wichtig: Zuerst auf Diskette sichern und dann erst testen - niemals umgekehrt.

| | |
|---|---|
| **CLS** | 1. "S" hinter "CL" einfügen |
| **Esc** | 2. Edit-Fester verlassen |
| **File** | 3. File-Kommando aktivieren |
| **Save** | 4. Quelltext auf Diskette kopieren |
| **Esc** | 5. Zurück zum Hauptmenü |
| **Run** | 6. Run-Kommando aktivieren |
| **Ausführungsdialog** | 7. Ausführen nach Übersetzen |
| **Esc** | 8. Zurück zum Hauptmenü |

**Drei Arten von Fehlern:** Der obige Fehler "CL anstelle von CLS" ist ein Syntaxfehler, da er gegen die syntaktischen Vorschriften von Turbo Basic verstößt. Dieser Fehler wird vom Compiler entdeckt und abgewiesen. Daneben gibt es Laufzeitfehler und logische Fehler.

1. **Syntaxfehler werden vom Compiler erkannt**
   - Fehler wird während der Übersetzung (Compilation) vom Compiler entdeckt.
   - Der Compiler ruft den Editor auf und stellt den fehlerhaften Quelltext zum Korrigieren bereit.

2. **Laufzeitfehler werden beim Programmlauf erkannt**
   Nach fehlerfreier Übersetzung tritt der Fehler erst im Zuge der Ausführung auf. Beispiel: anstelle einer Zahl wird ein Buchstabe oder ein Kontrollzeichen eingetippt.
   - Das Run-Kommando ruft automatisch den Editor auf, um die Fehlerstelle zu markieren.

3. **Logische Fehler muß der Benutzer selbst suchen**
   - Einem Gehaltsempfänger wird anstelle von DM 2500.-/Monat plötzlich DM 250000.-/Monat überwiesen.
   - Diese Fehler sind am unangenehmsten.

Drei Arten von Fehlern beim Programmieren

#### 2.1.1.6 Schritt 6: Disketten-Directory einstellen und anzeigen

Bei einem PC mit zwei Diskettenlaufwerken A: und B: wird man normalerweise wie folgt arbeiten:
- Turbo Basic-Systemdiskette mit TB.EXE in Laufwerk A:
- Benutzerdiskette mit den BAS-Dateien in Laufwerk B:

Das bedeutet, daß man bei jedem Speichern von Quelltext das Laufwerk B: angeben muß (siehe Schritt 3 mit "Save B:ErstProg"). Durch die Wahlmöglichkeit **Change dir** kann man dies vereinfachen.

1. **Laufwerk B: als Standardlaufwerk einstellen**
   Man stellt B: mit **Change dir** als Standardlaufwerk ein. Bei jedem Diskettenzugriff wird dann automatisch auf Laufwerk B: zugegriffen, ohne daß dieses Laufwerk angegeben werden muß.

| | |
|---|---|
| **File** | 1. File-Kommando aufrufen |
| **Change dir** | 2. Directory-Voreinstellung ändern |
| **New directory:** | |
| **B:** | 3. B: als Voreinstellung eingeben |
| **Esc** | 4. Ins Hauptmenü zurückkehren |

Anmerkung: Natürlich kann man auch Unterverzeichnisse als Pfad mit angeben. Sind Programme z.B. im Unterverzeichnis B:\Benutz1 abgelegt, gibt man nach Change dir **B:\Benutz1** als Einstellung an.

**2. Disketten-Directory anzeigen**

Durch den Befehl **Directory** erhält man eine Übersicht der im angegebenen Laufwerk bzw. Verzeichnis gespeicherten Dateien.

| | |
|---|---|
| **File** | 1. File-Kommando aufrufen |
| **Directory** | 2. Inhaltsverzeichnis anzeigen lassen |
| **Enter mask** | 3. Das Angebot, mit *.* alle Dateien anzu- |
| ***.* Return** | zeigen, durch Return-Taste annehmen. |
| **Esc** | 4. Zurück ins Hauptmenü |

Am Bildschirm erscheinen die beiden Namen ERSTPROG.BAS (BAS für Basic-Quelltext) und ERSTPROG.BAK (BAK für Back-Up bzw. SicherungsKopie des Quelltextes). Bei jedem Save wird der bisherige Inhalt der BAS-Datei als BAK-Datei auf Diskette gespeichert, um dann den (geänderten) Quelltext im RAM als neue BAS-Datei auf Diskette zu speichern.

### 2.1.1.7 Schritt 7: Unterbrechungsschalter auf ON setzen

Eine nicht enden wollende Programmausführung kann in Turbo Basic durch Ctrl-C, Ctrl-S oder Ctrl-Break nicht unterbrochen werden. Da hilft nur "Strom aus" - mit allen Konsequenzen des Datenverlustes. Über das Options-Kommando läßt sich Ctrl-Break als "Notbremse" einstellen.

**1. Keyboard break auf ON setzen mit Options-Kommando**

Das oben in der Kommandoleiste angebotene Options-Kommando gibt einige Schalter an, die durch Drücken der Return-Taste auf ON (an) bzw. OFF (aus) gestellt werden können. Wir setzen den Schalter **Keyboard break** von OFF auf ON. Damit kann später ein z.B. endlos ablaufendes Programm durch die Tastenkombination **Ctrl-Break** abgebrochen werden. Sonst müßte man den PC abschalten; ein nicht-gesicherter Quelltext wäre verloren.

| | |
|---|---|
| **Options** | 1. Kommando Options aktivieren |
| **Keyboard break** | 2. Dritte Wahlmöglichkeit markieren |
| **Return** | 3. Return-Taste stellt von OFF auf ON |
| **Esc** | 4. Ins Hauptmenü zurückkehren |

**2. Einstellung in Konfigurationsdatei speichern mit Setup-Kommando**

Um den obigen Abbruchschalter nicht bei jedem Starten von Turbo Basic erneut auf ON setzen zu müssen, kann man diese Einstellung (zusammen mit anderen Einstellungen) in der Konfigurationsdatei dauerhaft auf Diskette speichern. Turbo Basic greift im Normalfall auf die Konfigurationsdatei namens TBCONFIG.TB zu. Über die Wahl **Save Options/Windows/Setup** speichern wir die aktuellen Einstellungen neu in der Konfigurationsdatei ab.

| | |
|---|---|
| **Setup** | 1. Setup-Kommando aufrufen |
| **Save Options/Windows/Setup** | 2. Einstellungen speichern |
| **Config File** | 3. Durch Return TBCONFIG.TB |
| **TBCONFIG.TB Return** | als Dateiname akzeptieren |
| **Esc** | 4. Ins Hauptmenü zurückkehren |

Bei jedem Start von Turbo Basic sucht das System TBCONFIG.TB und nimmt die darin abgelegten Einstellungen vor.

### 2.1.1.8 Schritt 8: Turbo Basic beenden

Durch die Schrittfolge

| | |
|---|---|
| **File** | 1. File Kommando aufrufen |
| **Quit** | 2. Unterste Wahlmöglichkeit markieren |
| **Return** | 3. Von Turbo Basic nach MS-DOS zurück |

kann man die Turbo Basic-Ebene verlassen, um in die Betriebssystemebene von MS-DOS zurückzukehren. Findet das Turbo-System Quelltext, der noch nicht sichergestellt wurde, wird zuvor noch der Save-Befehl angeboten.
Die Eingabe der Tastenkombination Alt-x hat dieselbe Wirkung wie Quit.

## 2.1.2 Kommandos im Hauptmenü von Turbo Basic

### 2.1.2.1 Übersicht

**Acht Kommandos:** Am oberen Bildschirmrand bietet Turbo Basic in einer Kommandoleiste acht Kommandos an, die ihrerseits über Rolladenmenüs (Pull-down-Menüs) weitere Kommandos bereitstellen.

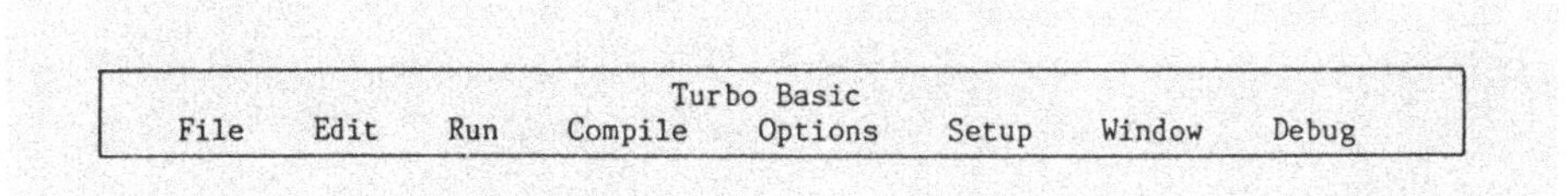


Kommandoleiste mit acht Kommandos

**Kommando File:**
Rolladenmenü bereitstellen mit den Kommandos Load (Quelltext von Diskette laden), New (Arbeitsspeicher löschen), Save (Quelltext auf Diskette speichern), Write To (Quelltext unter neuem Namen speichern), Directory (Disketteninhaltsverzeichnis), Change dir (Directory/Pfad ändern), Main file (Hauptdatei benennen), OS Shell (in Betriebssystemebene wechseln - zurück mit Exit) und Quit (Turbo Basic beenden).

**Kommando Edit:**
Bildschirmorientierten Editor aufrufen, um Basic-Quelltext zu bearbeiten (eingeben, ändern, löschen usw.).

**Kommando Run:**
Objektcode im Arbeitsspeicher ausführen (Programmlauf). Falls kein Objektcode gefunden wird: Compiler aktivieren, um den Quelltext zu übersetzen.

**Kommando Compile:**
Quelltext des Arbeitsspeichers übersetzen und den Objektcode entweder ebenfalls im Arbeitsspeicher oder als EXE- bzw. TBS-Datei auf Diskette ablegen.

**Kommando Options:**
Rolladenmenü bereitstellen mit den Kommandos Compile to (wohin compilieren: Memory oder Diskette (EXE- bzw. TBC-Datei)?), Parameter line und Metastatements sowie den Schaltern 8087 required, Keyboard break, Bounds, Overflow und Stack test.

**Kommando Setup:**
Rolladenmenü bereitstellen mit den Kommandos Colors, Miscellaneous (Auto save edit und Backup source), Load-Einstellungen und Save-Einstellungen.

**Kommando Window:**
Rolladenmenü bereitstellen mit den Kommandos Open, Close, Next, Goto, Tile, Stack und Zoom.

**Kommando Debug:**
Rolladenmenü bereitstellen mit den Schaltern Trace und Run-time Error.

**Turbo Basic arbeitet mit vier Fenstern.** Es ist sinnvoll, beim Editieren das Edit-Fenster und bei der Programmausführung das Run-Fenster mit der Funktionstaste F5 so zu vergrößern, daß das Fenster jeweils den gesamten Bildschirm einnimmt (Zoom).

**Edit-Fenster:**
Der vom Edit-Kommando aufgerufene Editor positioniert den Cursor ins Edit-Fenster. Der Benutzer kann seinen Quelltext eintippen und bearbeiten (man sagt auch: editieren). Editieren beenden mit der Esc-Taste.

**Message-Fenster:**
System-Meldungen anzeigen: Meldungen vom Compiler, Fehlermeldungen.

**Run-Fenster:**
Benutzer-Computer-Dialog bei der durch das Run-Kommando kontrollierten Programmausführung protokollieren.

**Trace-Fenster:**
Zeilennummern bei Trace-Lauf anzeigen, wenn zuvor über das Debug-Kommando der Schalter Trace gesetzt wurde.

Vier Fenster

#### 2.1.2.2 Kommando File

Das Kommando File kontrolliert das Zusammenwirken zwischen dem Intern- bzw. Arbeitsspeicher RAM einerseits und den Externspeichern Diskette bzw. Festplatte andererseits. Zwischen diesen Speichern werden Dateien (engl. Files) übertragen. File bietet in einem Rolladenmenü folgende Kommandos an:

**Load-Kommando:**
- Quelltext von Diskette in den Arbeitsspeicher des Editors laden. Bislang im Arbeitsspeicher befindlicher Text wird gelöscht bzw. überschrieben. Die im Arbeitsspeicher befindliche Datei nennt man auch **Workfile bzw. aktive Datei.**
- Load schlägt als Dateinamen *.BAS vor. Tippt man Return, erscheint das Inhaltsverzeichnis des aktiven Laufwerks. Man kann nun mit den Pfeiltasten eine BAS-Datei markieren und mit Return laden. Andere Möglichkeit: *.BAS sofort mit einem Dateinamen überschreiben (Eingaben von PROG1 und PROG1.BAS sind identisch; das System hängt den Dateityp BAS an den Dateinamen PROG1 an).

**New-Kommando:**
- Den Inhalt vom Arbeitsspeichers des Editors insgesamt löschen (den Quelltext wie auch - falls vorhanden - den Objektcode).
- Der Arbeitsspeicher trägt ab jetzt den Namen NONAME.BAS.

**Save-Kommando:**
- Save als Gegenstück zu Load: Quelltext des Arbeitsspeichers unter dem angegebenen Namen auf Diskette speichern. Wird auf Diskette ein gleichnamiger Programmtext gefunden, dann wird dieser zuvor als BAK-Datei (BAK für Back-Up) zusätzlich auf Diskette sichergestellt.

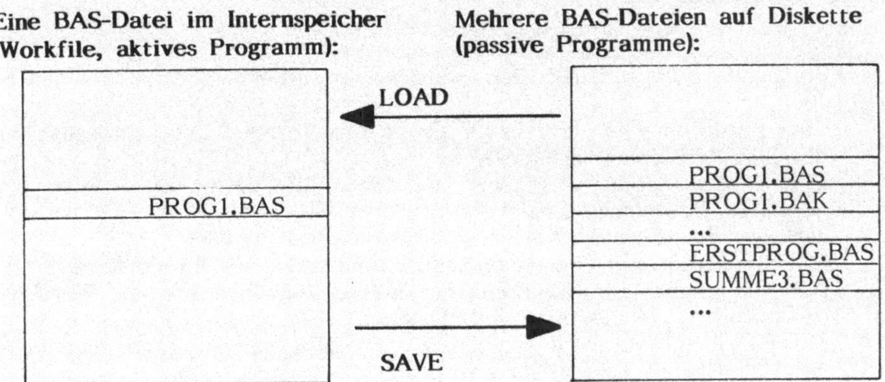


Load (Laden) zur Eingabe von Diskette in den RAM
und Save (Speichern) zur Ausgabe vom RAM auf Diskette

**Write to-Kommando:**

- Quelltext unter einem neuen Namen auf Diskette speichern. Nach Ausführung von Write to trägt der Workfile den gewählten Namen.
- Zwei Möglichkeiten zur Namensangabe: Dateinamen direkt eintippen oder aber mittels Jokerzeichen das Directory anzeigen lassen und sodann daraus einen Namen auswählen.

**Directory-Kommando:**

- Alle Eintragungen des aktiven Directories anzeigen lassen.
- Durch Eingabe von Laufwerk (z.B. B:) bzw. Suchpfad (z.B. B: Demo2) kann man sich jedes beliebige Inhaltsverzeichnis zeigen lassen.

**Change dir-Kommando:**

- Ein bestimmtes Directory als Standard-Directory einstellen.
- In dieses Verzeichnis wird (falls keine nähere Angabe gemacht wird) dann lesend (Load) und schreibend (Save, Write to) zugegriffen.

**Main file-Kommando:**

- Aktives Programm zur Hauptdatei machen. In der Hauptdatei stehen $INCLUDE-Compiler-Befehle, um beim Übersetzen die jeweils genannten Basic-Quelltexte in die Hauptdatei einzufügen.-
- Eine Hauptdatei wird wie ein normaler Quelltext editiert.

**OS shell-Kommando:**

- In die MS-DOS-Betriebssystemebene wechseln, um DOS-Befehle auszuführen.
- Durch Eingabe von EXIT gelangt man wieder in die Ebene von Turbo Basic zurück.

**Quit-Kommando:**

- Turbo Basic-Ebene endgültig verlassen und in die Betriebssystemebene wechseln.
- Durch die Tasten Alt-X kann man auch außerhalb des File-Kommandos das Sprachsystem Turbo Basic verlassen.

### 2.1.2.3 Kommando Edit

Das Kommando Edit schaltet den bildschirmorientierten Editor von Turbo Basic ein.

- Zum Editieren wird der Cursor in die linke obere Ecke (Homeposition) des Edit-Fensters positioniert.
- Mit Alt-F5 (Zoom) vergrößert man das Edit-Fenster so, daß es den gesamten Bildschirm einnimmt. Erneutes Drücken von Alt-F5 verkleinert das Edit-Fenster wieder zu seiner Ausgangsgröße.
- Die Statuszeile am oberen Bildschirmrand dient zur Information.
- Die Kommandos zur Steuerung des Editors ähneln denen von WordStar ((c) MiroPro) und SideKick ((c) Borland).
- Mit der Esc-Taste wird der Editor verlassen, um zur Kommandoleiste des Hauptmenüs zurückzukehren.

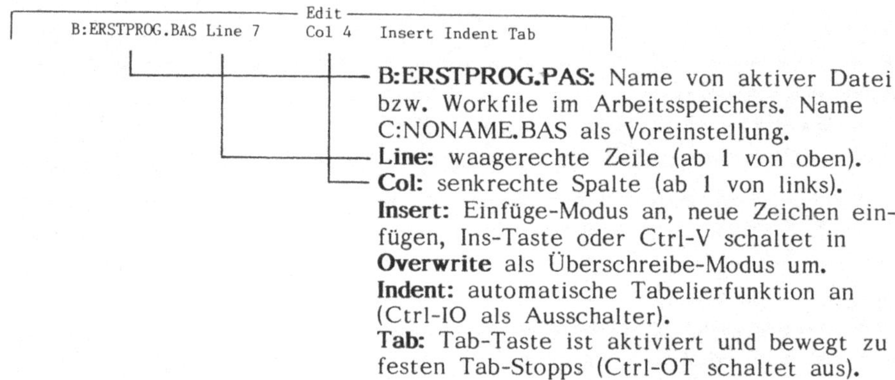


Statuszeile des Editors mit sechs Angaben

**Schreibweise der Tastenbezeichnungen:**

-- Strg-KD bedeutet: Taste mit Aufschrift "Strg" gedrückt halten, kurz die Taste "K", dann die Taste "D" drücken und abschließend die Taste "Strg" wieder loslassen (Strg=Steuerung, Ctrl=Control).

-- Eintragungen: Fett "Tastenbezeichnungen bei Tastatur deutsch", dann "Tastatur englisch", dann "Steuerung ohne Cursortasten".

-- Die Tastenbelegung mit Kommandos kann bei der Installation von Turbo Basic geändert werden.

**Tastenkombinationen zu elementaren Bewegungen des Cursors:**

| | |
|---|---|
| Ein Zeichen nach rechts | **Pfeil rechts**, Strg-D, Ctrl-D |
| Ein Zeichen nach links | **Pfeil links**, Strg-S, Ctrl-S |
| Eine Zeile nach oben | **Pfeil hoch**, Strg-E, Ctrl-E |
| Eine Zeile nach unten | **Pfeil runter**, Strg-X, Ctrl-X |

| | |
|---|---|
| Ein Wort nach rechts | **Strg-F**, Ctrl-F |
| Ein Wort nach links | **Strg-A**, Ctrl-A |
| Eine Seite nach oben | **Bild hoch**, PgUp, Strg-R, Ctrl-R |
| Eine Seite nach unten | **Bild runter**, PgDn, Strg-C, Ctrl-C |
| An den Anfang der Zeile | **Pos1**, Home, Strg-QS, Ctrl-QS |
| An das Ende der Zeile | **Ende**, End, Strg-QD, Ctrl-QD |
| An den oberen Bildschirmrand | **Strg-Pos1**, Ctrl-Home, Strg-QE |
| An den unteren Bildschirmrand | **Strg-Ende**, Ctrl-End, Ctrl-QX |
| Eine Seite nach oben rollen | **Strg-W**, Ctrl-W |
| Eine Seite nach unten rollen | **Strg-Z**, Ctrl-Z |
| Zum Anfang des Textes | **Strg-Bild hoch**, Ctrl-PgUp, Ctrl-QR |
| Zum Ende des Textes | **Strg-Bild runter**, Ctrl-PgDn, Ctrl-QC |
| Blockanfang | **Strg-QB**, Ctrl-QB |
| Blockende | **Strg-QK**, Ctrl-QK |
| Letzte Cursorposition | **Strg-QP**, Ctrl-QP |

**Kommandos zum Löschen und Einfügen:**

| | |
|---|---|
| Zeichen am Cursor löschen | **Entf**, Del, Strg-G |
| Linkes Zeichen löschen | **Backspace**, Ctrl-H |
| Zeile löschen | **Strg-Y**, Ctrl-Y |
| Löschen bis Zeilenende | **Strg-QY**, Ctrl-QY |
| Wort rechts löschen | **Strg-T**, Ctrl-T |
| Zeile einfügen | **Strg-N**, Ctrl-N |
| Insert/Overwrite-Schalter | **Einfg**, Ins, Strg-V, Ctrl-V |

**Kommandos zum Verarbeiten ganzer Textblöcke (Block-Kommandos):**

| | |
|---|---|
| Blockanfang markieren | **Strg-KB**, Ctrl-KB, F7 |
| Blockende markieren | **Strg-KK** Ctrl-KK, F8 |
| Einzelnes Wort markieren | **Strg-KT**, CtrlKT |
| Blockmarkierung ein/aus | **Strg-KH**, Ctrl-KH |
| Block zum Cursor kopieren | **Strg-KC**, Ctrl-KC |
| Block zum Cursor versetzen | **Strg-KV**, Ctrl-KV |
| Block unwiderrufbar löschen | **Strg-KY**, Ctrl-KY |
| Markierten Block aus einer Diskettendatei zur Cursorposition lesen: | **Strg-KR**, Ctrl-KR und **Dateinamen** |
| Markierten Block als Datei auf Diskette schreiben bzw. speichern: | **Strg-KW**, Ctrl-KW und **Dateinamen** |
| Markierten Block drucken | Strg-KP, Ctrl-KP |

**Sonstige Kommandos:**

| | |
|---|---|
| Zeilenänderung zurücknehmen | **Strg-QL**, Ctrl-QL |
| Edit ohne Speichern beenden | **Esc**, Strg-KD, Strg-KQ, |
| Speichern und Edit beenden | **Strg-KS**, F2 |
| Tabulator | **Tab**, Strg-I, Ctrl-I |
| Tab-Modus ein/aus | **Strg-OT**, Ctrl-OT |
| Indent ein/aus | **Strg-OI**, Ctrl-OI |
| Marke setzen | **Strg-Kn**, Ctrl-Kn |
| Zu einer Marke springen | **Strg-Qn**, Ctrl-Qn |
| Suchen | **Strg-QF**, Ctrl-QF |
| Suchen und Ersetzen | **Strg-QA**, Ctrl-QA |
| Wiederholung Suchen/Ers. | **Strg-L**, Ctrl-L |
| Einleitung von Steuerzeichen | **Strg-P**, Ctrl-P |
| Operation abbrechen | **Strg-U**, Ctrl-U |
| Fehlermeldung zurückholen | **Strg-QW**, Ctrl-QW |

**Ausdrucken von Quelltext eines Basic-Programmes mittels Strg-KP:**

1. Blockanfang und Blockende mit Strg-KB und Strg-KK markieren.
2. Mit Strg-KP den Text ausdrucken (falls gesamter Text markiert: gesamter Text im Editor wird ausgedruckt).

Alternative: In MS-DOS-Ebene mit TYPE Programmname.BAS drucken.

MF-Tastatur (multifunktional) deutsch von IBM

### 2.1.2.4 Kommando Run

Im Arbeitsspeicher können zwei Formen eines Basic-Programmes untergebracht sein:

- **Der Quelltext:** Vom Menschen (mit Basic-Kenntnissen) und vom Computer (Basic-Programmiersystem) lesbar, vom Computer aber noch nicht ausführbar.
- **Der Objektcode:** Vom Menschen kaum lesbar, vom Computer aber lesbar und - da in Maschinensprache compiliert - ausführbar.

Das Kommando **Run** dient der Ausführung eines Programms. Liegt das Programm noch nicht als Objektcode vor bzw. ist der Objektcode nicht mehr auf dem neuesten Stand (da der Quelltext zwischenzeitlich geändert wurde), kann nicht sofort ausgeführt werden: Run ruft den Compiler auf, um den Quelltext neu zu übersetzen. Den sich zur Ausführungszeit entwickelnden Mensch-Computer-Dialog protokolliert das Kommando Run im **Run-Fenster.**

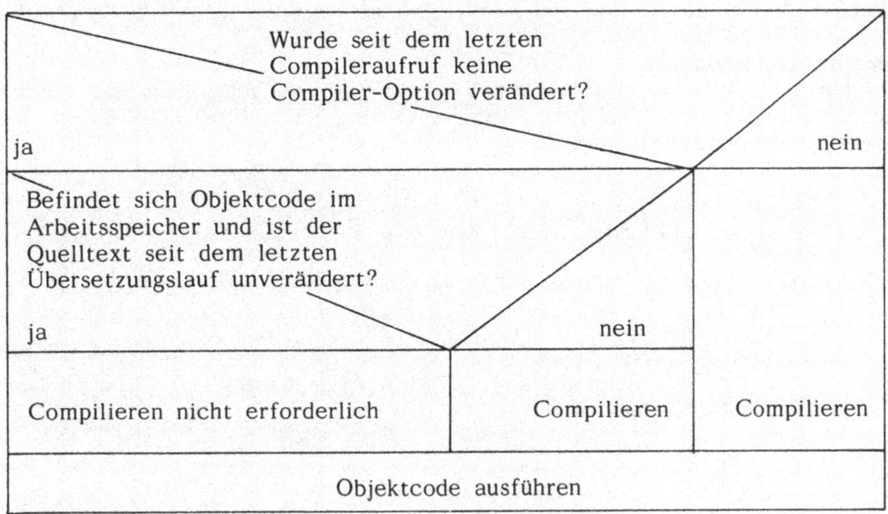


Zwei Aufgaben des Kommandos Run in Form eines Struktogrammes

### 2.1.2.5 Kommando Compile

Das Kommando Compile wird entweder vom Kommando Run oder direkt vom Benutzer aufgerufen. Der Compiler übersetzt den im Arbeitsspeicher befindlichen Basic-Quelltext in eine Folge maschinensprachlicher Befehle, die vom Prozessor des PCs unmittelbar ausgeführt werden können. Man spricht vom Maschinenspracheprogramm, Objektprogramm bzw. Objektcode. Im voreingestellten Normalfall wird der Objektcode zusätzlich zum Quelltext im Arbeitsspeicher des Editors abgelegt. Man spricht auch von "in den Arbeitsspeicher bzw. RAM compilieren" oder von "Compile to Memory". Daneben kann man auch "auf Diskette als EXE- oder TBS-Datei compilieren". Das Options-Kommando stellt dazu den Schalter **Compile to** bereit (siehe unten).

Der Compiler übernimmt drei Aufgaben:
- In den Arbeitsspeicher oder auf Diskette übersetzen.
- Übersetzung im Message-Fenster protokollieren (Anweisungen, Fehlermeldungen).
- Bei fehlerhaftem Quelltext: Automatisch den Editor aufrufen und mit Cursor und Meldung die (vermutete) Fehlerstelle markieren. Nach der Fehlerkorrektur kann man mit Esc den Editor verlassen und erneut compilieren.

### 2.1.2.6 Kommando Options

Das Kommando Options bietet in einem Pull-down-Menü die Kommandos Compile to, Parameter line und Metastatements sowie mehrere Schalter an.

**Compile to-Kommando:**
Mit den drei Möglichkeiten Memory, Executable File und Chain file werden Ablageort (RAM oder Diskette) und Ausstattung (EXE- oder TBS-Datei) des zu erzeugenden Codes festgelegt.

**1. Compile to Memory**
- Objektcode zusätzlich zum Quelltext im Arbeitsspeicher des Editors ablegen.
- Vorteil: Ideal zur Programmentwicklung (Austesten und Fehlersuche), schneller Wechsel zwischen Compiler und Editor.
- Nachteil: Objektcode bei Abschalten des PCs verloren. Nur Quelltext wird gesichert (mit Save).

**2. Compile to Executable File**
- Objektcode z.B. zu Quelltext PROG.BAS unter dem Namen PROG1.EXE auf Diskette speichern. Den Objektcode zusätzlich mit der Laufzeitbibliothek (Run time Library) ausstatten, damit der Code jederzeit unabhängig vom Turbo Basic-System ausgeführt werden kann.
- Vorteil: Objektcode auf Diskette sichergestellt.
- Nachteil: Die umfangreiche Laufzeitbibliothek läßt auch kurzen Code zu einer umfangreichen Datei anwachsen.

**3. Compile to Chain file:**
- Objektcode mit dem Dateityp TBC z.B. unter dem Namen PROG1.TBC ohne Laufzeitbibliothek auf Diskette speichern. Eine TBC-Datei kann nur über die Befehle RUN und CHAIN von einer EXE-Datei aus aufgerufen und ausgeführt werden.
- Vorteil: TBC-Datei belegt weniger Speicherplatz als EXE-Datei.
- Nachteil: TBC-Datei nicht autonom ausführbar.

Drei Einstellungen des Compile to-Kommandos

**8087 required-Schalter:**
- OFF als Voreinstellung: Rechenintensive Programme laufen ggf. "etwas langsam" ab.
- ON: Compiler generiert Befehle, die der mathematische Coprozessor anstelle entsprechender Programmteile der Laufzeitbibliothek direkt und schnell ausführen kann.
- Nachteil: Code ist nur auf PCs mit diesem Chip ausführbar.

**Keyboard break-Schalter:**
- OFF als Voreinstellung: Eine Endlosschleife kann nicht durch Ctrl-Break abgebrochen werden (Ctrl-C ist bei Turbo Basic nie aktiviert).
- ON: Taste Ctrl-Break bricht die Ausführung ab.

**Bounds-Schalter:**
- OFF als Voreinstellung: Index-Überschreitungen bei Arrays werden nicht vom Compiler erkannt. Beispiel: Nach s wird mit s=Menge%(50) ein "zufälliger" Wert zugewiesen, wenn mit DIM Menge%(20) dimensioniert worden ist.
- ON: Der Compiler weist Überschreitung von Indexgrenzen ab.

**Overflow-Schalter:**
- OFF als Voreinstellung: Bei den Datentypen Integer und Langinteger wird keine Überlaufprüfung des zulässigen Zahlenbereichs vorgenommen.
- ON: z%=32768 wird z.B. abgewiesen, da der Bereich von -32768 bis 32767 überschritten wurde.

**Stack test-Schalter:**
- OFF als Voreinstellung: Auf den Stack wird ungeprüft zugegriffen, um Rückkehradressen abzulegen (Prozeduraufruf mit CALL, Funktionsaufruf mit FN..., GOSUB), lokale Variablen (Prozedur, Funktion) zu verwalten und Variablen in strukturierten Anweisungen (z.B. DO-LOOP) zwischenzuspeichern.
- ON: Bei jedem Stack-Zugriff wird geprüft, ob der Stack in den Datenbereich "hinweinwächst". Bei Verwenden von GOSUB sollte der Schalter auf jeden Fall gesetzt sein.

**Parameter line-Kommando:**
Aufruf eines Basic-Programms von der MS-DOS-Betriebssystemebene mit Parametern simulieren (COMMANDS$).

**Metastatements-Kommando:**
In einem Untermenü werden folgende Wahlmöglichkeiten angeboten:
- **Stack size:** Voreinstellung von $0300 Bytes Speicherplatz für den Stack ändern (Eingabe zwischen $0300 - $7FFF Bytes). Siehe Compiler-Befehl $STACK.
- **Music buffer:** Voreinstellung von 256 Bytes (gleich 32 Noten) für den Musik-Pufferspeicher für SOUND und PLAY ändern (Eingabe zwischen 0 Bytes (falls Anweisungen SOUND und PLAY nicht verwendet werden) und 32768 Bytes (gleich 4096 Noten)). Siehe Compiler-Befehl $SOUND.
- **Communication:** Voreinstellung von 256 Bytes für die MS-DOS-Geräteeinheiten-Puffer von COM1: und COM2: ändern (Eingabe zwischen 0 und 32 KBYtes. Siehe Compiler-Befehl $COMn.

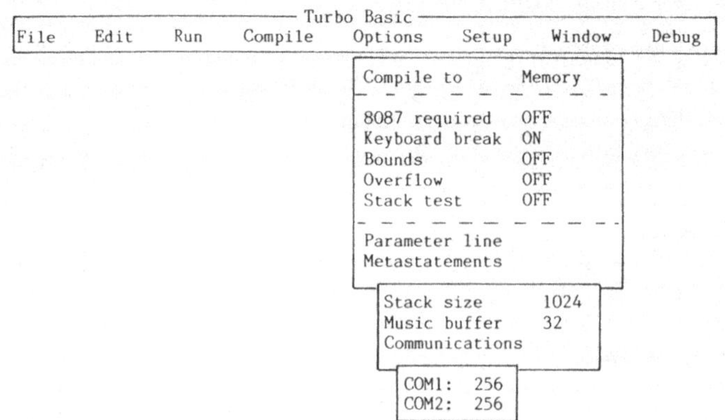


Bildschirm: COM1 ändern über das Metastatements-Kommando

Das Beispiel zeigt, wie über das Options-Kommando geschachtelte Menüs abgerufen werden können:

| | |
|---|---|
| **Options** | 1. Options aufrufen |
| **Metastatements** | 2. Untermenü Metastatements aufrufen |
| **Communications** | 3. Communications aufrufen |
| **512** | 4. Voreinstellung 256 z.B. in 512 ändern |

Durch dreimaliges Drücken der Esc-Taste gelangt man ins Hauptmenü.

#### 2.1.2.7 Kommando Setup

Über das Kommando Setup kann der Benutzer die Voreinstellungen (Defaults, Standardwerte) von Turbo Basic abändern. Die geänderten Einstellungen können dann über das Kommando Save Options/Window/Setup in einer Konfigurationsdatei (Dateityp TB, Standard ist TBCONFIG.TB) auf Diskette sichergestellt werden.
Setup bietet die Kommandos Colors, Directories, Miscellaneous, Load Options/Window/Setup und Save Options/Window/Setup an.

```
                            Turbo Basic
   File   Edit   Run   Compile   Options   Setup   Window   Debug

                              Edit              Colors
   C:NONAME.BAS   Line 1     Col 1   Insert I   Directories
                                                Miscellaneous
                                                Load Options/Window/Setup
                                                Save Options/Window/Setup
```

Fünf Kommandos des Menüs von Setup

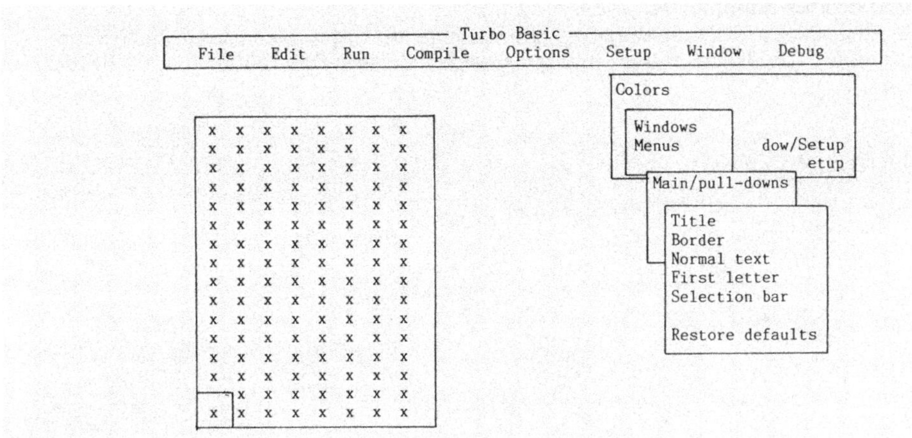


Bildschirm: Farbtabelle über Colors-Kommando einstellen

**Colors-Kommando:**
In vier weiteren Menü- bzw. Untermenüebenen kann der Benutzer das Aussehen von Fenstern (Windows), Meldungen und Menüs neu einstellen. Bei der Menü-Wahl kann man wählen:

- Main/pull-downs: die Menüs selbst farblich ändern
- First pop-up: Untermenü in erster Ebene ändern
- Second pop-up: Untermenü in zweiter Ebene
- Third pop-up: Untermenü in dritter Ebene

Nach dieser Festlegung ist zu bestimmen, ob Title (Überschrift), Border (Rand), Normal text (dargestellter Text), First letter (Anfangsbuchstabe) oder Selection bar (Auswahlbalken) zu ändern ist.
Nun kann die links eingeblendete Farbtabelle über die Pfeiltasten verändert bzw. neu eingestellt werden.
Dem oben wiedergegebenen Bildschirm liegt folgende Eingabefolge zugrunde:

| | |
|---|---|
| **Setup** | 1. Setup aufrufen |
| **Colors** | 2. Farben ändern |
| **Menus** | 3. Farben für Menüs einstellen |
| **Main/pull-downs** | 4. Hauptmenü selbst |
| **Title** | 5. Titel einstellen (Farbtabelle erscheint) |
| **Einstellen** | 6. ... in Farbtabelle mit Pfeiltasten |

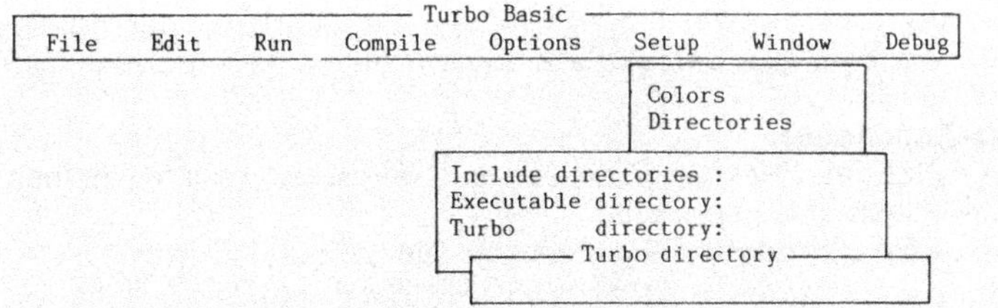


Bildschirm: Suchweg für Turbo festlegen,
also für die Dateien TB.EXE, TBHELP.TBH und TBCONFIG.TB

**Directories-Kommando:**
In diesem Unterkommando von Setup legt man die Suchpfade (Suchwege) für die drei von Turbo Basic angesprochenen Unterverzeichnisse bzw. Directories fest.

**Include directories:**
- Compiler sucht in diesem Verzeichnis die Quelltexte, die im Main File mit $INCLUDE genannt werden.
- Suchpfad B:\ angeben, wenn mit zwei Diskettenlaufwerken gearbeitet wird (Turbo Basic in A:).

**Executable directory:**
- Wenn auf Diskette compiliert wird (Compile to-Kommando), legt der Compiler hier die erzeugten EXE- und TBC-Dateien ab.
- Suchpfad B: angeben beim Arbeiten mit Disketten (ohne Hard disk).

**Turbo directory:**
- Suchpfad für die Dateien des Turbo Basic-System selbst: System TB.EXE, Konfigurationsdateien vom TB-Typ (voreingestellt ist die Datei TBCONFIG.TB) und Hilfstextdatei TBHELP.TBH.
- Suchpfad A: beim Arbeiten mit zwei Diskettenlaufwerken.

Suchpfade für die drei von Turbo Basic angesprochenen Directories einstellen

### 2.1.2.8 Kommando Window

Das Kommando Window bietet die Kommandos Open, Close, Next, Goto, Tile, Stack und Zoom (siehe umseitiger Beispiel-Bildschirm). Alle Kommandos mit Ausnahme von Open betreffen das **aktive Fenster**.

**Open-Kommando:**
- Eines der Fenster Edit, Run, Message und Trace öffnen, d.h. zum aktiven Fenster erklären.
- Ein aktiviertes Fenster erkennt man an der doppelten Rahmenlinie.
- Ein mit Close entferntes Fenster erscheint wieder am Bildschirm.

**Close-Kommando:**
- Aktives Fenster "Verschwinden lassen" bzw. entfernen.
- Auch in das unsichtbare Fenster kann geschrieben werden.

**Next-Kommando:**
- Aktives Fenster schließen und nächstes Fenster öffnen bzw. aktivieren (Next = Close+Open).
- Funktionstaste F6 entspricht Next.

**Goto-Kommando:**
- Unmittelbar in das aktive Fenster gehen.

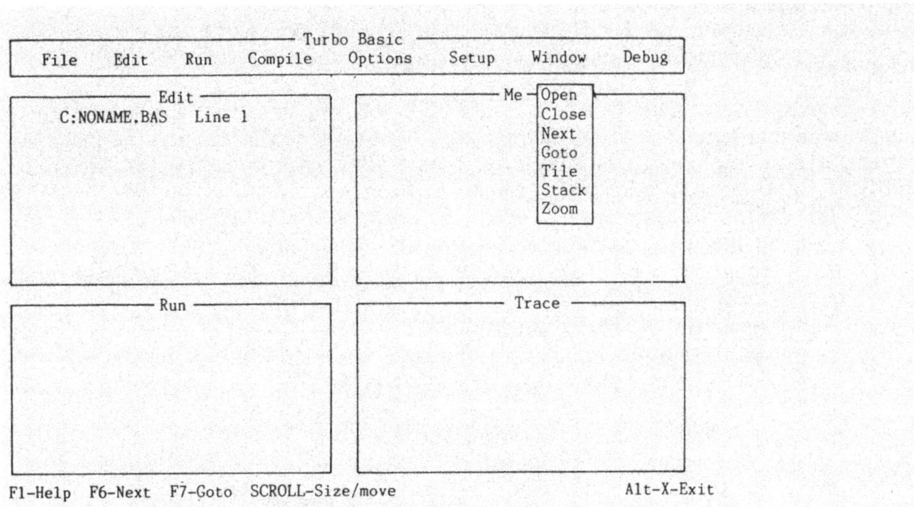


Bildschirm: Fenster gleich groß mit Window, Tile

**Tile-Kommando:**

- Alle aktiven Fenster in gleicher Größe am Bildschirm anzeigen (siehe wiedergegebenen Beispiel-Bildschirm).

**Stack-Kommando:**

- Alle aktiven Fenster wie ein Stapel versetzt hintereinander am Bildschirm anzeigen. Das aktive Fenster steht vorne.
- Mit Next oder F6 wird das hinterste fenster nach vorne gebracht.

**Zoom-Kommando:**

- Das aktive Fenster wird so groß wie möglich dargestellt.
- Zoom wirkt nur auf das Edit- und das Run-Fenster.
- F5 (Edit) bzw. Alt-F5 (Run) entsprechen Zoom.

### 2.1.2.9 Kommando Debug

Das Kommando Debug bietet den Schalter Trace und das Kommando Runtime Error an.

**Trace-Schalter:**

- Gesamtes Programm soll zur Ausführungszeit verfolgt werden.
- Die Anweisungen TRON (für TRace ON) und TROFF ermöglichen ebenfalls einen Trace-Lauf, wobei jedoch einzelne Teile des Programmes verfolgt werden können.

**Run-time Error-Kommando:**
Wird ein Programm in der Programmierumgebung von Turbo Basic getestet, so gibt das System bei einem Laufzeitfehler automatisch eine fehlermeldung aus und aktiviert den Editor.
Wird dagegen eine EXE-Datei von der Betriebssystemebene aus ausgeführt, erhält man bei einem Laufzeitfehler nur die Fehlernummer samt Programmzählerposition angezeigt. Mit dem Run-time Error-Kommando kann die Fehlerstelle im Quelltext editiert werden.

- Bei einem Laufzeitfehler einer EXE-Datei bzw. TBS-Datei wird die Position des Programmzählers (pgm-ctr) ausgegeben.
- Nach Eingabe der Programzählerposition (Wert hinter pgm-ctr) geht das System wie folgt vor:
  - Fehlerstelle im Quelltext suchen.
  - Editor aufrufen.
  - Cursor an die Fehlerstelle positionieren.

# 2

# Bedienung und Definitionen des Turbo Basic-Systems


| | |
|---|---|
| 2.1 Bedienung des Programmentwicklungssystems | 57 |
| **2.2 Daten und Datentypen** | 81 |
| **2.3 Einfache und strukturierte Anweisungen** | 89 |
| 2.4 Arbeiten in der MS-DOS-Ebene | 113 |

### 2.2.1 Zeichensatz von Turbo Basic

#### 2.2.1.1 Reservierte Einzelzeichen

**Turbo Basic unterscheidet vier Arten vom Symbolen:** Reservierte Einzelzeichen (z.B. "*" für die Multiplikation), benutzerdefinierte Einzelzeichen (z.B. Ziffer 5), reservierte Wörter (z.B. INPUT) und benutzerdefinierte Namen (als Bezeichner für Variablen, Konstanten, Prozeduren und Funktionen).

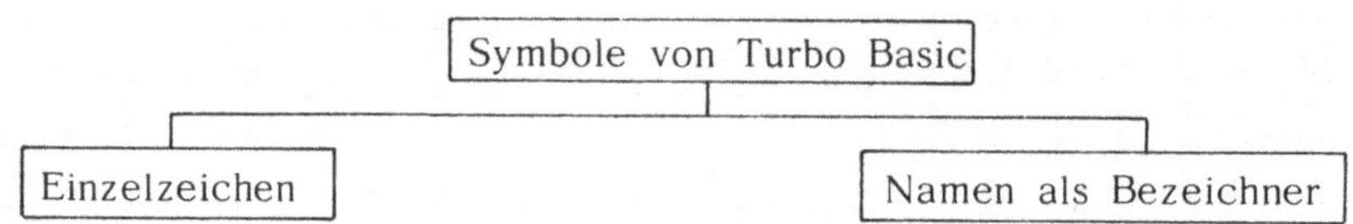


**Benutzerdefinierte Zeichen:**
In Stringkonstanten: alle Zeichen des ASCII.
In numerischen Konstanten: Ziffern 0-9, Zeichen ., +, - sowie Buchstaben E, e, D und d.

**Reservierte Einzelzeichen**
(siehe Abbildung)

**Benutzerdefinierte Namen:**
A-Z, a-z und 0-9 als Bezeichner für Variablen, Konstanten, Prozeduren und Funktionen (Umlaute und "ß" nicht erlaubt, Länge bis 255 Zeichen).

**Reservierte Wörter**
(siehe Abbildung)

Symbole von Turbo Basic

| | |
|---|---|
| = | Wertzuweisung "ergibt sich aus", Vergleich "gleich?". |
| + | Addition, Vorzeichen, Stringverkettung. |
| - | Subtraktion, Vorzeichen, Negation. |
| * | Multiplikation. |
| / | Division. |
| \ | Backslash für Integer-Division, Reservierung bei PRINT USING. |
| ^ | Caret für Potenzierung. |
| % | Typkennzeichen für Integer, Anfangszeichen für Integer-Konstante. |
| & | Typkennzeichen für Langinteger, Anfangszeichen für String-Konstante. |
| ! | Typkennzeichen für Real einfachgenau. |
| # | Typkennzeichen für Real doppeltgenau, Ziffer bei PRINT USING. |
| $ | Typkennzeichen für String, Anfangszeichen für Compiler-Befehl. |
| () | Vorrang für Rechenausdruck, Parameterliste, Arrayindizierung. |
| ' | Hochkomma kennzeichnet Kommentar im Quelltext. |
| , | Trennungszeichen (z.B. Sprung zu TAB-Zone). |
| ; | Trennungszeichen (z.B. Strings). |
| : | Trennung von Anweisungen in der Zeile. |
| _ | Unterstrich verlängert die logische Zeile. |
| ? | Kurzform für PRINT. |
| > | Vergleich "größer als?". |
| < | Vergleich "kleiner als?". |
| " | Zeichenkette als Stringkonstante eingrenzen. |

Reservierte Einzelzeichen von Turbo Basic

### 2.2.1.2 Reservierte Wörter

Reservierte Wörter werden im Basic-Quelltext durch Großschreibung gekennzeichnet. Sie dürfen nicht für sich alleine, sondern nur als Bestandteil von Bezeichnern verwendet werden. Beispiel: Der Variablenname NOT ist nicht erlaubt, wohl aber der Name NOTE. Das reservierte Wort FN (Funktionsdefinition) darf nicht am Anfang eines Bezeichners stehen.

ABS, ABSOLUTE, AND, APPEND, AS, ASC, ATN, BASE, BEEP, BIN$, BINARY, BLOAD, BLOCK, BSAVE, CALL, CDBL, CEIL, CHAIN, CHDIR, CHR$, CINT, CIRCLE, CLEAR, CLNG, CLOSE, CLS, COLOR, COM, COMMAND$, COMMON, COS, CSNG, CSRLIN, CVD, CVI, CVL, CVMD, CVMS, CVS, DATA, DATE$, DECR, DEF, DEFDBL, DEFINT, DEFLNG, DEFSNG, DEFSTR, DELAY, DIM, DO, DRAW, DYNAMIC, ELSE, ELSEIF, END, ENDMEM, ENVIRON, ENVIRON$, EOF, EQV, ERADR, ERASE, ERDEV, ERDEV$, ERL, ERR, ERROR, EXIT, EXP, EXP10, EXP2, FIELD, FILES, FIX, FN, FOR, FRE, GET, GET$, GOSUB, GOTO, HEX$, IF, IMP, INCR, INKEY$, INLINE, INP, INPUT, INPUT#, INPUT$, INSTAT, INSTR, INT, INTERRUPT, IOCTL, IOCTL$, KEY, KILL, LBOUND, LCASE$, LEFT$, LEN, LET, LINE, LIST, LLIST, LOC, LOCAL, LOCATE, LOF, LOG, LOG10, LOG2, LPOS, LPRINT, LSET, MEMSET, MID$, MKDIR, MKD$, MKI$, MKL$, MKMD$, MKMS$, MKS$, MOD, MTIMER, NAME, NEXT, NOT, OCT$, OFF, ON, OPEN, OPTION, OR, OUT, OUTPUT, PAINT, PALETTE, PALETTE USING, PEEK, PEN, PLAY, PMAP, POINT, POKE, POS, PRESET, PRINT, PRINT#, PSET, PUT, PUT$, RANDOM, RANDOMIZE, READ, RECURSIVE, REG, REM, RESET, RESTORE, RESUME, RETURN, RIGHT$, RMDIR, RND, RSET, RUN, SAVE, SCREEN, SEEK, SEG, SELECT, SERVICE, SGN, SHARED, SHELL, SIN, SOUND, SPACE$, SPC, SQR, STATIC, STEP, STICK, STOP, STR$, STRIG, STRING$, SUB, SWAP, SYSTEM, TAB, TAN, THEN, TIME$, TIMER, TO, TROFF, TRON, UBOUND, UCASE$, UNTIL, USING, USR, USR0, USR1, USR2, USR3, USR4, USR5, USR6, USR7, USR8, USR9, VAL, VARPTR, VARPTR$, VARSEG, VIEW, WAIT, WEND, WHILE, WIFTH, WINDOW, WRITE, WRITE#, XOR

Reservierte Wörter von Turbo Basic

### 2.2.1.3 Ausdrücke

Ein Ausdruck besteht aus einer Folge von Operatoren (wie ist zu verarbeiten?) und Operanden (was wird verarbeitet?). Es gibt Stringausdrücke (Zeichenketten als Operanden) und Rechenausdrücke (Zahlen als Operanden).

**String- bzw. Zeichenkettenausdruck:**
- Folge von Stringkonstanten, Stringvariablen, Stringfunktionen und Verkettungsoperator "+".
- Ergebnis eines Stringausdrucks hat wieder den Datentyp String.
- Stringkonstante als Zeichenkette mit maximal 255 Zeichen, die zwischen " " zu schreiben sind (z.B. "Juli").
- Vier Beispiele: "Gelbe Farbe", Artikel$, c$+"r", LEFT$(Bez$,3).

**Rechenausdruck:**
- Folge von numerischen Konstanten, Variablen, Funktionen und Rechenoperatoren.
- Ergebnis eines Rechenausdrucks hat einen der numerischen Datentypen Integer, Langinteger, Real einfachgenau bzw. Real doppeltgenau.
- Vier Beispiele: 9999, 188+1, Zahl-4.56 und LEN("Sprache").

**Rechenoperatoren bzw. arithmetische Operatoren:**
Die Rechenoperatoren sind in absteigender Rangfolge wiedergegeben. Der Backslash (umgekehrter Schrägstrich) dient der Integer-Division, der Operanden in Integers rundet und Nachkommastellen im Ergebnis abschneidet. Der MOD-Operator liefert den Restwert der Integer-Division.

| | | |
|---|---|---|
| Potenzierung | ^ | 2^3 ergibt 8 |
| Negation | – | -4 |
| Multiplikation Division | * / | 11*4 ergibt 44 |
| Integer-Division | \ | 11\4 ergibt 2 |
| Modulo | MOD | 11 MOD 4 ergibt 3 |
| Addition, Subtraktion | + - | 11+4 ergibt 15 |

Rechenoperatoren in nach unten abnehmender Rangfolge

**Vergleichsoperatoren bzw. relationale Operatoren:**
- Verglichen werden entweder zwei Strings oder zwei numerische Werte.
- Eine Vergleichsoperation liefert ein Boolesches Ergebnis (True oder False als Wahrheitswert).
- False entspricht dem Integerwert 0. Jeder andere Integerwert wird vom System als True aufgefaßt (so auch der Wert -1).
- Alle Vergleichsoperatoren haben die gleiche Rangstufe.

| | | |
|---|---|---|
| Gleichheit | = | "on"="on" ergibt -1 (True) |
| Ungleichheit | <> | 66<>66 ergibt 0 (False) |
| Kleiner als | < | "er"< "sie" ergibt -1 |
| Größer als | > | "BA!"> "AB!" ergibt -1 |
| Kleiner oder gleich | <= | 6<= 5 ergibt 0 |
| Größer oder gleich | >= | 2 >= 2 ergibt -1 |

Vergleichsoperatoren auf gleicher Rangstufe

**Logische Operatoren:**
Die Operatoren NOT, AND, OR, XOR, EQV und IMP verknüpfen zwei Integerwerte bitweise (also Überlauf bei Werten über 32767).
- -1 für True entspricht &HFFFF (alle 16 Bits gesetzt).
- 0 für False entspricht &H0000 (alle 16 Bits gelöscht).

**NOT-Operator (Verneinung):**
NOT A ergibt True, wenn A den Wert False hat.

**AND-Operator (UND):**
A AND B ergibt True bzw. -1, wenn beide Operanden A und B den Wert True haben.

**OR-Operator (inklusives ODER):**
A OR B ergibt True, wenn mindestens einer der Operanden A und B True sind.

**XOR-Operator (exklusives ODER):**
A XOR B ergibt True, wenn A und B verschiedene Werte haben.

**EQV-Operator (Äquivalenz):**
A EQV B ergibt True, wenn A und B gleiche Werte haben.

**IMP-Operator (Implikation):**
A IMP B ergibt nur in der Form -1 IMP 0 das Ergebnis False.

Logische Operatoren in nach unten abnehmender Rangfolge

**Rangfolge bei Ausführung zusammengesetzter numerischer Ausdrücke:**

- Ein Ausdruck kann Funktionsaufrufe, Rechen-, Vergleichs- und logische Operatoren aufweisen.
- Ein zusammengesetzter Ausdruck wird in der Rangfolge "Funktionsaufruf (zuerst) bis IMP (zuletzt)" ausgeführt.

1. **Funktionsaufruf** zuerst berechnen.
2. **Rechenoperationen** in dieser Reihenfolge ausführen: Potenzierung, Negation, Multiplikation/Division, Integerdivision (\), Modulo (MOD), Addition/Subtraktion.
3. **Vergleichsoperationen** ausführen: Gleich, ungleich, kleiner, größer, kleiner/gleich und größer/gleich.
4. **Logische Operationen** in dieser Reihenfolge ausführen: NOT, AND, OR, XOR, EQV und IMP.

Rangfolge der Ausführung von Operationen

### 2.2.2 Einfache Datentypen

#### 2.2.2.1 Vier numerische Datentypen und ein Stringtyp

**Fünf einfache Datentypen in Turbo Basic:**
Turbo Basic stellt vier numerische Datentypen und einen String-Datentyp zur Verfügung. Ohne nähere Vereinbarung wird für eine numerische Variable der Datentyp Real-einfachgenau angenommen.

1. **Integer** für ganze Zahlen zwischen -32768 und 32767.
2. **Langinteger** für ganze Zahlen zwischen -2147483648 bis 2147483647.
3. **Real-einfachgenau** für Dezimalzahlen mit bis zu 39 Stellen.
4. **Real-doppeltgenau** für Dezimalzahlen mit bis zu 309 Stellen.
5. **String für Zeichenketten** bzw. Text, bis zu 255 Zeichen lang.

Fünf einfache Datentypen von Turbo Basic

**Datentyp Integer für ganze Zahlen:**
- Typkennzeichen % am Variablennamen angefügt: z.B. Z%, Zahl%, ii%.
- Belegt zwei Bytes an Speicherplatz.
- Wertebereich von -32768 bis 32767, also 65536 (2 hoch 8) Werte für die 16 Bits.
- Vier Beispiele für Integer-Konstanten: 9191, 0, -35555 und -1.

**Datentyp Langinteger:**
- Typkennzeichen & am Variablennamen angefügt: z.B. Lang&, k&.
- Belegt vier Bytes an Speicherplatz.
- Wertebereich von -2147483648 bis +2147483647 (2 Milliarden +/-).

**Datentyp Real-einfachgenau:**
- Typkennzeichen ! am Variablennamen angefügt: z.B. z!, Wert!, TT333!.
- Belegt vier Bytes an Speicherplatz.
- Basic nimmt diesen Datentyp automatisch dann an, wenn keines der Typkennzeichen %, &, !, # bzw. $ angegeben wird (Z und Z! sind somit identisch).
- +/- 100 000 000 000 000 000 000 000 000 000 000 000 000 (10 hoch 38) grenzen den Wertebereich ein. Die am nächsten bei Null liegende Realzahl ist 0.000 000 000 000 000 000 000 000 000 000 000 000 01.
- Genauigkeit: auf sechs Dezimalstellen wird gerundet.
- Konstanten mit "!", Dezimalpunkt ".", maximal 6 Ziffern oder "E" (Exponentialdarstellung) wird dieser Datentyp zugeordnet.
- Konstanten mit "!" und ".": -999!, 777777!, 0.00008, -34.2998.
- Konstante mit "E": 2.9E8 für 2.9 mal 10 hoch 8.

**Datentyp Real-doppeltgenau:**

- Typzeichen # am Variablennamen angefügt: z.B. Z#, GanzGenau#.
- Belegt acht Bytes an Speicherplatz.
- Wertebereich +/- 10 hoch +/-308.
- Genauigkeit: auf 16 Dezimalstellen wird gerundet.
- Konstanten mit #, mehr als 6 Dezimalstellen oder D (Exponentialdarstellung) wird dieser Typ zugeordnet.
- Konstanten: 879#, 99.1234567899, 1234567000000.
- Konstante mit D (Doppelt-Exponent): 2.9D8 für 2.9 mal 10 hoch 8.

**Datentyp String:**

- Typkennzeichen $ am Variablennamen angefügt: z.B. T$, Produkt$.
- Belegt bis zu 256 Bytes an Speicherplatz.
- Einem String können bis zu 255 Zeichen zugewiesen werden, die zwischen " " (Gänsefüßchen) gesetzt werden müssen.
- Beispiele: "Sprache", "!§ & /", "Gulden sind ..... DM", "192.4".

#### 2.2.2.2 Variablen und Konstanten

**Kennzeichen von Variablen:**
In Turbo Basic können für alle Datentypen Variablen vereinbart und verarbeitet werden. Der Datentyp wird durch Anhängen des Typkennzeichens an den Variablennamen festgelegt.

1. **Name bzw. Bezeichner:**
   - Mit Buchstabe beginnend, ohne Blank, Umlaute und "ß".
   - Maximal 255 Zeichen lang, alle Zeichen signifikant.
   - Keine Unterscheidung zwischen Groß- und Kleinbuchstaben.
2. **Datentyp:**
   - Datentyp legt den Typ des Inhalts fest.
   - Typkennzeichen % (Integer), & (Langinteger), ! oder nichts (Realeinfachgenau), # (Real-doppeltgenau) und $ (String) am Ende des Namens angehängt.
3. **Zulässige Operationen:**
   - Die Operationen werden durch den Datentyp bestimmt.
   - Beispiel: Addition "+" bei Integer bzw. Verkettung "+" bei String.
4. **Wert bzw. Inhalt:**
   - Wertevorrat wird durch den Datentyp festgelegt.
   - Der Wert ändert sich bzw. ist variabel.

Vier Kennzeichen einer Variablen

**Benannte Integer-Konstanten:**

- Konstantenname beginnt mit dem Zeichen "%".
- Beispiele: %Steuersatz, %ObereGrenze und %k.
- Integer-Konstante als "Nur-Lese-Speicher": Einmalige Wertzuweisung bei der Vereinbarung, später nur lesender Zugriff möglich.

**Unbenannte Integer-Konstanten mit nichtdezimaler Darstellung:**
In Turbo Basic lassen sich neben Dezimalzahlen (Basis 10) auch Binärzahlen (Basis 2), Oktalzahlen (Basis 8) und Hexadezimalzahlen (Basis 16) darstellen.

**Binäre Konstante:**
- Anfangskennzeichen: &B.
- Wertebereich: &B0000 0000 0000 0000 bis &B1111 1111 1111 1111.
- Konstantenwerte: Bis zu 16 Binärziffern 0 oder 1.
- Beispiel: &B100000000 für Dezimalzahl 256.

**Oktale Konstante:**
- Anfangskennzeichen: &O bzw. &Q bzw. &.
- Wertebereich: &O000000 bis &O777777.
- Konstantenwerte: Bis zu sechs Oktalziffern 0,1,...,7.
- Beispiel: &O400 bzw. &Q400 bzw. &400 für Dezimalzahl 256.

**Hexadezimale Konstante:**
- Anfangskennzeichen: &H.
- Wertebereich: &H0000 bis &HFFFF.
- Konstantenwerte: Bis zu vier Heziffern 0,1,...,9,A,B,C,D,E,F.
- Beispiel: &H100 für Dezimalzahl 256, &A für Dezimalzahl 10.

Binäre, oktale und hexadezimale Konstanten

# 2

# Bedienung und Definitionen des Turbo Basic-Systems


| | |
|---|---|
| 2.1 Bedienung des Programmentwicklungssystems | 57 |
| 2.2 Daten und Datentypen | 81 |
| **2.3 Einfache und strukturierte Anweisungen** | 89 |
| 2.4 Arbeiten in der MS-DOS-Ebene | 113 |

### 2.3.1 Anweisungen zur Kontrolle der Programmstrukturen

Turbo Basic stellt zur Kontrolle bzw. Steuerung jeder Programmstruktur (siehe Abschnitt 1.3) mindestens eine spezielle Anweisung zur Verfügung.

**1. Folgestrukturen als lineare Programme**

- Neue Zeile für Folgeanweisung. ":" zur Trennung von Anweisungen.

**2. Auswahlstrukturen als nach vorwärts verzweigende Programme**

- Einseitige Auswahl als bedingte Verarbeitung:
  IF-END IF (blockorientiert) oder IF-THEN (zeilenorientiert).
- Zweiseitige Auswahl als einfache Alternative:
  IF-ELSE-END IF oder IF-THEN-ELSE.
- Mehrseitige Auswahl als mehrfache Alternative (Schachtelung):
  IF-ELSEIF-ELSEIF-...-ELSE-END IF.
- Mehrseitige Auswahl als Fallabfrage:
  SELECT CASE-END SELECT.

**3. Wiederholungsstrukturen als Schleifen**

- Schleife mit Abfrage in der Mitte:
  DO-EXIT LOOP-LOOP.
- Abweisende Schleife mit vorausgehender Bedingung:
  DO WHILE-LOOP.
- Nicht-abweisende Schleife mit nachfolgender Bedingung:
  DO-LOOP UNTIL.
- Zählerschleife mit vorausgehender Bedingung:
  FOR-NEXT.
- Unechte Zählerschleife:
  FOR-EXIT FOR-NEXT.

**4. Unterprogrammstrukturen**

- Prozedur:
  SUB-END SUB zur Vereinbarung und CALL zum Aufruf.
- Funktion:
  DEF-END DEF zur Vereinbarung und FN... zum Aufruf.
- Unterprogramm als Teilabschnitt des Hauptprogramms:
  Label:-RETURN zur Vereinbarung und GOSUB Label zum Aufruf.

Anweisungen von Turbo Basic zur Kontrolle der grundlegenden Programmstrukturen

Aufgrund der unübersichtlichen Programmierung sind die Sprachmittel GO-SUB-RETURN in jedem Falle zu vermeiden.

### 2.3.2 Anweisungen im Programmtext

Ein in Turbo Basic geschriebener Quelltext besteht aus mehreren Programmzeilen. Es gibt drei Zeilenformate (die Optionen sind in / / angegeben).

**Anweisungszzeile:**
/Zeilennummer :/ Anweisung /: Anweisung/ ... /' Kommentar/

**Labelzeile:**
Label:

**Compiler-Befehlszeile:**
$Compiler-Befehl

Drei Zeilenformate in Turbo Basic

**Anweisungszeile:**
- In der Zeile muß mindestens eine Anweisung stehen. Die Anweisungen sind in den Abschnitten 2.3.3 bis 2.3.5 komplett wiedergegeben.
- Der Doppelpunkt dient als Trennungszeichen.
- Die Zeile wird begrenzt von der Bildschirmbreite des Editors mit 249 Zeichen. Aufgrund der Lesbarkeit sollte man nicht mehr als 80 Zeichen nebeneinander schreiben. Durch den Unterstrich "_" kann die logische Zeile verlängert werden. Dies ist z.B. bei strukturierenden Anweisungen angebracht.
- Guter Stil: Möglichst nur eine Anweisung in die Zeile schreiben.

**Labelzeile:**
- Ein Label ist eine Sprungmarke und muß alleine in der Zeile stehen.
- Ein Label muß mit einem Buchstaben beginnen und dem ":" enden.
- Fehlerroutine: und FEHLERRoutine: sind identische Labels. Die Anweisung GOTO FehlerRoutine verzweigt zu diesem Label.
- Umlaute und "ß" sind nicht erlaubt.

**Compiler-Befehlszeile:**
- Es handelt sich um Befehle, die der Compiler zur Übersetzungszeit beachtet und ausführt. Sie haben mit dem Programmtext und seinen Anweisungen nichts zu tun.
- Jeder Befehl beginnt mit einem "$" und steht alleine. Die Befehle werden in Abschnitt 2.3.6 erklärt.

### 2.3.3 Alle Anweisungen ohne Dateizugriff mit Beispielen

Zur Schreibweise der Anweisungen:

- Anweisungswörter als reservierte Wörter in Großschreibung.
- Klammern ( ) müssen angegeben werden.
- Angaben zwischen zwei Schrägstrichen / / sind optional.
- Ein Schrägstrich bedeutet "entweder oder": ON/OFF.
- Allgemeines Anweisungsformat fett geschrieben.

**BEEP**
- Ton über Lautsprecher ausgeben

**CALL Prozedurname /(Parameterliste)/**
- Prozedur aufrufen und ggf. Parameter übergeben.
- CALL Verdoppeln — Parameterlose Prozedur Verdoppeln.
- CALL Runden(i,2,(Zahl)) — Variablenparameter i, Werteparameter 2, Werteparameter Zahl (da in Klammern).

**CALL ABSOLUTE Adresse (Parameterliste)**
- Maschinensprache-Routine an Startadresse in Segment (DEF SEG) aufrufen.
- CALL ABSOLUTE(VARPTR(a%))

**CALL INTERRUPT n**
- Interrupt mit Nummer n=0-255 aufrufen.

**CIRCLE(x,y),Radius /,Farbe/,Start,Ende/,Aspekt///**
- Kreis oder Kreisausschnitt zeichnen.
- CIRCLE(160,100),50 — Kreis mit Radius 50 um (160,100).

**CLEAR**
- Speicherbereich für Variablen löschen.

**CLS**
- Bildschirm löschen (Text-Cursor links oben, Pixel-Cursor in die Mitte).

**COLOR /Vordergrund/ /,Hintergrund/ /,Rahmen/**
- Farbe in den Textmodi für Ausgabe von Text festlegen.

**COLOR /Hintergrund/ /,Palette/**
- Farbe nach SCREEN1 festlegen (Farbe siehe bei PALETTE).

**COLOR /Vordergrund/ /,Hintergrund/**
- Farbe nach SCREEN 7 - SCREEN 10 festlegen.

**COM(1 oder 2) ON/OFF/STOP**
- Auf Eingaben des seriellen Ports (ON COM(n) GOSUB setzt) reagieren.

**DATA Konstante1 /,Konstante2/ /,...**
- Programminterne Datei mit numerischen oder Stringkonstanten speichern.
- READ Blume$,Bestand% — "Rose" nach Blume$ und 4 nach
  DATA "Rose",4,"N",3 — Bestand% einlesen (Zeiger auf 1).

**DECR Variablenname /,Betrag/**
- Wert einer Variablen um den angegebenen Betrag (oder 1) vermindern.
- DECR Zahl,3 — Identisch mit LET Zahl = Zahl-3.

**DEF FNFunktionsnane /(Parameterliste)/ = Ergebnisausdruck**
- Einzeilige Benutzerfunktion vereinbaren.
- DEF FNHalb!(y) = y/2 — PRINT FNHalb!(4) ergibt 2.

**DEF FNFunktionsname /(Parameterliste)/**
  **/LOCAL Variablenliste/**
  **/STATIC Variablenliste/**
  **/SHARED Variablenliste/**
  **Anweisung(en)**
  **/EXIT DEF/**
  **FNFunktionsname = Ergebnisausdruck**
**END DEF**
- Mehrzeilige Benutzerfunktion vereinbaren.
- PRINT FNVerketten$("er","sie") ergibt "er und sie".

```
DEF FNVerketten$(a$,b$)
  LOCAL c$
  c$ = a$+"und"+b$
  FNVerketten$ = c$
END DEF
```

**DEFDatentypkennzeichen Buchstabenbereich**
- Datentypen für Variablen über erstes Zeichen im Namen festlegen.
- DEFINT d,e — Mit d und e anfangende Namen Integer.
- DEFLNG m-z — Ab m anfangende Namen als Langinteger.
- DEFSNG x — Mit x anfangende Namen Real-einfach.
- DEFDBL Z — Mit z anf. Namen Real-doppeltgenau.
- DEFSTR a-c — Namen zwischen a und c als Strings.

**DELAY Sekunden**
- Programmausführung für den angegebenen Zeitraum anhalten.

**DIM /STATIC/DYNAMIC/ Arrayname(Indexangabe)**
- Array dimensionieren (vereinbaren und erzeugen (Elemente 0 oder "").
- DIM Meng%(9) — 10-Elemente-Integer-Array Meng% 0-10.
- DIM Meng%(0:9) — Identisch, da Indizes 0,1,2,...,9.
- DIM J(1960:2000) — 41 Indizes 1960,1961,...,2000 numeriert.
- DIM Bezeichnungen$(4,4) — 25-Elemente-String-Matrix.
- DIM STATIC z#(50) — Identisch mit DIM z#(50).
- DIM DYNAMIC d(12) — Dynamischer Array (während Laufzeit).
- n=9: DIM e!(n) — Dynamischer Array (da Variable n).

**DO /WHILE Ausdruck/**
  **Anweisung(en)**
  **EXIT LOOP**
**LOOP /UNTIL Ausdruck/**
- Abweisende oder nicht-abweisende Schleife kontrollieren.
- Abweisende Schleife mit Prüfung am Beginn der Wiederholung:

```
DO WHILE Eingabe$="ja"
  Anweisung(en)
LOOP
```

- Nicht-abweisende Schleife (wird zumundest einmal wiederholt):

```
DO
  Anweisung(en)
LOOP UNTIL d=9999
```

**DRAW String-Befehlsausdruck**
- Grafische Objekte gemäß Befehlen auf den Bildschirm zeichnen.
- DRAW "R7 D20 M100,70" 7 rechts und 10 runter und dann zum Punkt (100,70) eine Linie zeichnen.
- Cursorbewegungen hoch Un, runter Dn, links Ln, rechts Rn, hoch/rechts En, runter/rechts Fn, hoch/links Gn, runter/links Hn. Absolutbewegung Mx,y, Relativbewegung M+/-x,+/-y, Winkel 0-3 An (0-270 Grad), Drehung -360 bis +360 TAn, Farbe Cn, Skalierung 1-255 Sn.

**END / DEF/IF/SELECT/SUB /**
- Ausführung bzw. strukturierte Anweisung beenden.

**ENVIRON String-Ausdruck**
- Einvironment-Tabelle des Betriebssystems ändern.

**ERASE Arrayname /,Arrayname/ ...**
- Dynamische Arrays löschen bzw. statische Arrays auf 0 oder "" setzen.
- ERASE Menge%: ? FRE(-1) Array Menge% löschen und Platz prüfen.

**ERROR Fehlernummer**
- Laufzeitfehler durch Benutzer absichtlich erzeugen.
- ERROR 7 Fehlernummern von 0 - 255.

**EXIT SELECT/DEF/FOR/IF/LOOP/SUB/WHILE**
- Strukturierte Anweisung vorzeitig verlassen (Fehler-Notausgang).
- EXIT LOOP Schleife beenden, nach LOOP fortfahren.

**FOR Laufvariable = Anfangswert TO Endwert /STEP Schritt/**
**Anweisung(en)**
**/EXIT FOR/**
**NEXT Zählername(n)**
- Zählerschleife über eine Laufvariable kontrollieren.
- FOR i%=0 TO 15 STEP 2 Neunmalige Wiederholung mit Werten
  PRINT i% 0,2,4,6,8,10,12,14.
  NEXT i%

**GET (x1,y1)-(x2,y2), NumerischerArrayname**
- Ausschnitt des Grafikbildschirms in einen Array kopieren (siehe PUT).

**GOSUB LabelFürUnterprogrammbeginn**
- Zu Label springen und nach RETURN zur GOSUB-Folgeanweisung springen.
- GOSUB Zinsen Zu Label namens Zinsen: verzweigen.

**GOTO Label**
- Sprunganweisung zum angegebenen Label.
- GOTO Fehlertest Unbedingte Verzweigung zu Fehlertest:.

**IF Integer-Ausdruck THEN**
**Anweisung(en)**
**/ELSEIF Integer-Ausdruck THEN**
**Anweisung(en)/**
**/ELSE**
**Anweisung(en)/**
**END IF**

- Blockorientiertes IF zur Kontrolle von Auswahlstrukturen.
- IF a%=7
    Anweisung(en)
  ELSE
    Anweisung(en)
  END IF

**IF Integer-Ausdruck _**
**THEN Anweisung _**
**ELSE Anweisung**
- Zeilenorientiertes IF für zweiseitige Auswahl (_ verlängert Zeile).
- IF A$="ja" _
    THEN PRINT "Ja" _
    ELSE PRINT "Nein"

**INCR Variablenname /,Betrag/**
- Wert einer Variablen um Betrag (oder 1) erhöhen. Siehe DECR.

**INPUT /;/ / "Aufforderungstext" ;/, / Variablenliste**
- Auf Tastatureingabe warten und diese dann den Variablen zuweisen.
- INPUT "Welche Zahl";z% ";" gibt "?" aus und "," unterdrückt es.
- INPUT ;"Weiter? ",w$ ";" verhindert Zeilenvorschub danach.

**KEY ON/OFF/LIST**
- Funktionstasten an Bildschirm unten an/aus bzw. komplett auflisten.

**KEY Tastennummer, String-Ausdruck**
- Taste 1-31 mit maximal 15 Zeichen langem String belegen.
- KEY 3,"Edit"+CHR$(13) Taste F3 neu belegen.

**KEY Tastennummer, CHR$(Shiftstatus)+CHR$(Scancode)**
- Tastennummer 1-31 zu einer neuen Kombination zuordnen.

**KEY(Tastennummer) ON/OFF/STOP**
- Auf ON KEY-Unterbrechung stets, nicht bzw. zeitweilig reagieren.
- KEY(2) ON Tastendruck F2 bricht ab, ruft ON KEY.

**LET Variablenname = Ausdruck**
- **Wert des Ausdrucks ermitteln und dann der Variablen neu zuweisen.**
- LET Z=K*P*T%/36000 Zinsen berechnen und nach Z zuweisen.
- LET Blume$="Clematis" String "Rose" nach Blume$ zuweisen.
- LET i%=i%+1 i% ergibt sich aus i%+1 (Erhöhung um 1).

**LINE /(x1,x2)/-(x2,y2) /,/Farbe/ /,/B/F// /,Pattern///**
- Linie oder Fläche im Grafikmodus zeichnen.
- LINE (0,0)-(319,199) Diagonale von links oben ausgehend.
- LINE (40,40)-(100,120) ,,B Rechteck mit oben links/unten rechts.
- LINE (40,40)-(100,120) ,2,BF Rechteck noch mit Farbe 2 füllen.

**LINE INPUT /;/ /"Aufforderung";/ Stringvariable**
- Zeile ohne Trenner (wie ",") von Tastatur in Stringvariable eingeben.
- LINE INPUT "Name";s$ "Klaus, Heidelberg" mit Komma lesen.

**LOCAL Variablenliste**
- Variablen in Prozedur (SUB) bzw. Funktion (DEF FN..) lokal vereinbaren.
- SUB Runden z% existiert nur während der Ausführung
  LOCAL z% der Prozedur Runden.

**LOCATE /Zeile/ /,Spalte/ /,Cursor/ /,Start/ /,Stop/**
- Position und Größe des Cursors am Bildschirm festlegen.
- LOCATE 4,9 4. Zeile von oben (1-25), 9. Spalte (1-80).
- LOCATE 25,80,0 Cursor rechts unten unsichtbar (1=sonst).

**LPRINT und LPRINT USING**
- Ausgabe auf den Drucker. Siehe PRINT bzw. PRINT USING.

**MEMSET Langinteger-Adresse**
- Obergrenze des von Basic benutzbaren Speicherbereichs festlegen.
- ObergrenzeAlt&=ENDMEM Funktion ENDMEM liefert Adresse, die
- MEMSET ObergrenzeAlt&-512 um 512 Bytes heruntergesetzt wird.

**MID$(Stringvariable, n /,a/) = String-Ausdruck**
- n Zeichen ab Position a in Stringvariable durch den Ausdruck ersetzen.
- MID$(s$,7,4) = "Rosen" "Rose" ab 7. Stelle in s$ schreiben.
- MID$(s$,7) = "Rosen" "Rosen" ersetzen (s$ nicht verlängerbar).

**MTIMER**
- Mikrosekunden-Zähler auf Null zurücksetzen (siehe gleichnamige Funktion).

**ON ERROR GOTO Label**
- Zu einem Label zur Behandlung von Laufzeitfehlern verzweigen.
- ON ERROR GOTO Fehl Bei Fehlern zur Routine ab Fehl: gehen.
- ON ERROR GOTO 0 Basic-Fehlerbehandlung wieder aktivieren.

**ON n GOSUB Label1 /,Label2/ ...**
- Je nach n (0-255) ein am Label beginnendes Unterprogramm aufrufen.
- ON w% GOSUB Ausgaben, Einnahmen, Bericht

**ON n GOTO Label1 /,Label2/ ...**
- Je nach n (0-255) zum am Label beginnenden Programmteil springen.
- ON z% GOTO Zins, Kapital, Tilgung, Schluss

**ON PEN GOSUB Label**
- Bei Aktivitäten des Lichtgriffels (Light Pen) zum Unterprogramm gehen.

**ON PLAY(Notenzahl) GOSUB Label**
- Unterprogramm rufen, wenn PLAY-Puffern die Notenzahl unterschreitet.

**ON STRIG(Feuerknopfnummer) GOSUB Label**
- Unterprogrammaufruf bei Drücken eines Knopfs (0,2,4,6) des Joysticks.

**ON TIMER(Sekundenanzahl) GOSUB Label**
- Unterprogrammaufruf automatisch in Zeitabständen (1-86400 Sekunden).

**OPTION BASE Integer-Ausdruck**
- Untergrenze für Indizierung von Arrays auf 0-32767 festlegen.
- OPTION BASE 1 Erstes Element mit Nummer 1 (sonst 0).

**PAINT(x,y) //,Farbe/ /,Grenze/ /,Stop-Maske//**
- Abgegrenzten Bereich des Grafikbildschirms mit Farbe füllen.
- PAINT(100,100),Muster$ Bereich wie in Muster$ gegeben färben.

**PALETTE /Attributwert, Farbe/**
Attributwerten bestimmte Farben zuordnen (nur für EGA-Karten)
- PALETTE 4,0 Alle Pixel mit 4 (rot) jetzt 0 (schwarz).
- PALETTE Defaults des Systems wiederherstellen.
- Farbnummern: 0=schwarz, 1=blau, 2=grün, 3=türkis, 4=rot, 5=violett, 6=braun, 7=weiß, 8=grau, 9=hellblau, 10=hellgrün, 11=türkis, 12=hellrot, 13=hellviolett, 14=gelb, 15=weiß bzw. hell.

**PALETTE USING Integer-Array(Index)**
- Eintragungen einer Farb-Palette über einen Array ändern

**PEN ON/OFF/STOP**
- Lichgriffel bzw. dessen Prüfung an, aus oder zeitweilig aus.

**PLAY String-Ausdruck**
- Tonfolgen gemäß Befehlsangaben im String erzeugen.
- PLAY "02 DEFC" Töne D,E,F und C in 2. Oktave spielen.
- PLAY "02 X"+VARPTR$(N$) String N$ enthält entspr. Noten-Angaben.
- Befehle: Note Nn (1-84), Oktave On (0-6), Länge Ln (1=ganze Note, 2, 4, 8, 16, 32, 64=64.tel Note), Pause Pn, Tempo Tn (32-255), Musik im Vordergrund MF, Hintergrund MB, Stacato MN, Normal MN, Legato ML.

**PLAY ON/OFF/STOP**
- Vor jedem Programmschritt den PLAY-Puffer prüfen oder nicht.

**POKE Adresse, Wert**
- An eine Adresse (0-65535) einen Wert (0-255) direkt speichern.
- z%=7 1. Variable vom Datentyp Integer.
  DEF SEG = VARSEG(z%) 2. Speichersegment von z! bestimmen.
  Adr% = VARPTR(z%) 3. Adresse im Segment nach Adr%.
  ? PEEK(Adr%),PEEK(Adr%+1) 4. Inhalt der Adressen anzeigen.
  POKE Adr%,1 5. 1 in niedrigwertiges Byte speichern.

**PRESET(x,y) /,Farbe/**
- Punkt an genannten Koordinaten auf dem Grafikbildschirm löschen.

**PRINT /Folge von Ausdrücken/ / ;/,/**
- Konstanten, Variablen und/oder Ergebnisse am Bildschirm ausgeben.
- PRINT z%,"DM" "," geht zu 14 Spalten breiter TAB-Zone.
- PRINT ww$;" ";d;ff# ";" trennt ohne Leerzeichen.
- PRINT "DM",DM,3+1*5-9 Konstante, Variableninhalt und Ergebnis.

**PRINT USING Format-String; Variablenliste /;/**
- Variablenwerte gemäß Format-String am Bildschirm ausgeben.
- PRINT USING "###.##";z z formatieren (3 vor, 2 nach Komma).
- LET F$="###.## ######" Maske mit 2 numerischen Formatfeldern.
  PRINT USING F$;z1,z2 z1 und z2 gemäß Maske F$ formatieren.
  PRINT USING F$;12.3,z Konstante und Variable formatieren.
- LET F1$="##.# \ \" Maske mit numerischem und Stringfeld

PRINT USING F1$;z,t$ (Stringbegrenzer "\" zählen mit).
- Strings formatieren: Stringzeichen \ \, Stringfeld variabler Länge &, nur 1. Stringzeichen ausgeben !.
- Ziffern formatieren: Ziffernstelle #, führende Leerzeichen mit Sternchen füllen **, ",." für "nach jeder 3. Dezimalstelle ein Komma ausgeben".

**PSET(x,y) /,Farbe/**
- Punkt auf den Grafikbildschirm zeichnen (ohne Farbangabe löscht PRESET, während PSET im maximalem Attributwert zeichnet; sonst PRESET=PSET).

**PUT(x,y), Array /,Option/**
- Inhalt des mit GET gespeicherten Arrays in den Grafikbildschirm kopieren.

**RANDOMIZE /numerischer Ausdruck/**
- Neuen Startwert für den Zufallszahlengenerator setzen.
- RANDOMIZE Eingabehinweis "Random Number Seed?"
- RANDOMIZE TIMER Sekundenzähler verwenden.

**READ Variablenliste**
- Wert(e) aus DATA in Variable(n) einlesen und DATA-Zeiger erhöhen.
- Read tt$,Preis! String, Zahl lesen, Zeiger um 2 erhöhen.

**REG Register, Wert**
- Inhalt des Puffers für die Register des Prozeddors setzen.

**REM einzeilige Zeichenfolge**
- Kommentar in Quelltext schreiben (besser: Zeichen ' verwenden).

**RESTORE /Label/**
- DATA-Zeiger auf erstes oder ein bestimmtes DATA-Element zurücksetzen.
- RESTORE Dateil Zeiger auf DATA-Anweisung nach Dateil.

**RESUME / 0/NEXT/Label /**
- Programmausführung nach einer Fehlerbehandlung fortsetzen.
- RESUME oder RESUME 0 Fortsetzung bei fehlerhafter Anweisung.
- RESUME NEXT Fortsetzung hinter Fehler-Anweisung.
- RESUME NeuStart Ausführung bei NeuStart: fortsetzen.

**RETURN /Label/**
- Fortsetzung nach Unterprogrammausführung hinter GOSUB oder Label.

**SCREEN /Modus/ /,Farb-Flag/ /,Zielseite/ /,Wiedergabeseite/**
- Videomodus 0=Test, 1=40-Spalten-Grafik, 2=80-Spalten-Grafik, 7=320*200-Pixel, 8=640*200-Pixel, 9=640*350-Pixel oder 10=640*350-monochr-Pixel.
- 0 als Standard für Optionen Farb-Flag, Ziel- und Wiedergabeseite.
- Zielseite (0-7) des Bildspeichers, in die ausgegeben wird.
- Wiedergabeseite (0-7) des Bildspeichers wird am Bildschirm angezeigt.
- CALL 2,,,3 80-Spalten-Grafik mit Wiedergabeseite 3.

**SELECT CASE Ausdruck**
**CASE Prüfungen**
**Anweisung(en)**
**/CASE Prüfungen**
**Anweisung(en)/ ...**
**/CASE ELSE**
**Anweisung(en)**
**END SELECT**
- Fallabfrage bzw. mehrseitige Auswahlstruktur kontrollieren.

```
- SELECT CASE w%
    CASE w%=90
      Anweisung(en)
    CASE 10,20,30,40,50,60,70,80
      Anweisung(en)
    CASE ELSE
      PRINT "Fehler."
- END SELECT
```

**SHARED Variablenliste**
- Variablen in Prozedur (SUB) bzw. Funktion (DEF FN..) global vereinbaren.
- SUB Ergebnisse
  SHARED t$,w — t$ und w im rufenden Hauptprogramm wie in der Prozedur Ergebnisse bekannt.
- SHARED Menge%() — Array Menge% als globale Variable.
- Ohne Angabe von SHARED oder LOCAL gilt STATIC als Standard.

**SOUND FrequenzInHertz, Dauer**
- Ton bestimmter Höhe (Frequenz 37-32767) und Dauer (0.0015-65535).
- SOUND 150, 18.2 — Ton 150 Hertz genau 1 Sekunde lang.
- SOUND 150, 0 — Tongenerator abschalten.

**STATIC Variablenliste**
- Variablen in Prozedur (SUB), Funktion (DEF FN..) statisch vereinbaren.
- Statische und lokale Variablen sind nur im Unterprogramm bekannt. An-
- ders als lokale behalten statische Variablen ihren Wert zwischen den
- Unterprogrammaufrufen.
- Nicht explizit vereinbarte Variablen werden als STATIC behandelt.
- SUB Ausgabe
  STATIXx DM1,DM2,u — Drei als statisch vereinbarte Variablen.

**STOP**
- Programmausführung abbrechen; identisch mit END.

**STRIG(Feuerknopfnummer) ON/OFF/STOP**
- Überwachung der Feuerknöpfe des Joysticks an- oder ausstellen.

**SUB Prozedurname /(Parameterliste/) /INLINE/**
**/LOCAL Variablenliste/**
**/STATIC Variablenliste/**
**/SHARED Variablenliste/**
**Anweisung(en)**
**/EXIT SUB/**
**...**
**END SUB**

- Prozedur mit Vereinbarungs- und Anweisungsteil definieren.
- SUB Halb(y) — Aufruf mit CALL(10) ergibt "Hälfte:5" (Werteparameter).
  LOCAL z
  LET z = y/2 — CALL(Zahl) ergibt "Hälfte:20" (Variablenparameter). Ein formaler Parameter wie y ist stets eine lokale Größe.
  PRINT "Hälfte:";z
END SUB

**SWAP Variable1, Variable2**
- Inhalt zweier Variablen (einfacher Datentyp) austauschen.
SWAP a,b — Wert von a nach b und von b nach a.

**SYSTEM**
- Programm beenden; identisch mit END.

**TRON (für "Trace an" und TROFF (für "Trace aus")**
- Programmteile zum Testen im Trace-Fenster schrittweise verfolgen.

**VIEW //SCREEN/ /(x1,y1)-(x2,y2)/ /,/Farbe /,Rand////**
- Zeichenfläche zum aktiven Bereich des Grafikbildschirms erklären.
- Ohne SCREEN werden Koordinaten relativ zur linken oberen Ecke der
- chenfläche aufgefaßt, sonst wie gewohnt absolut.

**WHILE Integer-Ausdruck**
**Anweisung(en)**
**WEND**
- Abweisende Schleife kontrollieren (siehe auch DO-LOOP).
- WHILE -1 — Endlosschleife, da jeder Wert ungleich 0 das Ergebnis True liefert.

**WINDOW //SCREEN/ (x1,y2)-(x2,y2)/**
- Grafisches Koordinatensystem und Skalierungsfaktoren festlegen.

**WRITE /Folge von Ausdrücken/**
- Werte durch "," getrennt und Strings in " " ausgeben (sonst wie PRINT).
- Write "Total:",Menge%,"kg" — Bildschirmausgabe "Total:",10,"kg"

### 2.3.4 Alle Funktionen ohne Dateizugriff mit Beispielen

**Zwei Typen von vordefinierten Funktionen:**
- Numerische Funktion gibt Zahlenwert als Ergebnis zurück, z.B. INSTR.
- Stringfunktion gibt String als Ergebnis zurück, z.B. STR$.

**n = ABS(numerischer Ausdruck)**
- Absolutwert angeben.
- ABS(-4) — ergibt 4.

**n = ASC(String-Ausdruck)**
- Codezahl gemäß ASCII für das erste Zeichen des Strings nennen.
- PRINT ASC("=") — ergibt 61 (Ordnungszahl im ASCII-Code).
- PRINT ASC(Y$) — ergibt 70 für "F".

**n = ATN(numerischer Ausdruck)**
- Arcustangens als Komplement zu TAN real-doppeltgenau angeben.

**s$ = BIN$(numerischer Ausdruck)**
- Argument zwischen -32768 und 65535 als "binären String" angeben.
- PRINT BIN$(9) ergibt 1001.

**n = CDBL(numerischer Ausdruck)**
- Beliebigen numerischen Wert in Datentyp Real-doppeltgenau umwandeln.

**n = CEIL(numerischer Ausdruck)**
- Nächstgrößeren ganzzahligen Wert bzw. Wert selbst angeben.
- PRINT CEIL(8.01) ergibt 9 (INT(8.01) würde 8 liefern).

**s$ = CHR$(numerischer Ausdruck)**
- wandelt eine ASCII-Zahl zwischen 0 und 255 in sein Zeichen um.
- PRINT CHR$(82) ergibt "R" (CHR$(49) ergibt "1").
- PRINT CHR$(13),CHR$(7) ergibt Wagenrücklauf und Glocke (Bell).

**n = CINT(numerischer Ausdruck)**
- Gerundete Integerzahl angeben (über 0.5 aufrunden, sonst abrunden).

**n = CLNG(numerischer Ausdruck)**
- Zahlenwert in Typ Langinteger (-2 hoch 31 bis +2 hoch 31) umwandeln.

**s$ = COMMAND$**
- Beim Programmstart von MS-DOS-Ebene genannte Parameter angeben.

**n = COS(numerischer Ausdruck)**
- Cosinus als real-doppeltgenaue Zahl zwischen -1 und +1 angeben.

**n = CSNG(numerischer Ausdruck)**
- Zahl in den Datentyp Real-einfachgenau umwandeln.

**s$ = DATE$**
- Systeminternes Tagesdatum als String "mm-tt-jjjj" angeben.
- PRINT DATE$ Aktuelles Systemdatum ausgeben.
- DATE$ = "10-30-1988" Datum setzen (DATE$ Systemvariable).

**DEF SEG /=numerischer Ausdruck zwischen 0 und 65535/**
- Systemvariable, um das Speichersegment für BLOAD, BSAVE, CALL, ABSOLUTE, PEEK und POKE aufzunehmen.

**n = ENDMEM**
- Wert der größten zur Verfügung stehenden Speicheradresse angeben.
- PRINT "RAM-Ende:";ENDMEM Adresswert als Langinteger ausgegeben.

**s$ =ENVIRON$(n zwischen 1 und 255)**
- Einträge in Environment-Tabelle für Tabelleneintragsnummer n angeben.

**n = ERADR**
- Adresse des letzten Fehlers als Langinteger angeben.

**n = ERDEV oder s$ = ERDEV$**
- Fehlerstatus eines angeschlossenen Gerätes angeben.

**n = EXP(numerischer Ausdruck)**
- e hoch dem Wert des Ausdrucks (Integer, Real) real-doppeltgenau angeben.

**n = EXP2(numerischer Ausdruck)**
- 2 hoch dem Wert des Ausdrucks (Integer, Real) real-doppeltgenau angeben.

**n = EXP10(numerischer Ausdruck)**
- 10 hoch dem Wert des Ausdrucks (Integer, Real) real-doppeltgenau nennen.

**n = FIX(numerischer Ausdruck)**
- Nachkommastellen abschneiden und als Integer angeben.
- FIX(-20.1) ergibt -20 (INT(-20.1) liefert aber -21).

**n = FRE(-1/-2/String-Ausdruck)**
- Verfügbaren Speicherplatz im Datensegment als Langinteger angeben.
- PRINT FRE(-1) Freien Platz im Array-Speicherbereich.
- PRINT FRE(-2) Freien Platz auf dem Stack.
- PRINT FRE("a") Freien Platz im String-Speicherbereih.

**s$ = HEX$(numerischer Ausdruck)**
- Wert zwischen -32768 und 65535 als Hexadezimal-String angeben.
- PRINT HEX$(10),HEX$(29) ergibt "A" und "1D".

**s$ = INKEY$**
- String von 0 bis 2 Zeichen Länge von Tastatur ohne Echoausgabe lesen.
- Keine Eingabe (LEN(s$=0)), Taste (Länge 1) oder Funktionstaste (Länge 2).
- WHILE NOT INSTAT: WEND Warten, bis Taste gedrückt wird und die
  Ein$ = INKEY$ Eingabe dann nach Ein$ einlesen.

**n = INSTAT**
- Aktuellen Zustand von Tastatur bzw. Tastaturpuffer angeben.
- WHILE NOT INSTAT: WEND Leseschleife bis zur Eingabe eines
  Eingabe$=INKEY$ Zeichens (INSTAT ergibt -1 für True).

**n = INSTR(/Position,/ Zielstring, Suchstring)**
- Position des 1. Zeichens von Suchstring in Zielstring angeben.
- PRINT INSTR("Rose","se") ergibt 3 (da ab 1. Stelle gesucht).
- PRINT INSTR(2,"elle","e") ergibt 4.
- PRINT INSTR(2,"elle","el") ergibt 0, da "el" nicht gefunden.

**n = INT(numerischer Ausdruck)**
- Ganzzahligen Anteil angeben.
- PRINT INT(6.2);INT(-6.2) ergibt 6 (abschneiden) und -7.

**n = LBOUND(Arrayname /,Dimension/)**
- Kleinstmögliche Indexnummer eines Arrays angeben.
- PRINT LBOUND(w!) ergibt 1 für OPTION BASE 1, sonst 0.
- PRINT LBOUND(t) ergibt 30, falls zuvor DIM t(30:60).
- PRINT LBOUND(m,2) ergibt 1987, falls DIM m(4,1987:1999).

**s$ = LCASE$(String-Ausdruck)**
- Großbuchstaben (maximal 32767 Zeichen) in Kleinbuchstaben umwandeln.
- PRINT LCASE$("Basic") ergibt die Ausgabe von BASIC.

**s$ = LEFT$(String-Ausdruck, Stellenanzahl)**
- Linken Teilstring mit einer Stellenanzahl von 0-32767 angeben.
- PRINT LEFT$("Köln",2) ergibt "Kö".
- PRINT LEFT$("Basic",777) ergibt "Basic" (keine Ergänzung mit "").
- PRINT LEFT$("Blabla",0) ergibt "" als Leerstring.

**n = LEN(String-Ausdruck)**
- Länge als Anzahl von aktuelle Zeichen angeben.
- PRINT LEN("Ich gehe!") ergibt 9 als Länge.

**n = LOG(numerischer Ausdruck)**
- Natürlichen Logarithmus (zur Basis e) angeben.
- PRINT LOG(10) ergibt 2.3025.. (e hoch 2.3025 gleich 10).

**n = LOG2(numerischer Ausdruck)**
- Logarithmus zur Basis 2 angeben.
- PRINT LOG2(256) ergibt 8 (da 2 hoch 8 gleich 256).

**n = LOG10(numerischer Ausdruck)**
- Logarithmus zur Basis 10 angeben.
- PRINT LOG10(1000) ergibt 4 (EXP10(4) ergibt 1000).

**n = LPOS(Nummer für Druckerschnittstelle)**
- Anzahl der Druckzeichen seit letztem Zeilenvorschub angeben.
- IF LPOS(0)=40 THEN ... Zeilenbreite 40 für Drucker LPT1: (Nummern LPT1:=0,1; LPT2:=2; LPT3:=3).

**s$ = MID$(String-Ausdruck, Startposition /,Zeichenanzahl/)**
- Zeichenanzahl ab Startposition aus einem String angeben.
- PRINT MID$("Rosen",3,2) ergibt "se".
- PRINT MID$("Rosen",3) ergibt "sen".
- PRINT MID$("Rosen",777) ergibt Leerstring "".

**n = MTIMER**
- Mikrosekundenzähler des Systems lesen.
- PRINT MTIMER ergibt 47.06 (47 Millisek., 60 Mikrosek.).
- MTIMER Anweisung setzt Zähler auf Wert 0.

**s$ = OCT$(Numerischer Ausdruck)**
- Numerischen Wert 2768-65535 in oktaler Darstellung angeben.

**n = PEEK(Adresse zwischen 0 und 65535)**
- Inhalt einer Speicheradresse innerhalb des Segments (DEF SEG) angeben.
- z% = 2 1. Integer-variable definieren.
  DEF SEG = VARSEG(z%) 2. Segmentadresse festlegen.
  Adr% = VARPTR(z%) 3. Anfangsadresse bestimmen.
  ? PEEK(Adr%),PEEK(Adr%+1) 4. Zwei Bytes lesen.

**n = PEN(Lichtgriffelstatus)**
- Aktuellen Status des Lichgriffels (Light Pen) angeben.

**n = PLAY(numerischer Dummy-Wert)**
- Anzahl der im PLAY-Puffer noch befindlichen Noten angeben.

**n = PMAP(Koordinatenangabe, Option)**
- Physikalische in globale Koordinaten des Grafikbildschirms umsetzen.

**n = POINT(x,y)**
- Attributwert bzw. Farbe der angegebenen Grafikkoordinaten angeben.

**n = POINT(Option)**
- Physikalische x-Koordinate (Option=0), y-Koordinate (1), globale x-Koor-
- dinate (Option=2) bzw. y-Koordinate (3) des Grafikcursors angeben.

**n = POS(numerischer Dummy-Wert)**
- Aktuelle Spaltenposition des Cursors angeben.

**s$ = RIGHT$(String-Ausdruck, Stellenanzahl)**
- Rechten Teilstring mit einer Stellenanzahl von 0-32767 angeben.
- PRINT RIGHT$("Ulme",2) ergibt "me".
- PRINT RIGHT$("Ulme",777) ergibt "Ulme", d.h. den gesamten String.
- PRINT RIGHT$("Ulme",0) ergibt den Leerstring "".

**n = RND/(numerischer Ausdruck/)**
- Zufallszahl zwischen 0 und 1 vom Datentyp Real-doppeltgenau angeben.
- PRINT RND(5) Nächste Zufallszahl (für positive Werte).
- PRINT RND(0) Letzte Zufallszahl unverändert angeben.
- PRINT RND(-2) Neuer Startwert (für negative Werte).

**n = SCREEN(Zeile 1-25,Spalte1-80) /,Option 0 oder 1/**
- ASCII-Code (0) oder Attribut (1) eines Bildschirmzeichens angeben.
- PRINT SCREEN(10,65,0) ASCII-Code des Zeichens in (10,65).

**n = SNG(numerischer Ausdruck)**
- Vorzeichen +1 (positiv), 0 (null) oder -1 (negativ) angeben.

**n = SIN(numerischer Ausdruck in Einheit 0 bis 2 Pi)**
- Sinus angeben (Aufruf n=SIN(Grad/57.296) erlaubt Gradangabe 0 bis 360).

**s$ = SPACE$(Leerstellenanzahl)**
- String in der Länge 0-32767 mit Leerzeichen (Blank, Space) angeben.

**n = SQR(numerischer positiver Ausdruck)**
- Quadratwurzel vom Datentyp Real-doppeltgenau angeben.

**n = STICK(Option 0-3)**
- Stellung des Joysticks angeben (zuerst stets STICK(0) aufrufen).
- Option 0-3: x-Koordinate von Joystick A, y von A, x von B und y von B.

**s$ = STR$(numerischer Ausdruck)**
- Zahl in einen String umwandeln (Umkehrung zu VAL).
- LET z$ = STR$(76) ergibt String " 76" mit Leerstelle.
- LET r$ = STR$(-88.5) ergibt String "-88.5".

**n = STRIG(Feuerknopfoption 0-7)**
- Aktuellen Status der Feuerknöpfe eines Joysticks angeben.

**s$ = STRING$(Länge, ASCII-Wert 0-255/Zeichenkonstante )**
- String bestimmter Länge aus einem bestimmten Zeichen angeben.
- LET a$ = STRING$(50,"*") ergibt String mit 50 Sternchen.
- LET a$ = STRING$(50,42) wie oben, da CHR$(42) gleich "*".

**n = TAN(numerischer Ausdruck)**
- Tangens als real-doppeltgenaue Zahl angeben.
- PRINT TAN(180/57.2957) ergibt Tangens für 180 Grad.

**s$ = TIME$**
- Systemzeit in 8-Zeichen-String hh:mm:ss angeben
- Hinweis: TIME$ = "14:30:00" setzt Systemvariable auf 14.30 Uhr neu.
- PRINT "Zeit: ";TIME$ ergibt aktuelle Zeit des Systems.

**n = TIMER**
- Anzahl der seit dem Systemstart vergangenen Sekunden angeben.

**n = UBOUND(Arrayname /,Dimension/)**
- Nummer des höchsten Elements bzw. einer Arraydimension angeben.
- PRINT UBOUND(z$) ergibt 20, wenn DIM z$(20) vereinbart.

**n = VAL(String-Ausdruck)**
- String in numerischen Wert umwandeln (Umkehrung zu STR$).
- PRINT VAL("-34.391") ergibt Dezimalzahl -34.291.
- PRINT VAL("Falsch") ergibt 0 (keine Fehlermeldung).
- PRINT VAL("51 DM") ergibt 51 (bis zur ersten Nicht-Ziffer).
- PRINT VAL("7 5 9 7 ") ergibt 7597 (Leerstellen ignoriert).

**n = VARPTR(Variablenname einfacher Datentyp oder Arrayelement)**
- Offset als Teil einer Adresse im Speichersegment angeben.
- LET i% = 9 1. Wertzuweisung an i%.
  LET DEF SEG = VARSEG(i%) 2. Speichersegment bestimmen.
  LET Adr% = VARPTR(i%) 3. Adresse durch VARPTR ermitteln.
  LET Variablenwert% = PEEK(Adr%) + 256*PEEK(Adr%+1)
  PRINT Variablenwert% 4. Wert von i% (2-Byte-Adresse) zeigen.

**s$ = VARPTR$(Variablenname einfacher Datentyp oder Arrayelement)**
- Zeiger zu einer Variablen in Stringform für PLAY und DRAW angeben.

**n = VARSEG(Variablenname einfacher Datentyp oder Arrayelement)**
- Speichersegment 0-65535 angeben, in dem die Variable angelegt ist.

### 2.3.5 Alle Anweisungen und Funktionen zum Dateizugriff mit Beispielen

**Zur Schreibweise der Anweisungen:**
- Anweisungswörter als reservierte Wörter in Großschreibung.
- Klammern ( ) müssen angegeben werden.
- Angaben zwischen zwei Schrägstrichen / / sind optional.
- Ein Schrägstrich bedeutet "entweder oder": ON/OFF.
- Allgemeines Anweisungsformat fett geschrieben.

**BLOAD Dateiname /,Anfangsadresse 0-65535 im gesetzten Segment/**
- Inhalt einer mit BASE abgelegten Datei laden.
- BLOAD "Grafik.GRA" Mit BSAVE-Adresse, da Adresse fehlt.

**BSAVE Dateiname, Anfangsadresse 0-65535 im Segment, Länge 0-65535**
- Inhalt des angegebenen RAM-Bereiches als Datei auf Diskette schreiben.
- DEF SEG = &HB800 1. Segment für EGA-Karte festlegen.
- BSAVE "Grafik.GRA",0,2000 2. 2000 Bytes Bildspeicher schreiben.

**CHAIN Dateiname**
- EXE- oder TBC-Objektcode-Programm von Diskette in den RAM hinzuspeichern und den geladenen Code ausführen (Programmkettung).
- COMMON v1$,v2%,v3! 1. Variablen, die zu übergeben sind.
- CHAIN "NeuProg1.EXE" 2. Objektcode NeuProg1 laden

**CHAIN** **Anweisung zur Programmverkettung**
100 CHAIN "Test2" Programm Test2 laden und ausführen.

**CHDIR Suchpfad**
- Directory bzw. Suchpfad wechseln (entspricht DOS-Befehl CD).

**CLOSE / /#/Dateinummer(n) /**
- Alle bzw. ausgewählte Dateien schließen.
- CLOSE #1,#2 Dateien mit Dateivariablen #1 und #2.
- CLOSE Alle derzeit offenen Dateien schließen.

**COMMON Variablenname /,Variablenname/ ...**
- Variablen zweier mit CHAIN verketteter Dateien als gemeinsam erklären.
- COMMON ist im rufenden sowie im geCHAINten Programmteil anzugeben.
- COMMON a$,b# Zwei Variablen gemeinsam verfügbar.
- COMMON Menge%(1) Eindimensionaler namens Array Menge%.

**n% = CVI(2-Byte-String für Integer)**
**n& = CVL(4-Byte-String für Langinteger)**
**n! = CVS(4-Byte-String für Real-einfachgenau)**
**n# = CVD(8-Byte-String für Real-doppeltgenau)**
- Nach dem Lesen von einer Direktzugriff-Datei mittels GET# im Dateipuffer stehende Werte in den zugehörigen numerischen Datentyp umwandeln.

**n! = CVMS(4-Byte-String für Real-einfachgenau im Microsoft-Format)**
**n# = CVMD(8-Byte-String für Real-doppeltgenau im Microsoft-Format)**
- Umwandlung von Werten, die aus einer Microsoft-Datei gelesen wurden.

**n = EOF(Nummer von sequentieller Datei oder DOS-Gerätedatei)**
- -1 für Dateiende (End Of File) erreicht angeben, sonst aber 0.

**FIELD Dateinr, Länge AS Puffervariable1 /,Länge AS Puffervariable2/ ...**
- Pufferspeicher zur Aufnahme der umgewandelten Datenfeldvariablen für die Direktzugriff-Datei vereinbaren.
- FIELD #1,2 AS P1$,20 AS P2$ Dateipuffer mit zwei Feldern

**FILES /Dateiname/**
- Inhaltsverzeichnis der Diskette anzeigen (wie DOS-Befehl DIR).
- FILES "*.BAS" Namen aller Basic-Quelldateien anzeigen.

**GET /#/Dateinummer /,Datensatznummer/**
- Datensatz von Direktzugriff-Datei in den FIELD-Dateipuffer lesen.
- GET #1,S Datensatz S von Datei 1 direkt lesen.

**GET$ /#/Dateinummer, Stellenanzahl, Stringvariablenname**
- String von einer mit OPEN ... FOR BINARY geöffneten Datei lesen.

**n = INP(Portnummer 0-65535)**
- Von einem Ein-/Ausgabe-Port direkt lesen.

**INPUT #Dateinummer, Variablenliste**
- Von Diskettendatei oder Ports Datenfelder sequentiell in den RAM lesen.
- INPUT #1, Z, B$ Zahl und String als nächste Einträge.

**IOCTL /#/Dateinummer, String-Ausdruck**
- Mit dem Treiberprogramm eines Gerätes in Verbindung treten.

**KILL Dateiname**
- Eine oder mehrere Dateien von Diskette löschen.
- KILL "Einkauf.EXE" Eine Datei mit Dateityp EXE entfernen.
- KILL "E?.BAS" Programme mit einem Zeichen nach "E".
- KILL "B:*.*" Alle Dateien der Diskette in B: löschen.

**LINE INPUT #Dateinummer, Stringvariable**
- Nächste Zeile (bis zum Zeilenvorschub) von Datei in den RAM lesen.

**n = LOC(Dateinummer)**
- Aktuelle Position des Dateizeigers in der Datei angeben.
- Zählen in Bytes (BINARY), 128 Bytes (sequentielle Datei), Datensätzen (Direktzugriffdatei), restliche Records (COMn:).

**LSET Puffervariable = Datenfeldvariable**
- Vor PUT # den Datenfeldinhalt linksbündig in den Dateipuffer setzen.
- LSET P2$ = "Schmidt" Stringfeld in Dateipuffer setzen.
- LSET P1$ = MKI$(167) Integer umwandeln und in Dateipuffer.

**MKDIR Suchpfad**
- Neues Unterverzeichnis (Subdirectoy) erzeugen (wie DOS-Befehl MD).

**n% = MKI(2-Byte-String für Integer))**
**n& = MKL(4-Byte-String für Langinteger)**
**n! = MKS(4-Byte-String für Real-einfachgenau)**
**n# = MKD(8-Byte-String für Real-doppeltgenau)**
- Datenfelder vor dem Schreiben mit PUT # in Dateiformat umwandeln.
- LSET P1$ = MKI$(Nummer)          Feldvariable Nummer in Dateipuffer.

**s$ = MKMS(4-Byte-String für Real-einfachgenau im Microsoft-Format)**
**s$ = MKMD(8-Byte-String für Real-doppeltgenau im Microsoft-Format)**
- Umwandlung von Werten, die in eine Microsoft-Datei zu schreiben sind.

**NAME DateinameAlt AS DateinameNeu**
- Datei auf Diskette einen neuen Namen geben.

**ON COM(n) GOSUB Label**
- Unterprogramm zur Behandlung von Zeichen aus einem seriellen Port.

**OPEN Dateiname /FOR Dateityp/ AS /#/Dateinummer /LEN=Datensatzlänge/**
- Datei öffnen und Verbindung zwischen Diskette und RAM herstellen.
- OPEN "D1" FOR INPUT AS #1          Sequentielle Datei zum Lesen öffnen.
- OPEN "D1" FOR OUTPUT AS #3 Sequentielle Datei zum neuen Schreiben.
- OPEN "D1" FOR APPEND AS #1 Sequentielle Datei zum Anhängen.
- OPEN "D2" FOR RANDOM AS #4 LEN=22 Direktzugriffdatei öffnen.
- OPEN "D3" FOR BINARY AS #2 Unstrukturierte Binärdatei öffnen.

**OPEN Typangabe, /#/Dateinummer, Dateiname, /,Datensatzlänge/**
- Wie oben, aber dem alten Basic-Microsoft-Format entsprechend.
- OPEN #1, "I", "B:Artikel.DAT"     Datei Artikel in Laufwerk B:.
- OPEN #3. "O", "D1"                Sequentielle Schreibdatei.
- OPEN #1, "A", Nam$                Dateiname in Nam$ abgelegt.
- OPEN #4, "R", "D2", 22            Direktzugriffdatei öffnen.
- OPEN #2, "B", "D3"                Binärdatei öffnen

**OPEN "COMn /Baud/ /,Parität/ /,Bits/ /,Stop/ /Optionen/"**
**AS /#/Dateinummer /LEN=Größe/**
- Einen Kommunikationsport öffnen und konfigurieren.

**OUT Portnummer 0-65535, Integer-Ausdruck 0-255**
- Daten unmittelbar an einen I/O-Port senden.

**PRINT #Dateinummer, Folge von Ausdrücken /;/**
- Datensätze in eine Datei schreiben.
- PRINT #1, Z,",",B$                Zwei Datenfelder mit "," zur Trennung (ohne ";" mit INPUT # nicht zu lesen).

**PRINT #Dateinummer USING Format-String; Folge von Ausdrücken /;/**
- Wie PRINT #, aber mit einer Formatangabe schreiben.

**PUT /#/Dateinummer /,Datensatznummer/**
- Inhalt des Dateipuffers in Direktzugriffdatei schreiben.
- PUT #1,16                         Puffervariablen als 16. Satz speichern.

**PUT$ /#/Dateinummer, String-Ausdruck**
- Daten in eine mit BINARY geöffnete Datei schreiben (siehe SEEK).

**RESET**
- Alle offenen Dateien schließen (identisch mit CLOSE).

**RMDIR Suchpfad**
- Ein Unterverzeichnis bzw. Subdirectory löschen (wie DOS-Befehl RD).

**RSET Puffervariable = String-Ausdruck für Datenfeld**
- String rechtsbündig in den Puffer einer Direktzugriffdatei setzen.

**RUN /Dateiname/**
- Ein Programm neu starten.
- RUN — Programm im RAM starten (mit CLEAR).
- RUN "B:Ausgabe.TBC" — Objektcode von B: laden und starten (kein COMMON wie bei CHAIN erlaubt).

**SEEK /#/Dateinummer, Position**
- Position 1-16777215 einer BINARY-Datei für GET$ oder PUT$ setzen.
- SEEK #2, 77 — Dateizeiger auf 77 setzen, damit GET$ bzw. PUT$ ab 77. Byte liest/schreibt.

**WAIT Portnummer 0-65535, Bitmuster 0-255 /, Maske 0-255/**
- Auf einen bestimmten Wert vom I/O-Port warten.

**WITH /Gerätename/#Dateinummer,/ Breite**
- Logische Zeilenbreite von Bildschirm, Peripheriegerät oder Datei setzen.
- WIDTH "SCRN:", 40 — Bildschirmzeile auf 40 (in Grafik-Modus).

**WRITE #Dateinummer, Folge von Ausdrücken**
- Datenfelder in eine Datei mit Kommas als Trennungszeichen schreiben.
- WRITE #1, Z,B$ — Zwei Datenfelder mit "," zur Trennung (entspricht genau PRINT #1, Z;",";B$).

### 2.3.6 Alle Compiler-Befehle

**Allgemeine Kennzeichen der Compiler-Befehle:**

- Compiler-Befehle richten sich an den Übersetzer bzw. Compiler und gehören nicht zum eigentlichen Anweisungsvorrat der Programmiersprache Turbo Basic
- Unterschied zwischen Compiler-Befehlen und Anweisungen:
  Compiler-Befehle werden während der Übersetzung bzw. Compilierung einmalig ausgeführt, um dem Compiler bestimmte Einstellungen vorzugeben.
  Anweisungen werden während jeder Ausführung bzw. Laufzeit ausgeführt.
- Jeder Compiler-Befehl beginnt mit einem Dollarzeichen "$".
- Ein Compiler-Befehl muß alleine (zusätzlich ist nur Kommentar erlaubt) in einer Zeile stehen.
- Compiler-Befehle arbeiten auf der gleichen Ebene wie das Options-Menü.

**$COMn Größe**

- Speicherplatz (Voreinstellung ist 256 Bytes) für den Eingabepuffer eines seriellen Ports COM1 oder COM2 reservieren.
- $COM1 512 — 512 Bytes für Empfangspuffer von COM1.
- $COM2 1024 — Nun Änderung auf 1024 Bytes für COM2.

**$DYNAMIC**

- Arrays von nun an dynamisch erzeugen (Voreinstellung ist $STATIC).
- Erst zur Ausführungszeit ermittelt das System den für den Array erforderlichen Speicherplatz, um ihn dann zu reservieren.
- ERASE löscht den dynamisch vereinbarten Array komplett (verfügbarer Speicherplatz nimmt zu).
- $DYNAMIC — Obwohl 500 als Konstante angegeben:
  DIM Menge%(500) — Array$ Menge% wird dynamisch erzeugt.
  $STATIC
  DIM Menge1%(500) — Array Menge1% wird statisch erzeugt.

**$EVENT ON/OFF**

- Ports bzw. Spielsteuerungen automatisch überwachen.
- Voreinstellung ist $EVENT ON.
- $EVENT OFF — Ab hier kein Prüfcode mehr erzeugt.

**$IF Konstante**
**Anweisung(en)**
**/$ELSE**
**Anweisung(en)/**
**$ENDIF**

- Programmteile beim Compilieren ausklammern oder einfügen (konditionales Compilieren), um ein Programm z.B. auf verschiedener Hardware laufen zu lassen.

**$INCLUDE Dateinamen-Konstante**
- Datei zur Übersetzungszeit in den Quelltext an die Stelle einfügen, an der das Befehlswort $INCLUDE steht.
- Bis zu 15 $INCLUDE-Ebenen können geschachtelt werden.
- Beispiel: Programm Haprol.BAS als Main File angeben, um beim Compilieren den Quelltext von Uprol.INC ab der zweiten Anweisung einzufügen.
- 'Haprol.BAS als Main File
- PRINT "Beginn Haprol"

```
$INCLUDE "Progl.INC"          An diese Stelle wird "inkludiert".
PRINT "Ende Haprol"
END
```

**$INLINE Bytefolge/Datennamen-Konstante**
- Maschinensprache-Befehle unverändert in den Objektcode einfügen.
- $INLINE-Befehle müssen innerhalb einer SUB INLINE-Prozedur stehen.
- SUB Prozedurname INLINE

```
  $INLINE Bytel /,Byte2/      Zum Beispiel &H28, &H4A
  $INLINE "Dateiname"         Zum Beispiel "Routinel.ASM"
  ...
END SUB
```

**$SEGMENT**
- Beginnpunkt eines neuen Segment-Bereichs festlegen (innerhalb der strukturierten Anweisungen (wie DO-LOOP) nicht erlaubt.
- Ein Programm kann maximal 16 Segmente enthalten.

**$SOUND PLAY-Puffergröße**
- Größe des Musikpuffers (0-4096 Noten) zur Aufnahme von Noten festlegen.
- Befehlsangabe $SOUND nur einmal im Programm möglich.
- Standard 32 Noten bzw. 512 Bytes (eine Note bzw. Befehl belegt 8 Bytes)
- $SOUND 50                    Noten/Befehle = 400 Bytes reserviert.

**$STACK Größe**
- 768-32767 Bytes Speicherplatz für den Stack des Programms festlegen.
- Befehlsangabe $STACK nur einmal im Programm möglich.
- Minimale und voreingestellte Größe beträgt &H300 bzw. 768 Bytes.
- $STACK 4096                  4096 Bytes (bzw. &H1000) Stack-Größe.
  PRINT FRE(-2)                zur Angabe des freien Stack-Platzes.

**$STATIC**
- Arrays wieder (da Standardeinstellung des Compilers) statisch erzeugen: Zur Übersetzungszeit ermittelt der Compiler den für den Array erforderlichen Speicherplatz, um dann die exakte Anzahl von Bytes zu reservieren.
- ERASE setzt die Arrayelemente auf 0 bzw. "" (Speicherplatz unverändert).

# 2

# Bedienung und Definitionen des Turbo Basic-Systems


| | | |
|---|---|---|
| 2.1 | Bedienung des Programmentwicklungssystems | 57 |
| 2.2 | Daten und Datentypen | 81 |
| 2.3 | Einfache und strukturierte Anweisungen | 89 |
| **2.4** | **Arbeiten in der MS-DOS-Ebene** | 113 |

## 2.4 Arbeiten in der MS-DOS-Ebene

### 1) Computer unter MS-DOS starten

**Betriebssystem MS-DOS von der Systemdiskette starten:** Man legt diese Diskette in das Laufwerk A und schaltet den Computer an. Am Bildschirm erscheint das Bereitschaftszeichen A>; MS-DOS steuert den PC.
**Betriebssystem MS-DOS von der Festplatte starten:** PC einschalten.

- Länge von **Dateinamen** bis zu 8 Zeichen (keine Umlaute bzw. ß).
- MS-DOS wandelt eingegebene Buchstaben in Großschreibung um.
- **Dateitypen** bis zu 3 Zeichen lang: z.B. BAS, TBC, DAT, INC, EXE.
- **Dateiname.Dateityp** zum Kennzeichnen einer Datei (z.B. Summ1.BAS).
- **EXE-, BAS- und TBC-Dateien für Turbo Basic:** TB.EXE enthält den Compiler, Editor und die Programmierumgebung von Turbo Basic. Summ1.BAS enthält den Basic-Quelltext, Summ1.EXE den ausführbaren Objektcode und SUMM1.TBC den Objektcode ohne Laufzeitbibliothek.

### 2) Turbo Basic starten und beenden

- Turbo Basic starten: TB eintippen. Das Sprachsystem wird von A: geladen; am Bildschirm erscheint das Hauptmenü von Turbo Basic.
- Turbo Basic beenden: Im File-Menü Quit wählen; Rückkehr zu DOS.

### 3) Interne MS-DOS-Befehle B:, DIR, COPY, ERASE, RENAME und TYPE

Im File-Menü OS shell wählen, um in die Betriebssystemebene zu gelangen. Dem Benutzer stehen nun die Befehle von MS-DOS zur Verfügung. Abschließend gelangt man durch den EXIT-Befehl wieder in die Turbo Basic-Ebene. Die internen DOS-Befehle sind immer im Internspeicher. Einige Befehle:

| | |
|---|---|
| - **B:** | schaltet B: als Diskettenlaufwerk ein. |
| - **A:** | aktiviert wieder Laufwerk A:. |
| - **DIR** | zeigt Inhaltsverzeichnis der Diskette. |
| - **DIR /W** | zeigt verkürztes Inhaltsverzeichnis. |
| - **DIR B:** | bezieht sich auf Laufwerk B:. |
| - **DIR B:*.BAS** | zeigt alle Dateien vom Dateityp BAS. |
| - **COPY A:Dat1 B:Dat1** | kopiert Datei Dat1 von A: nach B:. |
| - **COPY A:Dat1 B:** | wie oben (Quelle A:Dat1, Ziel B:Dat1). |
| - **COPY A:Dat1 B:D66** | kopiert und benennt Zieldatei in D66 um. |
| - **ERASE B:Summe.BAS** | löscht Summe.BAS von Diskette B:. |
| - **RENAME Dat1 Datneu** | benennt die Datei Dat1 in Datneu um. |
| - **TYPE Dat1** | zeigt den gesamten Inhalt von Dat1 an. |

### 4) Externe Befehle DISKCOPY und FORMAT

Externe Befehle werden beim Aufruf von der Systemdiskette in den RAM geladen (die Systemdiskette muß also im angegebenen Laufwerk einliegen):

| | |
|---|---|
| - **DISKCOPY A: B:** | kopiert Disketteninhalt von A: nach B:. |
| - **FORMAT B:** | formatiert Diskette in B: neu. |
| - **FORMAT B: /1** | wie oben, aber: einseitige Aufzeichnung. |

# 3

# Programmierkurs mit Turbo Basic – Grundkurs –

# 3

# Programmierkurs mit Turbo Basic – Grundkurs –


| | |
|---|---|
| **3.1 Lineare Programme (Folgestrukturen)** | 117 |
| 3.2 Verzweigende Programme (Auswahlstrukturen) | 129 |
| 3.3 Programme mit Schleifen (Wiederholungsstrukturen) | 145 |
| 3.4 Prozeduren und Funktionen (Unterprogrammstrukturen) | 161 |
| 3.5 String als strukturierter Datentyp (Textverarbeitung) | 181 |
| 3.6 Array als strukturierter Datentyp (Tabellenverarbeitung) | 199 |
| 3.7 File als strukturierter Datentyp (Dateiverarbeitung) | 219 |

### 3.1.1 Codierung und Ausführung zu einem Programm

**Problemstellung zu Programm Verbraul:**
Das Programm ermittelt den durchschnittlichen Benzinverbrauch für einen Pkw. Dabei wird ein leerer Tankinhalt von konstant 60 Litern angenommen.

**Codierung (Quelltext) zu Programm Verbraul über Befehl Edit bearbeiten:**
Unter einem Programm versteht man ganz allgemein eine Folge von Anweisungen. Sind diese Anweisungen computerverständlich in einer bestimmten Programmiersprache formuliert, spricht man von der Codierung. Die Basic-Codierung zu Programm Verbraul besteht aus einer Folge von sieben Anweisungen. Die Basic-Codierung - auch Basic-Text, Quelltext oder Source (engl. für Quelle) genannt - wird im Edit-Fenster bearbeitet.

```
' ====== Programm Verbraul
LET Tankinhalt = 60
PRINT "Gefahrene km"
INPUT Kilometer
LET Durchschnittsverbrauch = 100*Tankinhalt/Kilometer
PRINT Durchschnittsverbrauch; "Liter/100 km"
END
```

Codierung (Quelltext) zu Programm Verbraul mit sieben Anweisungen

**Ausführungen zu Programm Verbraul über Befehl Run vornehmen:**
Der von Turbo Basic im Hauptmenü bereitgestellte Befehl Run übernimmt zwei Aufgaben:

1. Angegebenen Quelltext zu Programm Verbraul suchen und (falls noch nicht geschehen) in Maschinensprache übersetzen bzw. compilieren. Im Hauptspeicher RAM steht jetzt neben dem Quelltext auch der ausführbare Objektcode (kurz Code genannt).
2. Objektcode zu Programm Verbraul ausführen.

Der einmal übersetzte Objektcode kann mehrmals ausgeführt werden. Bei jeder Ausführung ergeben sich - je nach den Eingabewerten - unterschiedliche Ergebnisse.
Die Programmausführung bezeichnet man auch als Programmlauf und Dialogprotokoll (Dialog zwischen Mensch (=Eingabe) und Computer (=Ausgabe)).

```
Gefahrene km
? 600
 10 Liter/100 km
```

```
Gefahrene km
? 600
 10 Liter/100 km
```

```
Gefahrene km
? 542
 11.07011032104492 Liter/100 km
```

**Unterstrichen = Eingabe des Benutzers**

Drei Ausführungen zu Programm Verbraul

**Objektcode eines Programmes ausführen:**

- Run übersetzt den Quelltext nur, wenn er zwischenzeitlich geändert wurde. Run aktiviert dabei den Compiler bzw. den Compile-Befehl.
- Formaler Fehler: Stellt der Compiler einen Fehler fest, wird automatisch wieder der Edit-Befehl aktiviert: unter Kontrolle des Editors können Sie den Quelltext bearbeiten.
- Laufzeitfehler: Tritt im Zuge der Ausführung ein Fehler auf, wird man vom System ebenfalls automatisch an den Editor verwiesen.
- Der Begriff des Programms bezieht sich auf den Quelltext (von Ihnen über den Befehl Edit bearbeitet) wie auch auf den Objektcode (vom Compiler über den Befehl R erzeugt). Da sich das Compilieren so rasch und benutzerfreundlich vollzieht, gehen wir auf diese Unterscheidung zunächst nicht mehr ein. Mit "Programm" und "Codierung" (ohne nähere Angabe) bezeichnen wir den Quelltext.

**' zur Ausgabe von Kommentar:**

- Nach ' angegebenen Kommentar bei Edit zeigen, nicht aber bei Run.

**PRINT zur Ausgabe von konstantem Text:**

- PRINT "Gefahrene km"
  Zwischen " " angegebenen Text am Bildschirm ausgeben.

**PRINT zur Ausgabe des Inhalts einer Variablen:**

- PRINT Durchschnittsverbrauch
  Inhalt der Variablen namens Durchschnittsverbrauch am Bildschirm ausgeben. Text, der nicht zwischen " " steht, wird vom System stets als Name aufgefaßt.

**INPUT zur Eingabe in eine Variable über die Tastatur:**

- INPUT Kilometer
  Auf eine Tastatureingabe warten und diese dann der Variablen namens Kilometer zuweisen, d.h. in Kilometer speichern.

**LET zur Wertzuweisung:**

- LET Tankinhalt = 60
  Konstante Zahl 60 in die Variable Tankinhalt zuweisen bzw. speichern.
- LET Durchschnittsverbrauch = 100*Tankinhalt/Kilometer
  Den Wert des rechts vom Zuweisungszeichen "=" angegebenen Ausdrucks berechnen und diesen dann der links von "=" stehenden Variablen zuweisen.

**END**

- END beendet die Programmausführung.

Fünf Anweisungstypen ', PRINT, INPUT, LET und END
in Programm Verbraul

**Abkürzungen vermeiden:** Das Anweisungswort LET kann man auch weglassen. Anstelle von PRINT kann man kurz ? schreiben. Im Hinblick auf einen einfach und gut lesbaren Programmtext sollte man diese Abkürzungen jedoch vermeiden.

### 3.1.2 Programm mit Vereinbarungsteil und Anweisungsteil

Das Programm Verbrau2 dient demselben Problem wie das Programm Verbrau1 (Abschnitt 3.1.1). Der Quelltext weicht wie folgt ab:
- Gliederung in einen Vereinbarungs- und einen Anweisungsteil.
- Integer-Konstante namens %Tankinhalt vereinbart.
- Anweisung CLS zum Löschen des Bildschirmes (CLear Screen für sauberer Bildschirm).
- Eingabeanweisung INPUT mit Textausgabe als Eingabeaufforderung.

```
' ====== Programm Verbrau2
' Benzinverbrauch je 100 km ermitteln

' ====== Vereinbarungsteil
' Kilometer:                Real einfachgenau
' Durchschnittsverbrauch: Real einfachgenau
  %Tankinhalt = 60

' ====== Anweisungsteil
CLS
INPUT "Gefahrene km"; Kilometer
LET Durchschnittsverbrauch = 100 * %Tankinhalt / Kilometer
PRINT Durchschnittsverbrauch; "Liter/100 km"
PRINT "Programmende Verbrau2."
END
```

```
Gefahrene km? 600
 10 Liter/100 km
Programmende Verbrau2.

Gefahrene km? 500
 12 Liter/100 km
Programmende Verbrau2.
```

Programm Verbrau2 mit Codierung (links) und Ausführung (rechts)

**Vereinbarungsteil:**
Hier werden alle Größen, mit denen im Programm später gearbeitet werden soll, genannt (man sagt auch: erklärt, definiert, deklariert).
- **Zwei Variablen** namens Kilometer und Durchschnittsverbrauch vom Datentyp "Real einfachgeneu" werden benötigt. Anstelle von Kilometer könnte man auch Kilometer! schreiben (Datentypkennzeichen "!" siehe Abschnitt 2.2). Diese Vereinbarung wird als Kommentar angegeben und dient der Lesbarkeit des Quelltextes.
- **Eine Konstante** namens %Tankinhalt erhält den festen Wert 60. In Turbo Basic können Integer-Konstanten vereinbart werden: %-Zeichen als erstes Zeichen des Konstantennamens; einmalige Wertzuweisung.

**Anweisungsteil:**
Im Anweisungsteil des Programms werden die Anweisungen angeschrieben, die zur Eingabe, Wertzuweisung, Ablaufsteuerung und Ausgabe geplant sind. Der Anweisungsteil folgt dem Vereinbarungsteil - nicht umgekehrt.

**Unterscheidung von Konstante und Variable:**
Variablen wie Konstanten kann man sich als Schachteln vorstellen mit Name, Datentyp und Inhalt.
Einer Variablen werden im Anweisungsteil Werte zugewiesen, ihr Inhalt ist variabel. Im Vereinbarungsteil nennt man nur den Namen und den zugehörigen Datentyp.

Eine Konstante hingegen weist während der Programmausführung immer unverändert den Wert auf, der im Vereinbarungsteil für sie deklariert worden ist. Man sagt auch: eine Konstante ist ein "Nur-Lese-Speicher" und eine Variable ein "Schreib-Lese-Speicher".

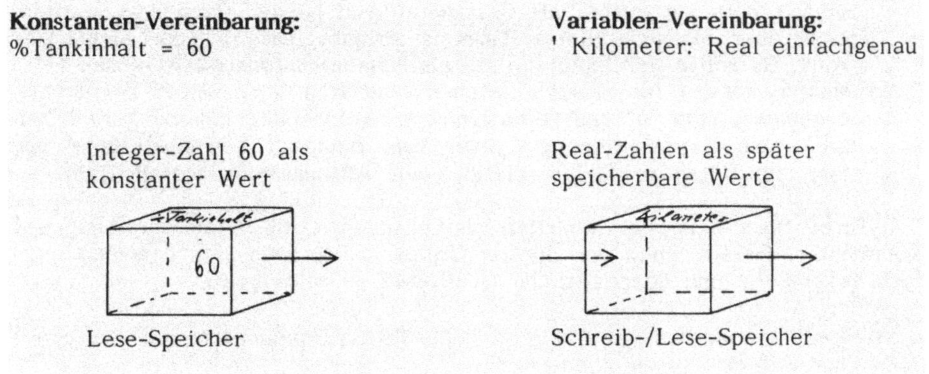


Daten als Konstanten und Variablen

Der Begriff ROM (Read Only Memory) entspricht der Konstanten, während der Begriff RAM (Random Access Memory) der Variablen zugeordnet werden kann.

### 3.1.3 Darstellung von Namen und reservierten Wörtern im Quelltext

**Dateiname:**
Zu unterscheiden sind der Dateiname und Namen als Bezeichner innerhalb des Quelltextes. Der Dateiname eines Basic-Programmes kann bis zu acht Zeichen lang sein. Der Quelltext wird von Turbo Basic mit dem Dateityp BAS und der auf Diskette übersetzte Code mit dem Dateityp EXE gekennzeichnet. Wegen der 8-Zeichen-Begrenzung wurde oben der Name Verbrau2 anstelle von z.B. Verbrauch2 gewählt.

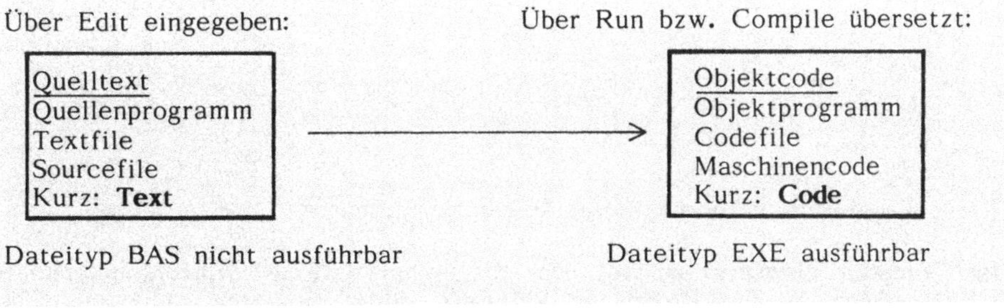


Basic-Programm mit Dateityp BAS bzw. EXE

Turbo Basic unterscheidet drei Arten von Symbolen: Einzelzeichen, reservierte Wörter und Namen bzw. Bezeichner:

- **Einzelzeichen** (wie der Operator "+") sind für bestimmte Operationen reserviert (siehe Abschnitt 2.2).
- **Reservierte Wörter** werden in Großschreibung angegeben (siehe Abschnitt 2.2). Sie dürfen als Bestandteil von Namen verwendet werden, nicht aber für sich alleine: DON ist erlaubt, DO hingegen nicht. Das Wort FN sollte der Benutzer nie als Namensbestandteil wählen.
- **Namen** können bis zu 255 Zeichen lang sein (mit einem Buchstaben beginnend; kein "ß" und keine Umlaute; keine Unterscheidung zwischen groß- und Kleinschreibung). Jeder vom Benutzer gewählte Name belegt vier Bytes an Speicherplatz: a wie AbschreibungsquoteProJahr.

Der Turbo Basic-Compiler ignoriert Einrückungen, Groß-/Kleinschreibung und Kommentar. Gerade auch aus diesem Grunde sollte man sich bemühen, einfach aufgebaute und übersichtliche Quelltexte zu schreiben.

1. Quelltext optisch in die drei Teile Programmname, Vereinbarungsteil und Anweisungsteil gliedern.
2. Ausreichende Kommentierung mittels ' vorsehen (Compiler ignoriert Kommentar, also keine spätere Verlangsamung).
3. Nur reservierte Wörter in Großschreibung angeben (RANDOMIZE ist reserviert, RandomZahl nicht).
4. Selbstdokumentierende aussagekräftige (Variablen-)Namen wählen (N sagt weniger aus als NeuesProdukt).
5. Einrücken um zwei Zeichen bei Daten- und Programmstrukturen (siehe dazu ab Abschnitt 3.2).
6. Sprachmöglichkeiten von Turbo Basic nutzen (%Steuersatz sagt mehr aus als 14).
7. Grundsätze der strukturierten Programmierung beachten (siehe Abschnitt 1).

Sieben Regeln zur Gestaltung gut lesbarer Basic-Programme

**Verbrau3 als schlechtes Beispiel:** Das Programm Verbrau3 zeigt einen Quelltext, der diesen Regeln widerspricht. Einserseits ist das Programm zwar fehlerfrei und wird vom Basic-Compiler anstandslos übersetzt. Andererseits ist der Text nicht gerade gut lesbar.

```
PRINT"Gefahrene km":INPUT K:D=100*60/K:PRINT"Liter/100 km":PRINT D:END
```

Programm Verbrau3 bietet keinen gut lesbaren Anweisungstext

**Der Compiler übersetzt schnell:** Das Programm Verbrau3 wird nicht schneller ausgeführt als das Programm Verbrau1. Also: Programmtext ausführlich und gut kommentiert formulieren.

### 3.1.4 Anweisungsfolge Eingabe – Verarbeitung – Ausgabe

**EVA-Prinzip:**
Jedes Programm läuft in der Folge Eingabe-Verarbeitung-Ausgabe ab, die auch als EVA-Prinzip bezeichnet wird. Im folgenden Programm Preis1 wird diese Schrittfolge durch die Anweisungsfolge INPUT-LET-PRINT verwirklicht.

```
' ====== Programm PREIS1
CLS
INPUT "Alter Preis? ", Preis
LET Preis = Preis - Preis*15/100
PRINT "Neuer Preis:"; Preis
END
```

```
Alter Preis? 200
Neuer Preis: 170

Alter Preis? 4925.65
Neuer Preis: 4186.80224609375
```

Codierung (links) und Ausführungen (rechts) zu Programm Preis1

**Eingabe durch die INPUT-Anweisung:**
Da eine Tastatureingabe ohne vorherige Eingabeaufforderung wenig sinnvoll ist, erlaubt die INPUT-Anweisung einen vorhergehenden Aufforderungstext (auch Prompt genannt). Die folgenden drei Anweisungen sind identisch (";" gibt ein Fragezeichen aus und "," unterdrückt es):

<table>
<tr><td colspan="2">INPUT "Alter Preis? ", Preis</td></tr>
<tr><td>PRINT "Alter Preis"<br>INPUT Preis</td><td>PRINT "Alter Preis? ";<br>INPUT ,Preis</td></tr>
</table>

**Wertzuweisung (Verarbeitung) durch die LET-Anweisung:**
Die LET-Anweisung in Programm Preis1 verdeutlicht den Unterschied zwischen dem Zuweisungszeichen "=" in Basic (weise von rechts nach links zu) und dem Gleichheitszeichen in der Mathematik (links gleich rechts).

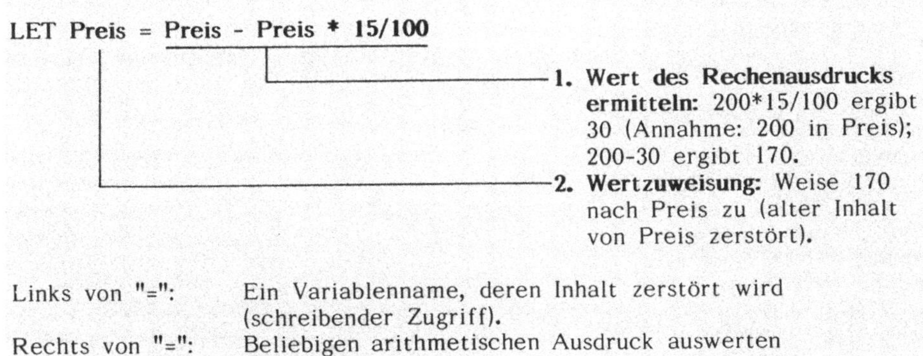


Wertzuweisung durch LET-Anweisung und Zuweisungsoperator "="

Entsprechend bewirkt die Anweisung

LET z = z + 1

eine Werterhöhung des aktuellen Inhalts von z um 1.

**Ausgabe durch die PRINT-Anweisung:**
Die Anweisung PRINT "Neuer Preis:";Preis zeigt, wie man konstanten Text und variable Werte nebeneinander ausgeben läßt.

- Das ";" trennt ohne Leerzeichen.
- Das "," würde bis zur nächsten TAB-Zone vorrücken (14 Spalten breit).
- PRINT Preis gibt den Inhalt der Variablen aus.
- PRINT "Preis" würde den konstanten Text "Preis" ausgeben.

| PRINT-Anweisung: | ... gibt am Bildschirm aus: |
|---|---|
| PRINT "Preis" | Preis |
| PRINT Preis | 170 (wenn 170 in Preis) |
| PRINT "Preis:";P | Preis: 170 |
| PRINT "Preis:"; P | Preis: 170 |
| PRINT "Preis: ";P | Preis:  170 |
| PRINT "Preis:";P | Preis:-99 (wenn -99 in Preis) |

PRINT-Anweisung zur Ausgabe an sechs Beispielen

**Formatierte Ausgabe durch die PRINT USING-Anweisung:**
Der neue Preis wird in Programm Preis1 in einer Länge von 16 Stellen ausgegeben. In Programm Preis2 wird die Anweisung PRINT USING eingesetzt, um die Ausgabe auf zwei Dezimalstellen zu runden. Auf PRINT USING wird in Abschnitt 3.5 genauer eingegangen.

```
' ====== Programm PREIS2
' Integer-Konstante. Typkennzeichen für Datentyp. Ausgabeformatierung.

' ====== Vereinbarungsteil
  %Preissenkung = 15
' Preis!: Real einfachgenau durch Typkennzeichen ! explizit angegeben

' ====== Anweisungsteil
CLS
INPUT "Alter Preis = ", Preis          'Komma unterdrückt Fragezeichen
LET Preis! = Preis! - Preis!*%Preissenkung/100
PRINT USING "Neuer Preis: ####.##"; Preis!
PRINT "Programmende Preis2."
END
```

```
Alter Preis = 200
Neuer Preis:  170.00
Programmende Preis2.
```

```
Alter Preis = 4925.65
Neuer Preis: 4186.80
Programmende Preis2.
```

Ausgabeformatierung über PRINT USING anhand Programm Preis2

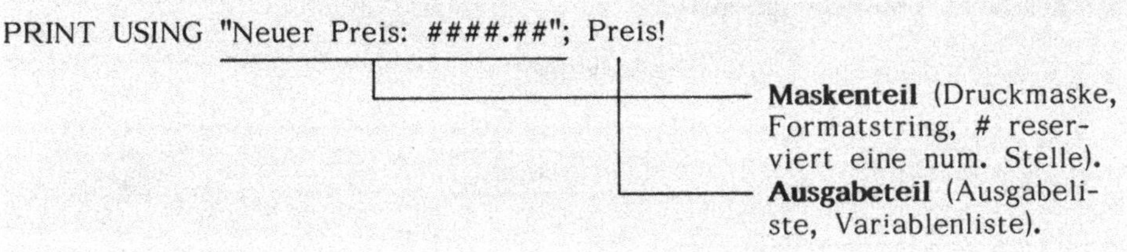


Elementare Formatierung einer numerischen Ausgabe

Die Druckmaske kann man auch einer Stringvariablen zuweisen:

```
LET Maske$ = "Neuer Preis: ####.##
PRINT USING Maske$; Preis!
```

### 3.1.5 Programmentwicklung in Schritten

Je umfangreicher ein Programm ist, desto sinnvoller erscheint ein geplantes und schrittweises Vorgehen. In Abschnitt 1.6 wurden dazu allgemein die folgenden Arbeitsschritte erläutert: 1. Problemstellung, 2. Programmentwurf mit Problemanalyse (Strukturbaum mit Teilproblemgliederung, A-E-V-Analyse) und Darstellungen des Algorithmus (Schrittplan, Datenflußplan, PAP, Struktogramm, Entwurfsprache), 3. Programmierung im engeren Sinne mit Codierung, Eingabe, Übersetzung (Compilation) und Programmtest, 4. Dokumentation und 5. Anwendung. "Allgemein" heißt, daß diese Schrittfolge auch zur Entwicklung komplexer Programmpakete geeignet ist. Für die in diesem Buch angeführten kleinen Demonstrationsprogramme genügt eine vereinfachte Arbeitsschrittfolge:

**1.** Problemstellung
**2.** Problemanalyse (Strukturbaum, Variablenliste)
**3.** Entwicklung und Darstellung des Algorithmus:
- grafisch als Struktogramm
- verbal als Pseudocode (Entwurf)

**4.** Codierung (Quelltext) in Basic
**5.** Anwendung: Eingabe, Übersetzung und Ausführung
**6.** Dokumentation

Sechs Arbeitsschritte zur Programmentwicklung

Am Beispiel des - wiederum linearen - Programmes Kalkulat werden einige dieser Arbeitsschritte dargestellt.

**Problemstellung zu Programm Kalkulat:**
Es ist ein Dialogprogramm zu erstellen, das ausgehend vom Einstandspreis den Nettoverkaufspreis und den Zuschlagsatz kalkuliert.

**Strukturbaum (Aufgabengliederung) zu Programm Kalkulat:**

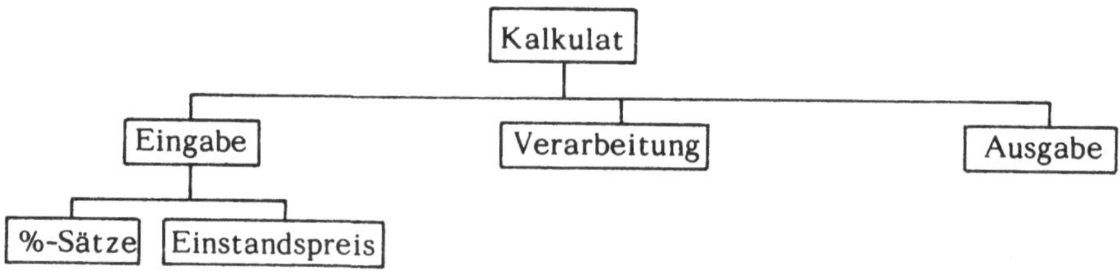


**Variablenliste als Teil der Problemanalyse zu Programm Kalkulat:**
Die Problemanalyse bildet den Schwerpunkt der Programmentwicklung. Bei kleineren Programmen lassen sich die Ergebnisse der Problemanalyse in Form einer Variablenliste darstellen, in die auch die Rechenvorschriften (Formeln) eingetragen werden können.

**Ausgabedaten (Resultate):**

| | |
|---|---|
| - Net | Nettoverkaufspreis in DM |
| - Kalk | Kalkulationszuschlag in % |

**Eingabedaten (von der Tastatur):**

| | |
|---|---|
| - P1 | Gemeinkostenzuschlag in % (von Hundert) |
| - P2 | Gewinnzuschlag in % (von Hundert) |
| - P3 | Skontosatz in % (im Hundert) |
| - P4 | Rabattsatz in % (im Hundert) |
| - Einst | Einstandspreis in DM |

**Verarbeitung (Formeln):**

| | |
|---|---|
| - Gemeinkosten | Gemein = Einst*P1/100 |
| - Selbstkosten | Selbst = Einst+Gemein |
| - Gewinnspanne | Spanne = Selbst*P2/100 |
| - Barverkaufspreis | Bar = Selbst+Spanne |
| - Skontobetrag | Sko = Bar*P3/(100-P3) |
| - Zielverkaufspreis | Ziel = Bar+Sko |
| - Rabattbetrag | Rab = Ziel*P4/(100-P4) |
| - Nettoverkaufspreis | Net = Ziel+Rab |
| - Kalkulationszuschlag | Kalk = (Net-Einst)*100/Einst |

Variablenliste zu Programm Kalkulat

**Ausführung zu Programm Kalkulat:**

```
Gemeinkosten in % von Hundert  ? 23
Gewinnzuschlag in % von Hundert? 14
Skonto in % im Hundert         ? 2
Rabatt in % im Hundert         ? 25
Einstandspreis in DM           ? 100
Vorwärtskalkulation durchgeführt:
Nettoverkaufspreis:      190.78  DM
Kalkulationszuschlag:     90.776 %
Programmende Kalkulat.
```

**Struktogramm zu Kalkulat (Kurzform):**

| |
|---|
| Eingabe: Prozentsätze<br>Eingabe: Einstandspreis |
| Berechnung: DM-Beträge |
| Ausgabe: Ergebnisse Net, Kalk |

**Codierung (Quelltext) zu Programm Kalkulat:**

```
' ====== Programm KALKULAT
' Warenkalkulation durchführen: Vom Einstands- zum Nettoverkaufspreis

' ====== Vereinbarungsteil
' P1,P2,P3,P4:  Zuschlagsätze in Prozent
' Einst, Gemein, Selbst, Gewinn, Bar, Sko, Ziel, Rab, Net: DM-Beträge
' Kalk:         Kalkulationszuschlag in Prozent

' ====== Anweisungsteil
CLS
INPUT "Gemeinkosten in % von Hundert  "; P1    'Eingabeteil (Tastatur)
INPUT "Gewinnzuschlag in % von Hundert"; P2
INPUT "Skonto in % im Hundert         "; P3
INPUT "Rabatt in % im Hundert         "; P4
INPUT "Einstandspreis in DM           "; Einst

LET Gemein=Einst*P1/100                        'Verarbeitungsteil
LET Selbst=Einst+Gemein
LET Spanne=Selbst*P2/100
LET Bar=Selbst+Spanne
LET Sko=Bar*P3/(100-P3)
LET Ziel=Bar+Sko
LET Rab=Ziel*P4/(100-P4)
LET Net=Ziel+Rab
LET Kalk=(Net-Einst)*100/Einst

PRINT "Vorwärtskalkulation durchgeführt:"      'Ausgabeteil
PRINT USING "Nettoverkaufspreis:   #####.##  DM"; Net
PRINT USING "Kalkulationszuschlag:   ###.### %"; Kalk
PRINT "Programmende Kalkulat."
END
```

# 3

# Programmierkurs mit Turbo Basic – Grundkurs –


| | |
|---|---|
| 3.1 Lineare Programme (Folgestrukturen) | 117 |
| **3.2 Verzweigende Programme (Auswahlstrukturen)** | 129 |
| 3.3 Programme mit Schleifen (Wiederholungsstrukturen) | 145 |
| 3.4 Prozeduren und Funktionen (Unterprogrammstrukturen) | 161 |
| 3.5 String als strukturierter Datentyp (Textverarbeitung) | 181 |
| 3.6 Array als strukturierter Datentyp (Tabellenverarbeitung) | 199 |
| 3.7 File als strukturierter Datentyp (Dateiverarbeitung) | 219 |

### 3.2.1 Zweiseitige Auswahl

Programmabläufe, die nach vorwärts verzweigen, werden als Auswahlstrukturen bezeichnet. Je nach Anzahl der ausgewählten Fälle sind zu unterscheiden:

- Zweiseitige Auswahl
- Einseitige Auswahl als Sonderfall der zweiseitigen Auswahl (ein Zweig ist leer)
- Mehrseitige Auswahl als Sonderfall der zweiseitigen Auswahl (Schachtelung)
- Mehrseitige Auswahl als Fallabfrage

Zur Kontrolle der zweiseitigen Auswahl stellt Turbo Basic die Sprachmittel IF-END IF (blockorientiertes IF) und IF-THEN-ELSE (zeilenorientiertes IF) zur Verfügung.

#### 3.2.1.1 Kontrolle mit blockorientierter Anweisung IF-END IF

**Problemstellung zu Programm SkontoZ1:**
Erwarte den Rechnungsbetrag (Betrag) und die Tage als Tastatureingabe und ermittle daraus den Skonto. Dabei gelten folgende Zahlungsbedingungen: Bei Zahlung nach acht Tagen wird 1.5 % Skontoabzug gewährt, sonst aber 4 %.

**Zweiseitige Auswahl in Pseudocode (algorithmischer Entwurf):**
```
Wenn Tage größer als 8
  dann 1.5 % Skonto
  sonst 4 % Skonto
```

**Zweiseitige Auswahl als Basic-Beispiel in Programm SkontoZ1:**
```
IF Tage>8 THEN
  LET Prozentsatz = 1.5
ELSE
  LET Prozentsatz = 4
END IF
```

**Zweiseitige Auswahl in Turbo Basic mit IF-END IF allgemein:**
```
IF Bedingung THEN
  Anweisung(en)
ELSE
  Anweisung(en)
END IF
```

Zweiseitige Auswahlstruktur mit blockorientiertem IF-END IF

**Blockanweisung:** Zwischen IF und ELSE wie auch zwischen ELSE und END IF können beliebig viele Anweisungen stehen.

**Basic-Quelltext zu Programm SkontoZ1:**

```
' ====== Programm SkontoZ1
' Zweiseitige Auswahlstruktur. Blockorientiertes IF-END IF.

' ====== Vereinbarungsteil
' Betrag, Tage, Skonto: Real einfachgenau

' ====== Anweisungsteil
CLS
INPUT "Rechnungsbetrag in DM"; Betrag
INPUT "Tage nach Erhalt     "; Tage
IF Tage > 8 THEN
  LET Prozentsatz = 1.5
ELSE
  LET Prozentsatz = 4
END IF
LET Skonto = Betrag * Prozentsatz / 100
LET Betrag = Betrag - Skonto
PRINT USING "Skontoabzug in DM #####.##"; Skonto
PRINT USING "Zu zahlen sind DM #####.##"; Betrag
PRINT "Programmende SkontoZ1."
END
```

**Zwei Ausführungsbeispiele zu Programm SkontoZ1:**

```
Rechnungsbetrag in DM? 200
Tage nach Erhalt     ? 14
Skontoabzug in DM      3.00
Zu zahlen sind DM    197.00
Programmende SkontoZ1.
```

```
Rechnungsbetrag in DM? 200
Tage nach Erhalt     ? 3
Skontoabzug in DM      8.00
Zu zahlen sind DM    192.00
Programmende SkontoZ1.
```

**Struktogramm zu Programm SkontoZ1:**

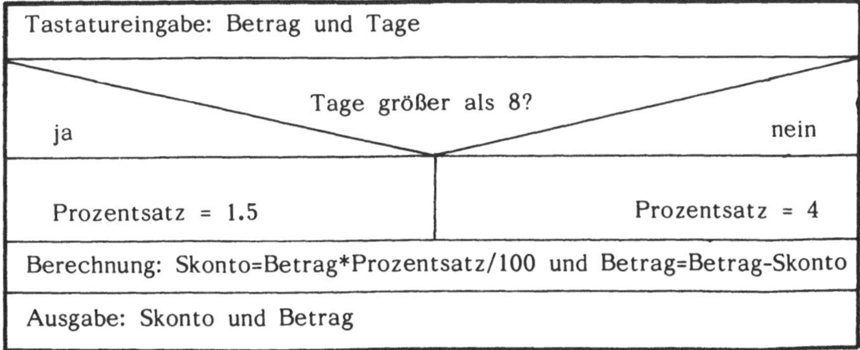

Das Programm SkontoZ3 unterscheidet sich in zwei Punkten vom Programm SkontoZ1:

- Integer-Konstanten %SkontosatzGross und %SkontoTagesGrenze. Die Verwendung benannter Konstanten vereinfacht das Programm hinsichtlich der späteren Änderbarkeit (Problem: %-Satz ändert sich).
- Jeweils zwei Anweisungen im THEN-Teil und im ELSE-Teil. Die blockorientierte Anweisung IF-END IF erlaubt beliebig lange Anweisungsfolgen (keine Zeilenbegrenzung o.ä.).

**Codierung bzw. Basic-Quelltext zu Programm SkontoZ3:**

```
' ====== Programm SkontoZ3
' Zweiseitige Auswahl. Blockorientiertes IF-END IF. Integer-Konstanten

' ====== Vereinbarungsteil
' Betrag, Tage, Skonto: Real einfachgenau
  %SkontosatzGross = 4
  %SkontoTagesGrenze = 8

' ====== Anweisungsteil
CLS
INPUT "Rechnungsbetrag in DM"; Betrag
INPUT "Tage nach Erhalt     "; Tage
IF Tage > %SkontoTagesGrenze THEN
  LET Prozentsatz = 1.5
  PRINT "1.5% Abzug, da Zahlungseingang erst nach 8 Tagen."
ELSE
  LET Prozentsatz = %SkontosatzGross
  PRINT "Sie erhalten "; %SkontosatzGross; "% Skonto als Belohnung."
END IF
LET Skonto = Betrag * Prozentsatz / 100
LET Betrag = Betrag - Skonto
PRINT USING "Skonto #####.## DM und Zahlung #####.## DM"; Skonto,Betrag
PRINT "Programmende SkontoZ3."
END
```

### 3.2.1.2 Kontrolle mit zeilenorientierter Anweisung IF-THEN-ELSE

**Problemstellung zu Programm SkontoZ2:**
Übereinstimmend zu Programm SkontoZ1 und SkontoZ3 (Abschnitt 3.2.1.1). Anstelle der blockorientierten Anweisung IF-END IF wird jedoch die zeilenorientierte Anweisung IF-THEN-ELSE verwendet.

**Zeilenorientierte Anweisung IF-THEN-ELSE:**

- Die Anweisung (einschließlich THEN, ELSE mit allen Anweisungen) muß in einer Zeile stehen. Den Zeilenvorschub erkennt der Compiler als Anweisungsende.
- Der Unterstrich "_" verlängert die logische Zeile und gestattet ein strukturiertendes Einrücken z.B. von:
  IF Tage>8 THEN LET Prozentsatz=1.5 ELSE LET Prozentsatz=8
- IF-THEN-ELSE sollte nur bei "kurzen" Auswahlstrukturen verwendet werden. IF-END IF (vgl. Abschnitt 3.2.1.1) ist weitaus flexibler.

**Zweiseitige Auswahl in Pseudocode (algorithmischer Entwurf):**

```
Wenn Tage größer als 8
  dann 1.5 % Skonto
  sonst 4 % Skonto
```

**Zweiseitige Auswahl als Basic-Beispiel in Programm SkontoZ2:**

```
IF Tage>8 _
  THEN LET Prozentsatz = 1.5 _
  ELSE LET Prozentsatz = 4
```

**Zweiseitige Auswahl in Turbo Basic mit IF-THEN-ELSE allgemein:**

```
IF Bedingung _
  THEN Anweisung(en) _
  ELSE Anweisung(en)
```

Zweiseitige Auswahlstruktur mit zeilenorientiertem IF-THEN-ELSE

**Basic-Quelltext zu Programm SkontoZ2:**

```
' ====== Programm SkontoZ2
' Zweiseitige Auswahlstruktur. Zeilenorientiertes IF-THEN-ELSE.

' ====== Vereinbarungsteil
' Betrag, Tage, Skonto: Real einfachgenau

' ====== Anweisungsteil
CLS
INPUT "Rechnungsbetrag in DM"; Betrag
INPUT "Tage nach Erhalt     "; Tage
IF Tage > 8 _                           '_ setzt logische Zeile fort
  THEN LET Prozentsatz = 1.5 _
  ELSE LET Prozentsatz = 4
LET Skonto = Betrag * Prozentsatz / 100
LET Betrag = Betrag - Skonto
PRINT USING "Skontoabzug in DM #####.##"; Skonto
PRINT USING "Zu zahlen sind DM #####.##"; Betrag
PRINT "Programmende SkontoZ2."
END
```

### 3.2.2 Einseitige Auswahl

#### 3.2.2.1 Kontrolle mit blockorientierter Anweisung IF-END IF

Die einseitige Auswahl(-struktur)

**"Wenn ..., dann tue dies, sonst aber tue nichts"**

kann als Sonderfall der zweiseitigen Auswahl

**"Wenn ..., dann tue dies, sonst tue etwas anderes"**

aufgefaßt werden. Zur Demonstration betrachten wir das folgende Programm SkontoE1:

- Die Problemstellungen sowie Ausführungen der Programme SkontoE1 (einseitige Auswahl) und SkontoZ1 (zweiseitige Auswahl, Abschnitt 3.2.1.1) stimmen überein, die Codierungen hingegen nicht.
- Trick in Programm SkontoE1: Prozentsatz auf 4% setzen (Prozentsatz=4) und nur im Falle von "Tage größer 8?" um 2.5 auf 1.5% vermindern (LET Prozentsatz=Prozentsatz-2.5).

**Codierung bzw. Basic-Quelltext zu Programm SkontoE1:**

```
' ====== Programm SkontoE1
' Einseitige Auswahlstruktur. Blockorientiertes IF-END IF.

' ====== Vereinbarungsteil
' Betrag, Tage, Skonto: Real einfachgenau

' ====== Anweisungsteil
CLS
INPUT "Rechnungsbetrag in DM"; Betrag
INPUT "Tage nach Erhalt     "; Tage
Prozentsatz = 4
IF Tage > 8 THEN
  LET Prozentsatz = Prozentsatz - 2.5
END IF
LET Skonto = Betrag * Prozentsatz / 100
LET Betrag = Betrag - Skonto
PRINT USING "Skontoabzug in DM #####.##"; Skonto
PRINT USING "Zu zahlen sind DM #####.##"; Betrag
PRINT "Programmende SkontoE1."
END
```

**Struktogramm zu Programm SkontoE1:**

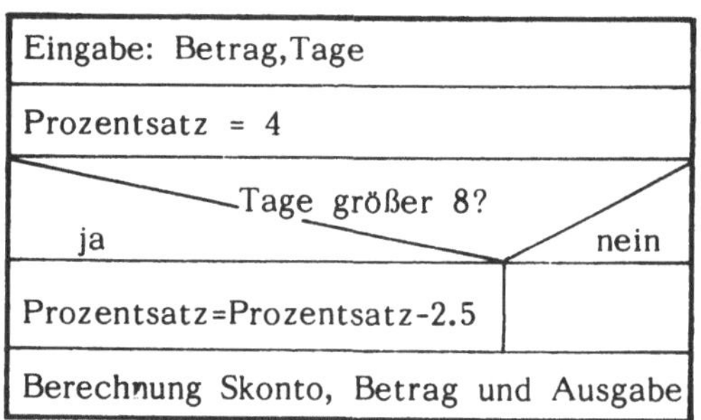


**Ausführungsbeispiel:**

```
Rechnungsbetrag in DM? 200
Tage nach Erhalt     ? 3
Skontoabzug in DM      8.00
Zu zahlen sind DM    192.00
Programmende SkontoE1.
```

**Einseitige Auswahl in Pseudocode (algorithmischer Entwurf):**
Wenn Tage größer als 8
  dann Prozentsatz um 2.5% vermindern
  sonst nichts tun (Leeranweisung)

**Einseitige Auswahl als Basic-Beispiel in Programm SkontoE1:**
```
IF Tage>8 THEN
  LET Prozentsatz = Prozentsatz - 2.5
END IF
```

**Einseitige Auswahl in Turbo Basic mit IF-END IF allgemein:**
```
IF Bedingung THEN
  Anweisung(en)
END IF
```

Einseitige Auswahlstruktur mit blockorientiertem IF-END IF

### 3.2.2.2 Kontrolle mit zeilenorientierter Anweisung IF-END IF

In Programm SkontoE2 wird anstelle der blockorientierten Anweisung IF-END IF die zeilenorientierte Anweisung IF-THEN verwendet.

**Basic-Quelltext zu Programm SkontoE2:**

```
' ====== Programm SkontoE2
' Einseitige Auswahlstruktur. Zeilenorientiertes IF-THEN.

' ====== Vereinbarungsteil
' Betrag, Tage, Skonto: Real einfachgenau

' ====== Anweisungsteil
CLS
INPUT "Rechnungsbetrag in DM"; Betrag
INPUT "Tage nach Erhalt     "; Tage
Prozentsatz = 4
IF Tage > 8 THEN LET Prozentsatz = Prozentsatz - 2.5
LET Skonto = Betrag * Prozentsatz / 100
LET Betrag = Betrag - Skonto
PRINT USING "Skontoabzug in DM #####.##"; Skonto
PRINT USING "Zu zahlen sind DM #####.##"; Betrag
PRINT "Programmende SkontoE2."
END
```

Bei der zeilenorientierten IF-THEN-Anweisung können hinter THEN nur so viele Anweisungen geschrieben werden, bis die Bildschirmbreite des Editors erreicht ist. Zudem müssen die Anweisungen durch ":" getrennt und die Zeile durch "_" jeweils 'logisch verlängert' werden.

IF-THEN vorteilhaft bei Auswahl von nur einer Anweisung.
IF END IF vorteilhaft bei Auswahl von mehreren Anweisungen.

| **3 Anweisungen im Block:** | **3 Anweisungen in der Zeile:** |
|---|---|
| `IF Eingabe$="ja" THEN`<br>`  PRINT "Heute ";`<br>`  PRINT "regnet ";`<br>`  PRINT "es."`<br>`END IF` | `IF Eingabe$="ja" THEN _`<br>`  PRINT "Heute "; : _`<br>`  PRINT "regnet "; : _`<br>`  PRINT "es."` |

Einseitige Auswahl von drei Anweisungen
mit IF-END IF blockorientiert und mit IF-THEN zeilenorientiert

### 3.2.3 Mehrseitige Auswahl

#### 3.2.3.1 Kontrolle mit blockorientierter Anweisung IF-END IF

Bei der mehrseitigen Auswahl(-struktur) werden mehr als zwei Fälle unterschieden. In Programm SkontoM1 sind es vier Fälle:

| bis 3 Tage | 4 - 8 Tage | 9 - 20 Tage | ab 21 Tage |
|---|---|---|---|
| 6% Skonto | 4% Skonto | 1.5% Skonto | kein Skonto |

**Struktogramm zu Programm SkontoM1 in Kurzform:**

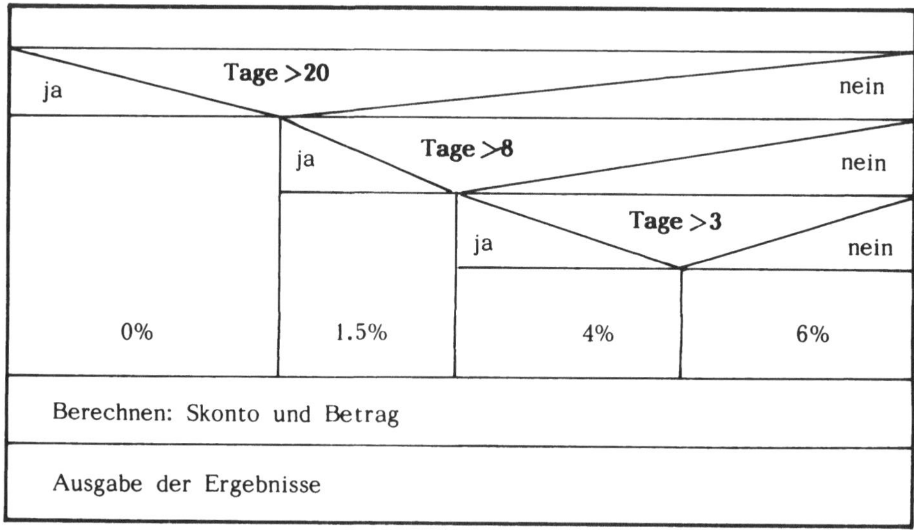

**Codierung zu Programm SkontoM1:**

```
' ====== Programm SkontoM1
' Mehrseitige Auswahlstruktur. Blockorientiertes IF-END IF.

' ====== Vereinbarungsteil
' Betrag, Tage, Prozentsatz, Skonto: Real einfachgenau

' ====== Anweisungsteil
CLS
INPUT "Rechnungsbetrag in DM"; Betrag
INPUT "Tage nach Erhalt     "; Tage
IF Tage > 20 THEN
  LET Prozentsatz = 0
ELSEIF Tage > 8 THEN
  LET Prozentsatz = 1.5
ELSEIF Tage > 3 THEN
  LET Prozentsatz = 4
ELSE
  LET Prozentsatz = 6
END IF
LET Skonto = Betrag * Prozentsatz / 100
LET Betrag = Betrag - Skonto
PRINT USING "Skontoabzug in DM #####.##"; Skonto
PRINT USING "Zu zahlen sind DM #####.##"; Betrag
PRINT "Programmende SkontoM1."
END
```

**Mehrseitige Auswahl als Basic-Beispiel in Programm SkontoM1:**

```
IF Tage>20 THEN
  LET Prozentsatz = 0
ELSEIF Tage>8 THEN
  LET Prozentsatz = 1.5
ELSEIF Tage>3 THEN
  LET Prozentsatz = 4
ELSE
  LET Prozentsatz = 6
END IF
```

**Mehrseitige Auswahl in Turbo Basic mit IF-END IF allgemein:**

```
IF Bedingung 1 THEN
  Anweisung(en)
ELSEIF Bedingung 2 THEN
  Anweisung(en)
...                                   beliebig viele ELSEIFs
ELSEIF Bedingung n THEN
  Anweisung(en)
ELSE                                  ELSE kann entfallen
  Anweisung(en) für "Restfall"
END IF
```

Mehrseitige Auswahlstruktur mit blockorientiertem IF-END IF

Struktogramm und Basic-Quelltext zeigen eine geschachtelte Anordnung von zweiseitigen Auswahlen. Wie die einseitige Auswahl kann man also auch die mehrseitige Auswahl als Sonderfall der zweiseitigen Auswahl auffassen.

**Ausführungen zu Programm SkontoM1:**

```
Rechnungsbetrag in DM? 2000
Tage nach Erhalt      ? 3
Skontoabzug in DM   120.00
Zu zahlen sind DM  1880.00
Programmende SkontoM1.
```

```
Rechnungsbetrag in DM? 2000
Tage nach Erhalt      ? 20
Skontoabzug in DM    30.00
Zu zahlen sind DM  1970.00
Programmende SkontoM1.
```

### 3.2.3.2 Kontrolle mit zeilenorientierter Anweisung IF-THEN-ELSE

Das folgende Programm SkontoM2 löst dasselbe Problem wie das Programm SkontoM1 von Abschnitt 3.2.3.1. Die Ausführungen sind identisch, die Codierungen hingegen unterscheiden sich. Zur Kontrolle der mehrseitigen Auswahl wird in Programm SkontoM2 anstelle von IF-END IF die zeilenorientierte Anweisung IF-THEN-ELSE verwendet. Der Basic-Quelltext zeigt, daß man alle eingeschachtelten IFs durch Unterstriche "_" in eine logische Zeile bringen muß.

**Basic-Quelltext zu Programm SkontoM2:**

```
' ====== Programm SkontoM2
' Mehrseitige Auswahlstruktur. Zeilenorientiertes IF-THEN-ELSE.

' ====== Vereinbarungsteil
' Betrag, Tage, Prozentsatz, Skonto: Real einfachgenau

' ====== Anweisungsteil
CLS
INPUT "Rechnungsbetrag in DM"; Betrag
INPUT "Tage nach Erhalt     "; Tage
IF Tage > 20 _
  THEN LET Prozentsatz = 0 _
  ELSE IF Tage > 8 _
         THEN LET Prozentsatz = 1.5 _
         ELSE IF Tage > 3 _
                THEN LET Prozentsatz = 4 _
                ELSE LET Prozentsatz = 6
LET Skonto = Betrag * Prozentsatz / 100
LET Betrag = Betrag - Skonto
PRINT USING "Skontoabzug in DM #####.##"; Skonto
PRINT USING "Zu zahlen sind DM #####.##"; Betrag
PRINT "Programmende SkontoM2."
```

### 3.2.3.3 Stringvergleich zur Auswahl

**String als Datentyp:** Das folgende Programm namens DreiFall erwartet zwei Worteingaben und meldet, ob das erste Wort gleich, kleiner oder größer als das zweite Wort ist. Die Texteingaben werden den Variablen Wort1$ und Wort2$ zugewiesen. Das Dollarzeichen "$" am Ende des Variablennamens kennzeichnet den Datentyp String. Strings, Text, Zeichenketten bzw. Zeichendaten werden zwischen Gänsefüßchen geschrieben.

**Basic-Quelltext zu Programm DreiFall:**

```
' ====== Programm DreiFall
' Mehrseitige Auswahl. Stringvergleich. Blockorientiertes IF-END IF.

' ====== Vereinbarungsteil
' Wort1$, Wort2$ : Variablen vom Datentyp String

' ====== Anweisungsteil
CLS
INPUT "Zwei Worte"; Wort1$,Wort2$
IF Wort1$ = Wort2$ THEN
  PRINT Wort1$;" ist gleich ";Wort2$
ELSEIF Wort1$ < Wort2$ THEN
  PRINT Wort1$;" kommt vor ";Wort2$
ELSE
  PRINT Wort1$;" kommt nach ";Wort2$
END IF
PRINT "Programmende DreiFall."
END
```

**Ausführungsbeispiele zu Programm DreiFall:**

```
Zwei Worte? 12%, Hundert
12% kommt vor Hundert
Programmende DreiFall.
```

```
Zwei Worte? Preis, DM-Betrag
Preis kommt nach DM-Betrag
Programmende DreiFall.
```

**Stringvergleich:** In den IF-Anweisungen von Programm DreiFall findet kein numerischer Vergleich, sondern ein Stringvergleich statt. Dabei sind alle Vergleichsoperatoren erlaubt. Das Ergebnis eines Vergleichs ist FALSE bzw. unwahr (in Basic: Wert null) oder TRUE bzw. wahr (in Basic: Wert -1 oder irgendein Wert ungleich null).

| Numerischer Vergleich: | Stringvergleich: |
|---|---|
| IF Tage<20 THEN ... | IF Eingabe$="ja" THEN ... |
| IF 22.5 > R5 THEN ... | IF "M"<Buchst$ THEN ... |
| IF Betrag=Summe THEN ... | IF ErsterSatz>ZweiterSatz THEN ... |

IF-Anweisungen mit numerischem Vergleich und Stringvergleich

**Sortierfolge von Zeichen gemäß ASCII-Code:** Wie kann das System feststellen, daß z.B. der String "Preis" größer (im Sinne von im Alphabet weiter hinten stehend) ist als der String "DM-Betrag"?

- Alle Zeichen (Ziffern, Buchstaben und Sonderzeichen) werden im ASCII dargestellt (American Standard Code for Information Integerchange). Jedes Zeichen erhält eine Code- bzw. Ordnungsnummer: zum Beispiel 80 für "P" und 68 für "D".
- Der ASCII-Code ist im Anhang wiedergegeben.
- Basic vergleicht zwei Strings Zeichen für Zeichen solange, bis ungleiche Codenummern festgestellt werden.

### 3.2.3.4 Fallabfrage mit Anweisung SELECT-END SELECT

**Fallabfrage:** Zur vereinfachten Kontrolle der mehrseitigen Auswahlstruktur bietet Basic die Fallabfrage (auch Fallunterscheidung genannt) mit der strukturierten Anweisung SELECT-END SELECT an:

- Bei SELECT können beliebig viele Fälle mit CASE unterschieden werden. Der Restfall END CASE ist optional.
- Im Struktogramm wird die Fallabfrage durch einen 'Schrägstrich' im Strukturblock dargestellt.

**Basic-Quelltext und Ausführungsbeispiel zu Programm Mwst1:**

```
' ====== Programm Mwstl
' Bruttobetrag inklusive Mehrwertsteuer. Fallabfrage.

' ====== Vereinbarungsteil
' Netto, Mwst, Brutto:  Real einfachgenau fuer jeweiligen DM-Betrag
' Wahl%:                Integer als Hilfsvariable zur Auswahl

' ====== Anweisungsteil
CLS
INPUT "Welcher Nettobetrag"; Netto
PRINT "Ohne  MWST         1"
PRINT "Volle MWST         2"
PRINT "Halbe MWST         3"
INPUT "Wahl 1, 2 oder 3"; Wahl%
SELECT CASE Wahl%
  CASE 1
    LET Mwst = 1
  CASE 2
    LET Mwst = 1.14
  CASE 3
    LET Mwst = 1.07
  CASE ELSE
    PRINT "Eingabefehler."
END SELECT
LET Brutto = Netto*Mwst
PRINT USING "Bruttobetrag #####.## DM.";Brutto
PRINT "Programmende Mwstl."
END
```

```
Welcher Nettobetrag? 1500
Ohne  MWST         1
Volle MWST         2
Halbe MWST         3
Wahl 1, 2 oder 3? 2
Bruttobetrag  1710.00 DM
Programmende Mwstl.
```

**Problemstellung zu Programm Mwst1:** Für einen beliebigen Nettobetrag ist der Bruttobetrag einschließlich der Mehrwertsteuer zu berechnen. Dabei ist einer von drei möglichen MwSt-Sätzen auszuwählen oder ein Eingabefehler abzuweisen.

**Fallabfrage in Pseudocode (algorithmischer Entwurf):**

```
Falls Menüauswahl als Zahl
  Fall 1
    Steuerfaktor 1
  Fall 2
    Steuerfaktor 1.14
  Fall 3
    Steuerfaktor 1.07
  Restfall
    Ausgabe eines Fehlerhinweises
Ende-falls
```

**Fallabfrage als Basic-Beispiel in Programm Mwst1:**

```
SELECT CASE Wahl%
  CASE 1
    LET Mwst = 1
  CASE 2
    LET Mwst = 1.14
  CASE 3
    LET Mwst = 1.07
  CASE ELSE
    PRINT "Eingabefehler"
END SELECT
```

**Fallabfrage in Turbo Basic mit SELECT-END SELECT allgemein:**

```
SELECT CASE Ausdruck
  CASE Prüfungen 1
    Anweisung(en)
    EXIT SELECT    - - - - - - - - - EXIT optional
  CASE ...                           Beliebig viele Fälle
  ...
  CASE Prüfungen n
    Anweisung(en)
  CASE ELSE        - - - - - - - - - Restfall optional
    Anweisung(en)
END SELECT
```

Fallabfrage (Fallunterscheidung) mit SELECT-END SELECT

**Strukturbaum zur Aufgabengliederung von Programm Mwst1:**

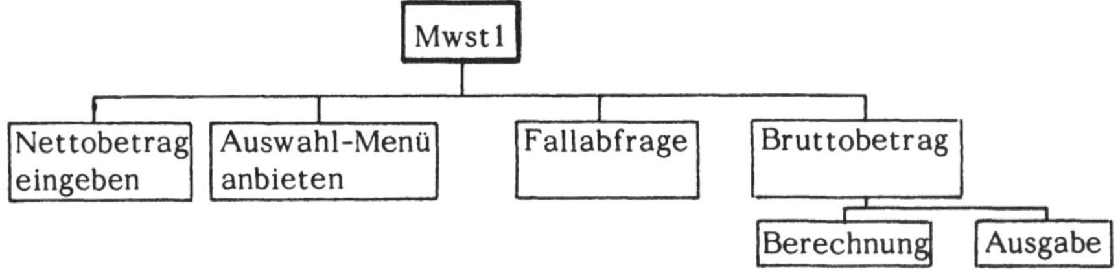

**Struktogramm zu Programm Mwst1:**

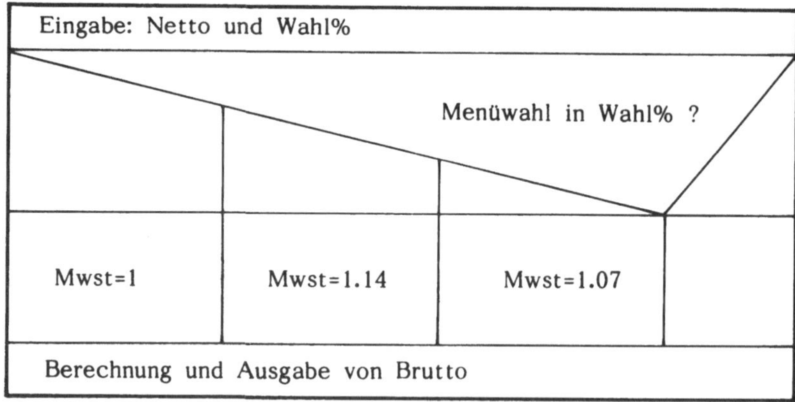


**Basic-Quelltext zu Programm Mwst2:**

```
' ====== Programm Mwst2
' Bruttobetrag incl. Mehrwertsteuer. Fallabfrage mit Fehlerkontrolle.

' ====== Vereinbarungsteil
' Netto, Mwst, Brutto: Real einfachgenau fuer jeweiligen DM-Betrag
' Wahl:                Real einfachgenau zwecks Fehlerkontrolle

' ====== Anweisungsteil
CLS
INPUT "Welcher Nettobetrag"; Netto
PRINT "Ohne  MWST         1"
PRINT "Volle MWST         2"
PRINT "Halbe MWST         3"
INPUT "Wahl 1, 2 oder 3"; Wahl
SELECT CASE Wahl
  CASE 0
    PRINT "Eingabe 0 oder aber keine Ziffer."
  CASE < 1
    PRINT "Fehler, da Eingabe kleiner als 1."
  CASE > 3
    PRINT "Eingabefehler, da groesser als 3."
  CASE <> INT(Wahl)
    PRINT "Keine ganzzahlige Eingabe."
  CASE 1
    LET Mwst = 1
  CASE 2
    LET Mwst = 1.14
  CASE 3
    LET Mwst = 1.07
END SELECT                          'CASE ELSE nicht erforderlich
LET Brutto = Netto*Mwst
PRINT USING "Bruttobetrag #####.## DM.";Brutto
PRINT "Programmende Mwst2."
END
```

**Fallabfrage mit Fehlerprüfung über Programm Mwst2:** Das Programm Mwst2 stellt eine Erweiterung zum Programm Mwst1 dar. Dabei werden sieben Fälle unterschieden.

- In Programm Mwst1 wurde Wahl% als Integer-Variable vereinbart. Die Tastatureingabe 3.15 z.B. wird dann als ganze Zahl 3 zugewiesen.
- Anstelle von Wahl% wird in Programm Mwst2 Wahl vom Typ Real-einfachgenau vereinbart. Damit kann die Eingabeprüfung über CASE vorgenommen werden.
- Hinter CASE werden "Prüfungen" genannt. CASE 1.14 ergänzt das System zu CASE=1.14 und somit zum Vergleich Wahl=1.14. Ergibt eine Prüfung das Ergebnis False (in Basic: Wert null), wird die Anweisung bzw. Anweisungsfolge hinter dem betreffenden CASE nicht ausgeführt.

**Fallabfrage mit Kontrollvariable über Programm Mwst3:**
Das Programm Mwst3 dient dem gleichen Zweck wie die Programme Mwst2 und Mwst1. Innerhalb der Fallabfrage wird eine Kontrollvariable namens Fehlerfrei% verwendet, die der Ablaufkontrolle bzw. -steuerung dient. Eine Kontrollvariable wie z.B. Fehlerfrei% nennt man auch **Steuer- bzw. Merkervariable.**

1. **Zu Beginn des zu kontrollierenden Ablaufs: einen Anfangswert zuweisen**
   - Fehlerfrei% = -1 zuweisen.
   - Wert -1 für True bzw. wahr. Zuweisung vor Eintritt in SELECT.

2. **Innerhalb des Ablaufs: Wert ggf. wiederholt prüfen und ggf. neu belegen**
   - Bei CASE ELSE Fehlerfrei% = 0 zuweisen.
   - Wert 0 für false bzw. unwahr.

3. **Nach dem Ablauf: Kontrollvariable auswerten**
   - Einseitige Auswahl IF - ENDIF zur optionalen Bildschirmausgabe.
   - Basic kennt keinen Datentyp Boolean (Wahrheitswert). Aber es gilt:

**IF Fehlerfrei% identisch mit IF Fehlerfrei%<>0.**

Kontrollvariable namens Fehlerfrei% in drei Schritten verarbeiten

**Datentyp "Wahrheitswerte" bzw. Boolean:**
Turbo Basic sieht keinen gesonderten Datentyp für Wahrheitswerte vor. Man muß sich mit entsprechenden Integer-Werten (z.B. 0 oder ungleich 0) bzw. mit entsprechenden String-Werten (z.B. "j" oder "n") behelfen.

**Basic-Quelltext zu Programm Mwst3:**

```
' ====== Programm Mwst3
' Bruttobetrag inkl. Mehrwertsteuer. Fallabfrage und einseitige Auswahl

' ====== Vereinbarungsteil
' Netto, Mwst, Brutto:  Real einfachgenau fuer jeweiligen DM-Betrag
' Wahl:                 Real einfachgenau als Hilfsvariable zur Auswahl
' Fehlerfrei%:          Integer zur Ablaufsteuerung

' ====== Anweisungsteil
CLS
INPUT "Welcher Nettobetrag"; Netto
PRINT "Ohne  MWST         1"
PRINT "Volle MWST         2"
PRINT "Halbe MWST         3"
INPUT "Wahl 1, 2 oder 3"; Wahl
Fehlerfrei% = -1
SELECT CASE Wahl
  CASE 1
    LET Mwst = 1
  CASE 2
    LET Mwst = 1.14
  CASE 3
    LET Mwst = 1.07
  CASE ELSE
    PRINT "Eingabefehler."
    Fehlerfrei% = 0
END SELECT
IF Fehlerfrei% THEN
  LET Brutto = Netto*Mwst
  PRINT USING "Bruttobetrag #####.## DM.";Brutto
END IF
PRINT "Programmende Mwst3."
END
```

- Beliebig viele CASE-Blöcke können angegeben werden.
- Geschachteltes Anordnen (SELECT in SELECT) ist erlaubt.
- EXIT SELECT kann beliebig oft angegeben werden. Wirkung: Sprung zur Anweisung nach END SELECT.
- CASE-Prüfungen müssen entweder numerisch sein (z.B. CASE B=2222) oder aber vom Stringtyp (z.B. CASE Ein$="j"), nicht aber "gemischt" (so ergibt CASE B=2222 AND LEFT$(Ein$,1)="n" einen Fehler).
- Die zu prüfenden Werte müssen als Konstanten formuliert sein (so ist CASE INT(D)=33 fehlerhaft).
- Trifft keine der angegebenen Prüfungen zu und ist CASE ELSE nicht angegeben, endet die Ausführung mit einem Laufzeitfehler.
- Beispiele für Prüfungen (mit k für eine Konstante):

| | |
|---|---|
| CASE k | bedeutet dasselbe wie CASE = k |
| CASE >k | Vergleich "größer als" |
| CASE k1,k2,k3 | k1 oder k2 oder k3? |
| CASE k1 TO k2 | Bereich "von k1 bis k2 einschließlich" |
| CASE k1,k2 TO k3 | Bereichs- und Gleichheitsprüfung |

Hinweise zur Kontrollanweisung SELECT-END SELECT

# 3

# Programmierkurs mit Turbo Basic – Grundkurs –


| | |
|---|---|
| 3.1 Lineare Programme (Folgestrukturen) | 117 |
| 3.2 Verzweigende Programme (Auswahlstrukturen) | 129 |
| **3.3 Programme mit Schleifen (Wiederholungsstrukturen)** | 145 |
| 3.4 Prozeduren und Funktionen (Unterprogrammstrukturen) | 161 |
| 3.5 String als strukturierter Datentyp (Textverarbeitung) | 181 |
| 3.6 Array als strukturierter Datentyp (Tabellenverarbeitung) | 199 |
| 3.7 File als strukturierter Datentyp (Dateiverarbeitung) | 219 |

Programme mit Schleifen enthalten Wiederholungsstrukturen, die nach der allgemeinen Darstellung in Abschnitt 1.3 jetzt in Turbo Basic an Programmbeispielen veranschaulicht werden sollen.
Turbo Basic stellt zur Kontrolle jeder Wiederholungsstruktur eine spezielle Kontrollanweisung bereit:

| | |
|---|---|
| - Abweisende Schleife: | DO WHILE-LOOP und WHILE-WEND |
| - Nicht abweisende Schleife: | DO-LOOP UNTIL |
| - Schleife mit Abfrage in der Mitte: | DO-EXIT LOOP-LOOP |
| - Zählerschleife: | FOR-NEXT |

### 3.3.1 Abweisende Schleife

#### 3.3.1.1 Kontrolle mit Anweisung DO WHILE-LOOP

**Problemstellung zu Programm Kapital1:** Für ein bestimmtes Kapital und einen bestimmten Zinssatz wird das verzinste Kapital zum Ende des 1., 2., ... Jahres in Form einer Übersichtstabelle ausgegeben. Diese Ausgaben wiederholen sich, solange das verzinste Kapital kleiner als das doppelte Anfangskapital ist.

**Basic-Quelltext zu Programm Kapital1:**

```
' ====== Programm Kapital1
' Kapitalien bis zur Verdopplung. Abweisende Schleife mit DO WHILE.

' ====== Vereinbarungsteil
' Kapital, Endkapital, Zinssatz: Real einfachgenau

' ====== Anweisungsteil
CLS
INPUT "Eingesetztes Kapital"; Kapital
INPUT "Jahreszinssatz      "; Zinssatz
LET Endkapital = 2 * Kapital
DO WHILE Kapital < Endkapital                    'Schleifenbeginn
  LET Kapital = Kapital + Kapital*Zinssatz/100
  PRINT USING "  #######.## DM";Kapital
LOOP                                             'Schleifenende
PRINT "Programmende Kapital1."
END
```

**Jede Schleife mit Vorbereitungsteil und Wiederholungsteil:**

- Der Vorbereitungsteil wird nur einmal durchlaufen. Bei der WHILE-Schleife muß sichergestellt werden, daß die in der Schleifenabfrage angegebenen Variablen einen Anfangswert aufweisen. In Programm Kapital1 werden das Anfangskapital und der Zinssatz eingetippt, um sodann mit Endkapital=Kapital*2 das Endkapital in doppelter Höhe festzulegen.
- Der Wiederholungsteil umfaßt DO und LOOP sowie alle Anweisungen, die im Block zwischen DO und LOOP angegeben werden. Diesen Anweisungsblock bezeichnet man oft auch als Schleifenkörper.

**Struktogramm zu Programm Kapital1:**

| Eingabe: Kapital, Zinssatz |
|---|
| Endkapital = 2 * Kapital |
| Solange Kapital kleiner Endkapital |
| Kapital = Kapital + Kapital*Zinssatz/100 |
| Ausgabe: Kapital |
| Ausgabe: Endemeldung |

**Ausführung zu Kapital1:**

```
Eingesetztes Kapital? 5000
Jahreszinssatz       ? 9
      5450.00 DM
      5940.50 DM
      6475.15 DM
      7057.91 DM
      7693.12 DM
      8385.50 DM
      9140.20 DM
      9962.81 DM
     10859.47 DM
Programmende Kapital1.
```

**Abweisende Schleife mit DO WHILE-LOOP kontrolliert:**

- Die Schleife wird als abweisend bezeichnet, da die Schleifenabfrage "Kapital kleiner Endkapital?" am Anfang des Wiederholungsteils steht und somit die versuchte bzw. nächste Wiederholung abweisen kann.
- Andere Bezeichnungen für diesen Schleifentyp: Schleife mit Eintrittsbedingung, Solange-tue-Schleife, Schleife mit vorheriger Abfrage, abweisende WHILE-Schleife.
- Eine abweisende Schleife wird ggf. kein einziges Mal durchlaufen.

**Abweisende Schleife in Pseudocode (algorithmischer Entwurf):**

```
Solange Kapital kleiner als Endkapital, wiederhole
  Berechnung: Neues verzinstes Kapital
  Ausgabe: Neues Kapital
Ende-solange
```

**Abweisende Schleife als Basic-Beispiel in Programm Kapital1:**

```
DO WHILE Kapital<Endkapital
  LET Kapital = Kapital + Kapital*Zinssatz/100
  PRINT USING "  #######.## DM"; Kapital
LOOP
```

**Abweisende Schleife in Turbo Basic mit DO WHILE-LOOP allgemein:**

```
DO WHILE Ausdruck
  ....
  Anweisung(en)
  ....
  EXIT LOOP           — — — — —  Optional: siehe Abschnitt 3.3.3
LOOP
```

Abweisende Schleife mit Kontrollanweisung DO WHILE-LOOP

**Zur Kontrollanweisung DO WHILE-LOOP:**

- Der hinter WHILE angegebene Ausdruck (hier Kapital   Endkapital) wird von Basic ausgewertet und ergibt entweder TRUE (ungleich 0 für wahr) oder FALSE (genau 0). Nur im Falle von TRUE wird die zwischen DO WHILE und LOOP angegebene Anweisungsfolge ausgeführt.
- Die Schleife DO WHILE 3 ... LOOP würde sich endlos wiederholen.
- Die Anweisung EXIT LOOP kann beliebig oft im Schleifenkörper angegeben werden und bewirkt, daß die Programmausführung mit der auf LOOP folgenden Anweisung fortgesetzt wird. Es zeugt von gutem Programmierstil, wenn man EXIT LOOP vermeidet bzw. nur zur Ausnahmefallbehandlung (z.B. Fehlerroutine) verwendet.
- DO WHILE-LOOP-Schleifen kann man beliebig tief geschachtelt anordnen. Sie belegen keinen Speicherplatz auf dem Stack.

### 3.3.1.2 Kontrolle mit Anweisung WHILE-WEND

Zur Kontrolle der abweisenden Schleife stellt Turbo Basic neben DO WHILE-LOOP die Anweisung WHILE-WEND zur Verfügung:

- WHILE-WEND entspricht DO WHILE-LOOP.
- WHILE-WEND stimmt mit der gleichnamigen Kontrollanweisung von BasicA (IBM PC) bzw. GwBasic exakt überein.
- Die allgemeine Form lautet:

```
WHILE Integer-Ausdruck
  Anweisung(en)
  ...
WEND
```

Das folgende Programm Kapital2 stimmt stimmt mit dem Programm Kapital1 von Abschnitt 3.3.1.1 überein, verwendet aber WHILE-WEND zur Kontrolle der abweisenden Schleife.

**Basic-Quelltext zu Programm Kapital2:**

```
' ====== Programm Kapital2
' Kapitalien bis zur Verdopplung. Abweisende Schleife mit WHILE-WEND.

' ====== Vereinbarungsteil
' Kapital, Endkapital, Zinssatz: Real einfachgenau

' ====== Anweisungsteil
CLS
INPUT "Eingesetztes Kapital"; Kapital
INPUT "Jahreszinssatz      "; Zinssatz
LET Endkapital = 2 * Kapital
WHILE Kapital < Endkapital                              'Schleifenbeginn
  LET Kapital = Kapital + Kapital*Zinssatz/100
  PRINT USING "  #######.## DM";Kapital
WEND                                                    'Schleifenende
PRINT "Programmende Kapital2."
END
```

**Abweisende Warteschleife mit Funktion INSTAT:** Das Programm Warten enthält eine WHILE-Schleife, die wiederholt wird, solange der Tastaturpuffer leer bzw. keine Taste gedrückt worden ist. INSTAT prüft den Tastaturpuffer und liefert TRUE bzw. -1, sobald eine Taste gedrückt wird, sonst aber 0. Die Funktion INKEY$ liest und leert den Tastaturpuffer.

**Basic-Quelltext und Ausführungsbeispiel zu Programm Warten1:**

```
' ====== Programm Warten1
' Warteschleife mit Funktion INSTAT. Funktion INKEY$.

' ====== Vereinbarungsteil
' Eingabe$: String

' ====== Anweisungsteil
CLS
PRINT "Schleife durch Tastendruck beenden:"
  WHILE NOT INSTAT
  WEND
Eingabe$ = INKEY$
PRINT "Die Warteschleife wurde mit Eingabe von ";Eingabe$;" beendet."
PRINT "Programmende Warten1."
END
```

```
Schleife durch Tastendruck beenden: _
Die Warteschleife wurde mit Eingabe von f beendet.
Programmende Warten1.
```

**Abweisende Warteschleife zur Ausgabe der Systemzeit am Bildschirm:**

- TIME$=Zeit$ zum Setzen der Uhrzeit.
- PRINT TIME$ zur Ausgabe der Uhrzeit.
- LOCATE zum Positionieren des Cursors.

```
Uhrzeit hh:mm:ss?
? 18:09:40

Uhrzeit:  18:10:08

___
```

```
Programmende ZeitAus1.
' ====== Programm ZeitAus1
' Abweisende Schleife zur Zeit-
' ausgabe. Funktion INSTAT.

' ====== Vereinbarungsteil
' Eingabe$, Zeit$: String
  %Zeile = 4
  %Spalte = 1

' ====== Anweisungsteil
CLS
PRINT "Uhrzeit hh:mm:ss? "
INPUT Zeit$
TIME$ = Zeit$
LOCATE %Zeile,%Spalte
PRINT "Uhrzeit:"
WHILE NOT INSTAT
  LOCATE %Zeile, %Spalte+10
  PRINT TIME$
WEND
PRINT "Programmende ZeitAus1."
END
```

### 3.3.2 Nicht-abweisende Schleife mit Anweisung DO-LOOP UNTIL

Das folgende Programm Kapital3 unterscheidet sich nur in der Codierung von den Programmen Kapital1 und Kapital2 (Abschnitt 3.3.1), nicht aber in der zugrundeliegenden Problemstellung:

- Problemstellung: Berechne für ein bestimmtes Anfangskapital und einen bestimmten Zinssatz das Kapital zum Ende des 1., 2., ... Jahres, **bis (engl. until)** das Kapital größer oder gleich dem doppelten Anfangskapital ist.
- Das Programm Kapital3 hat eine **nicht-abweisende Schleife**, da die Schleifenabfrage am Ende des Wiederholungsteils hinter UNTIL steht.
- Die mittels DO-LOOP UNTIL kontrollierte Schleife wird deshalb stets mindestens einmal durchlaufen.
- Andere Bezeichnungen für die nicht-abweisende Schleife: Schleife mit Austrittsbedingung, Wiederhole-bis-Schleife, Schleife mit nachheriger Abfrage, UNTIL-Schleife.

**Basic-Quelltext zu Programm Kapital3:**

```
' ====== Programm Kapital3
' Kapitalien bis zur Verdopplung. Nicht-abweisende Schleife mit UNTIL.

' ====== Vereinbarungsteil
' Kapital, Endkapital, Zinssatz: Real einfachgenau

' ====== Anweisungsteil
CLS
INPUT "Eingesetztes Kapital"; Kapital
INPUT "Jahreszinssatz       "; Zinssatz
LET Endkapital = 2 * Kapital
DO                                                      'Schleifenbeginn
  LET Kapital = Kapital + Kapital*Zinssatz/100
  PRINT USING "  #######.## DM";Kapital
LOOP UNTIL Kapital >= Endkapital                        'Schleifenende
PRINT "Programmende Kapital3."
END
```

**Struktogramm zu Programm Kapital3:**

| Eingabe: Kapital, Tage |
|---|
| Endkapital = 2*Kapital |
|      Kapital = Kapital + Kapital*Zinssatz/100 |
|      Ausgabe: Jeweiliges Kapital |
| bis Kapital = Endkapital |

**Ausführungsbeispiel:**

```
Eingesetztes Kapital? 10000
Jahreszinssatz      ? 14
    11400.00 DM
    12996.00 DM
    14815.44 DM
    16889.60 DM
    19254.15 DM
    21949.73 DM
Programmende Kapital3.
```

**Nicht-abweisende und abweisende Schleife:**

- Eine nicht-abweisende Schleife kann immer in Form einer abweisenden Schleife programmiert werden: DO-LOOP UNTIL kann stets durch DO WHILE-LOOP ersetzt werden.
- Die Umkehrung gilt nicht (so ohne weiteres), da eine Schleife, die unter Umständen kein einziges Mal durchlaufen werden darf, nicht in nicht-abweisender Form programmiert werden darf.
- Die Eintrittsbedingung "Kapital kleiner Endkapital?" bei der abweisenden WHILE-Schleife kehrt sich zur Austrittsbedingung "Kapital größer oder gleich Endkapital?" bei der nicht-abweisenden UNTIL-Schleife um.
- Viele Programmierer verzichten auf die UNTIL-Schleife, da sie die WHILE-Schleife für sicherer halten: Bei UNTIL wird der erste Schleifendurchlauf stets unkontrolliert durchgeführt. Aus diesem Grunde kann es passieren, daß eine solche Schleife nach korrekten Testläufen später aufgrund unvorhergesehener Eingabewerte zu Fehlern führt.

**Nicht-abweisende Schleife in Pseudocode (algorithmischer Entwurf):**

```
Wiederhole
  Berechnung: Neues verzinstes Kapital
  Ausgabe: Neues Kapital
bis Kapital größer oder gleich Endkapital
```

**Nicht-abweisende Schleife als Basic-Beispiel in Programm Kapital2:**

```
DO
  LET Kapital = Kapital + Kapital*Zinssatz/100
  PRINT USING "  #######.## DM"; Kapital
LOOP UNTIL Kapital >= Endkapital
```

**Nicht-abweisende Schleife in Turbo Basic mit DO-LOOP UNTIL allgemein:**

```
DO
  ....
  Anweisung(en)
  ...
  EXIT LOOP      (EXIT ist optional)
LOOP UNTIL Ausdruck
```

Nicht-abweisende Schleife mit Kontrollanweisung DO-LOOP UNTIL

### 3.3.3 Schleife mit Abfrage in der Mitte mit Anweisung DO-EXIT LOOP-LOOP

Anhand des Spielprogramms Zufall soll der Schleifentyp "Abfrage in der Mitte des Wiederholungsteils" erklärt werden. Der Benutzer muß eine Zahl erraten, die zuvor vom Computer zufällig erzeugt worden ist. Dabei erhält er Hilfen in Form von "... zu groß." oder "... zu klein.".

**Basic-Quelltext zu Programm Zufall:**

```
' ====== Programm Zufall
' Zufallszahl raten. Schleife mit Abfrage in der Mitte. Funktion RND.

' ====== Vereinbarungsteil
' Benutzerzahl%:            Jeweilige Benutzereingabe
' Computerzahl%:            Vom Computer erzeugte Zufallszahl
' Anzahl%, KleinsteZahl%: Grenzen zur Auswahl einer Zufallszahl
' Versuch%:                 Versuchszahl

' ====== Anweisungsteil
CLS
INPUT "Kleinste Zufallszahl    "; KleinsteZahl%
INPUT "Anzahl der Zufallszahlen"; Anzahl%
RANDOMIZE (VAL (RIGHT$(TIME$,2)) )                    'Basis Zufallszahlen
LET Computerzahl% = INT(Anzahl% * RND + KleinsteZahl%)
LET Versuch% = 0
DO                                                     'Schleifenbeginn
  INPUT "Ihre Zahl"; Benutzerzahl%
  LET Versuch% = Versuch% + 1
  IF Computerzahl% = Benutzerzahl% THEN
    EXIT LOOP                                          'Schleifenausgang
  ELSEIF Benutzerzahl% > Computerzahl% THEN
    PRINT "... zu groß."
  ELSE
    PRINT "... zu klein."
  END IF
LOOP                                                   'Schleifenende
PRINT "Treffer";Computerzahl%;"nach";Versuch%;"Versuchen."
PRINT "Programmende Zufall."
END
```

**Struktogramm zu Programm Zufall:**

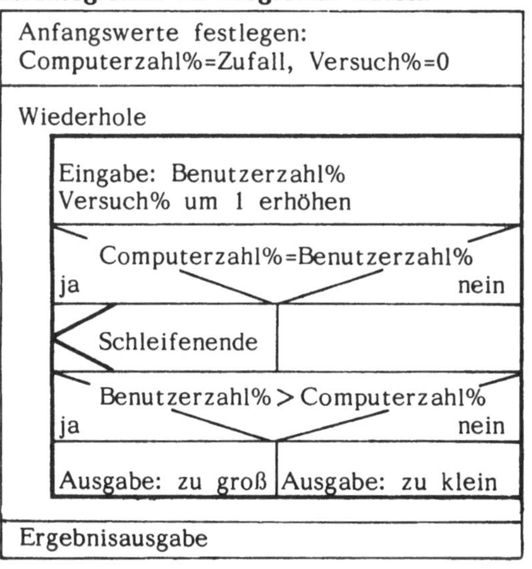


**Ausführungsbeispiel:**

```
Kleinste Zufallszahl    ? 101
Anzahl der Zufallszahlen? 10
Ihre Zahl? 105
... zu groß.
Ihre Zahl? 101
... zu klein.
Ihre Zahl? 103
... zu groß.
Ihre Zahl? 102
Treffer 102 nach 4 Versuchen.
Programmende Zufall.
```

Zum Basic-Quelltext:
- Die Schleife DO-LOOP wird über die Anweisung EXIT LOOP verlassen. Im Gegensatz zur abweisenden und zur nicht-abweisenden Schleife befindet sich die Schleifenabfrage inmitten des Wiederholungsteils.
- Die Computerzahl% wird über die Funktion RND ermittelt.
- Die Anweisung RANDOMIZE setzt den Startwert für den Zufallszahlengenerator in Abhängigkeit der Systemvariablen TIME$, die die Zeit seit dem Systemstart im Format "hh:mm:ss" bereitstellt.

```
DO
  Anweisung(en)
  ...
  EXIT LOOP                in Abhängigkeit von IF oder SELECT
  ...
  Anweisung(en)
LOOP
```

Schleife mit Abfrage in der Mitte des Wiederholungsteils
über Kontrollanweisung DO-EXIT LOOP-LOOP

### 3.3.4 Zählerschleife mit Anweisung FOR-NEXT

Läßt man ein Testprogramm auf verschiedenen Computern laufen, um über den Vergleich der Ergebnisse deren Leistungen zu beurteilen, spricht man von einem **Benchmark-Test.** Ein einfacher Test besteht darin, 2000 mal die Division 10/3 vorzunehmen, um über die hierfür benötigte Zeit dann auf die Verarbeitungsgeschwindigkeit des Systems zu schließen. Das folgende Programm ZeitTest enthält dieses Testverfahren. Auf einem IBM PC benötigt Turbo Basic ungefähr
- 4.8 Sekunden, wenn mit der Zählervariablen Z% vom Datentyp Integer gearbeitet wird.
- 11 Sekunden, wenn mit der Zählervariablen Z vom Datentyp Real-einfachgenau gearbeitet wird.

**Struktogramm zu Programm ZeitTest mit Darstellung der Zählerschleife:**

| Systemzeit hh:mm:ss ausgeben und Zeit=Sekundenzeit (TIMER) zuweisen | |
|---|---|
| Für Z% von 1 bis 2000 mit Schrittweite 1, wiederhole | |
| | Test = 10/3 |
| Inzwischen vergangene Sekundenzeit zuweisen: Zeit=TIMER-Zeit | |
| Ergebnis ausgeben | |

**Basic-Quelltext zu Programm ZeitTest:**

```
' ====== Programm ZeitTest
' Einfacher Test zur FOR-Schleife. Variable TIME$ und Funktion TIMER.

' ====== Vereinbarungsteil
' Z%:    Zählervariable bzw. Laufvariable
' Zeit:  Zeit in Sekunden
' Test:  Hilfsvariable bei Division

' ====== Anweisungsteil
CLS
PRINT "Testbeginn um ";TIME$;" Uhr (bitte warten)"
LET Zeit = TIMER
FOR Z% = 1 TO 2000
  LET Test = 10/3
NEXT Z%
LET Zeit = TIMER - Zeit
PRINT "Testende nach";Zeit;"Sekunden."
PRINT "Programmende ZeitTest."
END
```

**Ausführungsbeispiel zu Programm ZeitTest:**

```
Testbeginn um 12:24:43 Uhr (bitte warten)
Testende nach 4.834072113037109 Sekunden.
Programmende ZeitTest.
```

**Zählerschleife in Pseudocode (algorithmischer Entwurf):**

```
Für Zähler von 1 bis 2000
  Zuweisung: Test = 10/3
Ende-für
```

**Zählerschleife als Basic-Beispiel in Programm ZeitTest:**

```
FOR Z% = 1 TO 2000
  LET Test = 10/3
NEXT Z
```

**Zählerschleife in Turbo Basic mit FOR-NEXT allgemein:**

```
FOR Zähler = Anfangswert TO Endwert STEP Schrittweite
  ....
  Anweisung(en)
  EXIT FOR                 (optional, siehe Abschnitt 3.3.5)
  ....
NEXT Zähler
```

Zählerschleife mit Kontrollanweisung FOR-NEXT

Zur zählerkontrollierten FOR-NEXT-Schleife:
- **Blockanweisung:** Zu jedem FOR gehört genau ein NEXT. Ein Hineinspringen in die Schleife ist demnach nicht erlaubt (Fehler "NEXT ohne FOR" durch Compiler erkannt).
- **Laufvariable:** Z% bezeichnet man als Laufvariable, da sie die Werte 1,2,3,...,2000 durchläuft.
- **Zählervariable:** Z% nennt man Zählervariable oder kurz Zähler, da sie bei jedem Schleifendurchlauf um 1 hochgezählt wird.
- **Keine Wiederholung:** Die Schleife wird kein einziges Mal durchlaufen, wenn bereits beim Starten der Endwert größer als der Anfangswert ist. Die Laufvariable erhält dann den Anfangswert zugewiesen
- **STEP als Option:** Beim Fehler von STEP wird 1 als Schrittweite angenommen und der Zähler bei jedem Schleifendurchlauf um 1 erhöht. Bei negativer Schrittweite muß der Anfangswert größer als der Endwert sein. Beispiel: FOR i% = 11 TO 1 STEP -2.
- **Geschwindigkeit:** Die kürzesten Zeiten erhält man mit Zählervariablen vom Integer-Typ (siehe Programm ZeitTest oben) und konstanten Angaben in der FOR-Zeile.

| **FOR-Anweisung:** | **Zähler/Schleifendurchlauf:** |
|---|---|
| FOR i% = 100 TO 102 | 100, 101, 102 |
| FOR S1 = 3 TO Endwert | 3, 4 bei Endwert=4 |
| FOR d% = 0 TO 6 STEP 2 | 0, 2, 4, 6 |
| FOR a% = 9 TO 13 STEP 3 | 9, 12 |
| FOR Ind = 8 TO 6 STEP -1 | 8, 7, 6 |
| FOR y = 1 TO 0.65 STEP -0.1 | 1, 0.9, 0.8, 0.7 |
| FOR Lauf% = 3 TO 3 | 1 |
| FOR Tage% = 40 TO 39 | 40 (kein Durchlauf) |
| FOR z% = 1 TO 50 STEP -2 | 1 (kein Durchlauf) |

Beispiele für gültige Laufanweisungen mit FOR

### 3.3.5 Unechte Zählerschleife mit Anweisung FOR-EXIT FOR-NEXT

Die Kontrollanweisung FOR-NEXT für die Zählerschleife ist bequem zu handhaben. Aus diesem Grunde setzt man sie gelegentlich auch dann ein, wenn überhaupt nicht gezählt werden soll bzw. wenn der angegebene Endwert nie erreicht wird. Man spricht von einer **unechten Zählerschleife.** Das folgende Programm namens FahrtenB demonstriert dies:
- Das Programm FahrtenB dient der Kfz-Benzinverbrauchsermittlung anhand eines Fahrtenbuches. Die FOR-Schleife wird für jeden im Fahrtenbuch aufgezeichneten Tankvorgang einmal durchlaufen.
- Die durch FOR z%=1 TO 999 kontrollierte Schleife wird kaum jemals 999 mal durchlaufen.
- Die Anweisung EXIT FOR dient dem Beenden der Schleife und setzt die Programmausführung mit der Anweisung hinter NEXT z% fort.

**Basic-Quelltext zu Programm FahrtenB:**

```
' ====== Programm FahrtenB
' Kfz-Benzinverbrauch ermitteln. Unechte Zaehlerschleife mit EXIT FOR

' ====== Vereinbarungsteil
' KmAnfangsstand,Km,Liter,DM,LiterJe100,Benzinpreis: Werte Fahrtenbuch
' KmSum,LiterSum,DMSum,LiterJe100Sum,BenzinpreisSum: Gesamtwerte
' z%:          Laufvariable zur Kontrolle der Zaehlerschleife

' ====== Anweisungsteil
CLS
INPUT "Anfangskilometerstand (Tank voll)      "; KmAnfangsstand
LET KmSum=0: LET LiterSum=0: LET DMSum=0
FOR z%=1 TO 999                                        'Schleifenbeginn
  PRINT z%;". Tanken: km-Stand,Liter,DM (0=Ende)";
  INPUT Km,Liter,DM
    IF Km=0 THEN EXIT FOR                              'Schleifenaustritt
  LET Km=Km-KmAnfangsstand
  LET KmSum = KmSum + Km
  LET LiterSum = LiterSum + Liter
  LET DMSum = DMSum + DM
  LET LiterJe100 = 100 * Liter / Km
  LET Benzinpreis = DM / Liter
  PRINT USING "Verbrauch:   ###.## Liter/100 km"; LiterJe100
  PRINT USING "Benzinpreis: ###.## DM/Liter"; Benzinpreis
  LET KmAnfangsstand = KmAnfangsstand + Km
NEXT z%                                                'Schleifenende
PRINT
LET LiterJe100Sum = 100 * LiterSum / KmSum
LET BenzinpreisSum = DMSum / LiterSum
LET M$="\                 \ ###.## \           \"
PRINT USING M$; "Kilometer gesamt", KmSum, "km"
PRINT USING M$; "Ausgabe gesamt", DmSum, "DM"
PRINT USING M$; "Verbrauch (Mittel)", LiterJe100Sum, "Liter/100 km"
PRINT USING M$; "Benzinpreis (Mittel)", BenzinpreisSum, "DM/Liter"
PRINT "Programmende FahrtenB."
END
```

**Ausführungsbeispiel zu Programm FahrtenB:**

```
Anfangskilometerstand (Tank voll)     ? 60000
 1 . Tanken: km-Stand,Liter,DM (0=Ende)? 60100,10,14
Verbrauch:    10.00 Liter/100 km
Benzinpreis:   1.40 DM/Liter
 2 . Tanken: km-Stand,Liter,DM (0=Ende)? 60260,20,29
Verbrauch:    12.50 Liter/100 km
Benzinpreis:   1.45 DM/Liter
 3 . Tanken: km-Stand,Liter,DM (0=Ende)? 0

Kilometer gesamt      260.00 km
Ausgabe gesamt         43.00 DM
Verbrauch (Mittel)     11.54 Liter/100 km
Benzinpreis (Mittel)    1.43 DM/Liter
Programmende FahrtenB.
```

**Struktogramm zu Programm FahrtenB:**

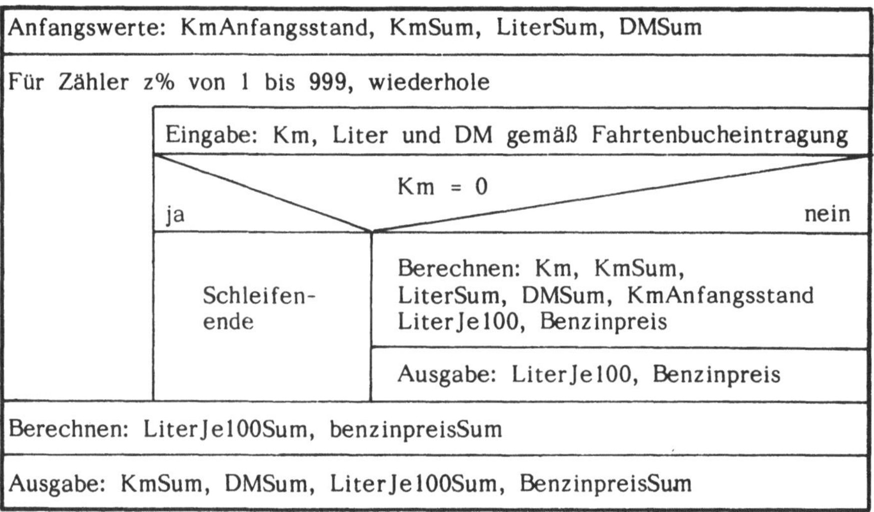


**Anweisung EXIT FOR** zum (vorzeitigen) Beenden der Zählerschleife:

- EXIT FOR setzt die Programmausführung mit der Folgeanweisung hinter NEXT fort.
- Der Wert der Lauf- bzw. Zählervariablen bleibt erhalten. Nach Beenden der FOR-Schleife von Programm FahrtenB im wiedergegebenen Ausführungsbeispiel hat der Zähler z% den Wert 3.

```
FOR Zähler = 1 TO SehrGrosserEndwert          Niemals erreicht
  Anweisung(en)
  ....
  IF SchleifenendeBedingung THEN EXIT FOR
  ....
  Anweisung(en)
NEXT Zähler
....                                          Ziel für EXIT FOR
```

Unechte Zählerschleife in Turbo Basic

### 3.3.6 Schachtelung von Zählerschleifen

Mehrere Programmstrukturen können entweder hintereinander oder geschachtelt in einem Programm angeordnet sein. Bei der Schachtelung von Zählerschleifen ist folgendes zu beachten:

- Die zuerst begonnene äußere Schleife wird zuletzt beendet.
- Die innere Schleife wird vollständig eingeschachtelt (teilweises Einschachteln bzw. Überlappen ist nicht erlaubt).
- Zählerschleifen können beliebig tief geschachtelt werden. In Turbo Basic belegen FOR-Schleifen keinen Platz auf dem Stack.

**Problemstellung zu Programm RatenSpa:** Guthabenentwicklung beim Ratensparen in Form einer Übersichtstabelle darstellen. Im Ausführungsbeispiel wird die äußere Schleife (Laufvariable JahrAussen%) drei Mal durchlaufen; die innere Schleife (Laufvariable ZahlungInnen%) wird dabei jeweils vier Mal wiederholt.

**Basic-Quelltext zu Programm RatenSpa:**

```
' ====== Programm RatenSpa
' Entwicklung des Guthabens beim Ratensparen. FOR-Schleifen schachteln

' ====== Vereinbarungsteil
' Sparrate, AnzahlZahlungen, Vertragslaufzeit, Zinssatz: Eingabegrößen
' Zinsfaktor, Kapital:                                   Ausgabegrößen
' JahrAussen%, ZahlungInnen%:                            Zähler für FOR

' ====== Anweisungsteil
CLS
INPUT "Sparrate, Zahlungen/Jahr"; Sparrate, AnzahlZahlungen
INPUT "Vertragslaufzeit (Jahre)"; Vertragslaufzeit
INPUT "Zinssatz (% pro Jahr)   "; Zinssatz
LET Kapital = 0
LET Zinsfaktor = 1 + Zinssatz / AnzahlZahlungen / 100
PRINT "Jahr Zahl  Guthaben"
FOR JahrAussen% = 1 TO Vertragslaufzeit
  FOR ZahlungInnen% = 1 TO AnzahlZahlungen
    LET Kapital = (Kapital+Sparrate) * Zinsfaktor
    PRINT USING "##  ##  #######.##"; JahrAussen%,ZahlungInnen%,Kapital
  NEXT ZahlungInnen%
NEXT JahrAussen%
PRINT "Programmende RatenSpa."
END
```

**Ausführungsbeispiel zu Programm RatenSpa:**

**12-malige Wiederholung:**
- 3 mal JahrAussen%
- 4 mal ZahlungInnen%
- 3*4 ergibt 12 mal

```
Sparrate, Zahlungen/Jahr? 100,4
Vertragslaufzeit (Jahre)? 3
Zinssatz (% pro Jahr)   ? 10
Jahr Zahl  Guthaben
 1   1      102.50
 1   2      207.56
 1   3      315.25
 1   4      425.63
 2   1      538.77
 2   2      654.74
 2   3      773.61
 2   4      895.45
 3   1     1020.34
 3   2     1148.35
 3   3     1279.56
 3   4     1414.04
Programmende RatenSpa.
```

**Struktogramm zu Programm RatenSpa:**

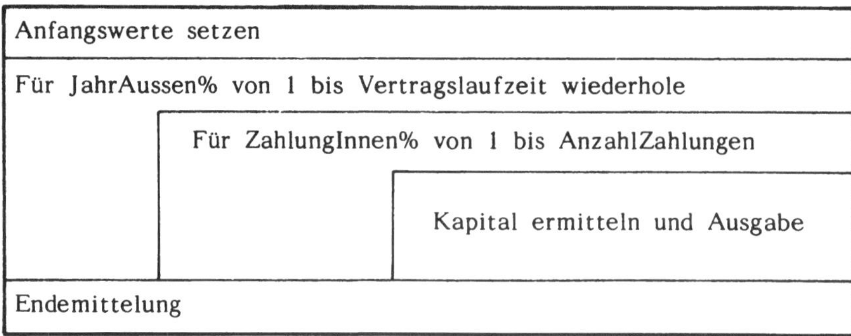

# 3 Programmierkurs mit Turbo Basic – Grundkurs –


| | | |
|---|---|---|
| 3.1 | Lineare Programme (Folgestrukturen) | 117 |
| 3.2 | Verzweigende Programme (Auswahlstrukturen) | 129 |
| 3.3 | Programme mit Schleifen (Wiederholungsstrukturen) | 145 |
| **3.4** | **Prozeduren und Funktionen (Unterprogrammstrukturen)** | 161 |
| 3.5 | String als strukturierter Datentyp (Textverarbeitung) | 181 |
| 3.6 | Array als strukturierter Datentyp (Tabellenverarbeitung) | 199 |
| 3.7 | File als strukturierter Datentyp (Dateiverarbeitung) | 219 |

Turbo Basic stellt drei Sprachmittel zur Bildung von Unterprogrammen bereit und unterstützt damit drei Typen von Unterprogrammen: Prozeduren, "Unechte Unterprogramme" und Funktionen.

1. **Prozedur**
   - Vereinbarung der Prozedur mit SUB Prozedurname-END SUB.
   - Aufruf der Prozedur mit CALL Prozedurname.
2. **Unechtes Unterprogramm als Abschnitt des Hauptprogramms**
   - Keine Vereinbarung möglich.
   - Aufruf des Programmabschnitts mit GOSUB Label und abschließende Rückkehr mit RETURN.
3. **Funktion**
   - Vereinbarung der Funktion mit DEF FNFunktionsname-END DEF.
   - Aufruf der Funktion mit FNFunktionsname.

Drei Typen von Unterprogrammen

### 3.4.1 Prozedurvereinbarung mit Anweisung SUB-END SUB

#### 3.4.1.1 Prozedur mit Variablenparameter

**Prozedur einmal vereinbaren und zweimal aufrufen:** In Programm UntPrg1 soll zweimal hintereinander eine beliebige über die Tastatur eingegebene Zahl um 10 erhöht werden. Da das Teilproblem "Zahl um 10 erhöhen" zweimal vorkommt, wird es als Prozedur bzw. Unterprogramm namens Erhoehen vereinbart und aufgerufen:

- **Vereinbarung mit SUB Erhoehen(Par)-END SUB:** Zwischen SUB und END SUB lassen sich beliebig viele Anweisungen schreiben. Hier ist es nur eine Anweisung, nämlich Par=Par+10. Par heißt formaler Parameter.
- **Aufruf mit CALL Erhoehen(X) oder CALL Erhoehen(Y):** X und Y nennt man aktuelle Parameter.
- **Der formale Parameter vertritt den jeweiligen aktuellen Parameter:** Die 4 von X wird an Par übergeben (=Eingabe an Prozedur als Import), Par wird um 10 auf 14 erhöht (=Verarbeitung in der Prozedur), um dann die 14 wieder an X zurückzugeben (=Ausgabe von Prozedur an das rufende Hauptprogramm als Export).
- **Variablenparameter als Ein-/Ausgabeparameter:** Da hierbei variable Werte in zwei Richtungen übergeben werden, bezeichnet man Par auch als Variablen- bzw. Ein-/Ausgabeparameter.

**Basic-Quelltext zu Programm UntPrg1:**

```
' ====== Programm UntPrg1
' Ein Unterprogramm zweimal im Hauptprogramm mittels CALL aufrufen.
' Variablenparameter als Ein-/Ausgabeparameter.

' ====== Vereinbarungsteil
' X, Y:       Zwei aktuelle Parameter
' Par:        Ein formaler Parameter

  SUB Erhoehen(Par)                               'Prozedurvereinbarung
    Par = Par + 10
  END SUB

' ====== Anweisungsteil
CLS
INPUT "Wert von X eintippen"; X
CALL Erhoehen(X)                                  'Erster Prozeduraufruf
PRINT "X um 10 erhöht:"; X
INPUT "Wert von Y eintippen"; Y
CALL Erhoehen(Y)                                  'Zweiter Prozeduraufruf
PRINT "Y um 10 erhöht:"; Y
PRINT "Ende des Hauptprogramms UntPrg1."
END
```

**Ausführungsbeispiel zu Programm UntPrg1:**

- **Aktuelle Parameter X und Y.**
- **Formaler Parameter Par** ist "unsichtbar"; Par vertritt X bzw. Y währen der Zeit der Ausführung der Prozedur Erhoehen.

```
Wert von X eintippen? 4
X um 10 erhöht: 14
Wert von Y eintippen? 9999
Y um 10 erhöht: 10009
Ende des Hauptprogramms UntPrg1.
```

**Struktogramm zu Hauptprogramm UntPrg1:**

**Struktogramm zur Prozedur Erhoehen:**

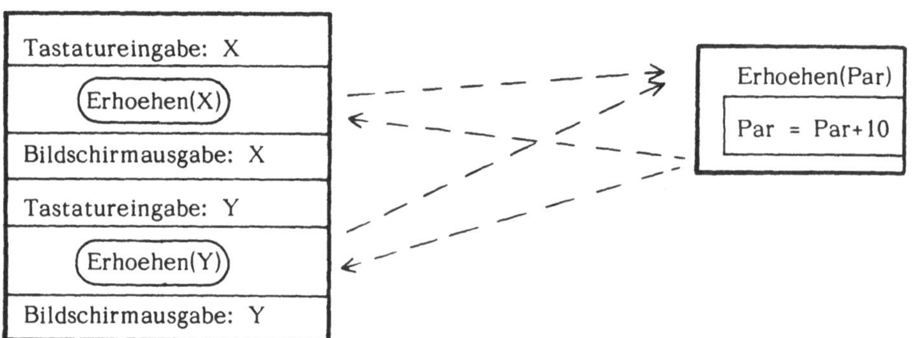

**Parameterlisten:** Beim Prozeduraufruf werden die aktuellen Parameter hinter dem Prozedurnamen in Klammern und mit Komma getrennt angegeben. Gültige Prozeduraufrufe sind z.B. CALL Erhoehen(X), CALL Erhoehen(Sum) und CALL Ausgabe(A1,A2,A77); die Prozedur Ausgabe hat also drei Parameter. Fehlerhaft dagegen ist der Aufruf CALL Erhoehen(90), da die Konstante 90 zwar in die Prozedur hineingegeben, nicht aber um 10 erhöht wieder zurückgegeben werden kann (wohin denn auch?).

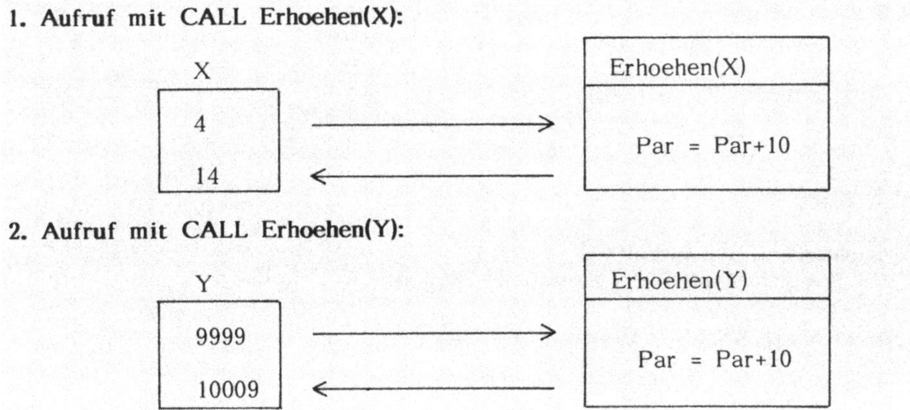


Prozeduraufruf mit jeweils anderen aktuellen Variablenparametern:
Übergabe in die Prozedur (=Eingabe) und zurück (=Ausgabe)

#### 3.4.1.2 Prozedur ohne Parameter

Die Programme UntPrg1 (Abschnitt 3.4.1.2) und UntPrg2 unterscheiden sich wie folgt:

- UntPrg1: Prozedur Erhoehen mit Variablenparameter Par. Beim Aufruf durch z.B. **CALL Erhoehen(Y)** wird der aktuelle Inhalt von Y an die Prozedur übergeben und später wieder ein neuer Wert entgengenommen.
- UntPrg2: Parameterlose Prozedur Erhoehen. Beim Aufruf mit **CALL Erhoehen** wird kein Parameter genannt. Stattdessen muß die Wertübergabe "von Hand" vorgenommen werden:

| | |
|---|---|
| **Par = Y** | Wertübergabe |
| **CALL Erhoehen** | Par als globale Variable (SHARED) |
| **Y = Par** | Wertrückübergabe |

  Dieses umständliche Vorgehen unterstreicht den Vorteil der von Turbo Basic unterstützten und in Programm UntPrg1 genutzten Parameterübergabe.

**Variablenattribut SHARED für globale Variablen:**
Variablen in Prozeduren müssen vereinbart sein. Mit der Vereinbarung **SHARED Par** wird die Hauptprogramm-Variable Par in der Prozedur bekannt

gemacht; sie kann nun als globale Variable in der Prozedur verarbeitet werden. Ohne die SHARED-Vereinbarung würde das System der Variablen Par das Attribut STATIC zuordnen: Die in der Prozedur Erhöhen verarbeitete Variable Par und die im Hauptprogramm angesprochene Variable Par wären dann zwei voneinander unabhängige Größen.

**Vereinbarung einmalig:**
SUB Prozedurname /(Liste formaler Parameter durch "," getrennt)/ /INLINE/
  /Vereinbarung von Variablen/
  ....
  Anweisung(en)
  ....
  EXIT SUB
  ...
END SUB

**Prozeduraufruf wiederholt:**
CALL Prozedurname(Liste aktueller Parameter)

Anweisungen SUB zur Vereinbarung und CALL zum Aufruf einer Prozedur

**Basic-Quelltext zu Programm UntPrg2:**

```
' ====== Programm UntPrg2
' Eine Prozedur zweimal mit CALL aufrufen. Parameterlose Prozedur.
' Parameterübergabe "von Hand" über globale Variable (SHARED).

' ====== Vereinbarungsteil
' X, Y:      Zwei aktuelle Parameter
' Par:       Ein formaler Parameter

  SUB Erhoehen                        'Prozedurvereinbarung
    SHARED Par
    Par = Par + 10
  END SUB

' ====== Anweisungsteil
CLS
INPUT "Wert von X eintippen"; X
Par = X
CALL Erhoehen                          'Erster Prozeduraufruf
X = Par
PRINT "X um 10 erhöht:"; X
INPUT "Wert von Y eintippen"; Y
Par = Y
CALL Erhoehen                          'Zweiter Prozeduraufruf
Y = Par
PRINT "Y um 10 erhöht:"; Y
PRINT "Ende des Hauptprogramms UntPrg2."
END
```

```
Wert von X eintippen? -6
X um 10 erhöht: 4
Wert von Y eintippen? 88888
Y um 10 erhöht: 88898
Ende des Hauptprogramms UntPrg2.
```

**Prozedurvereinbarung mit der Anweisung SUB-END SUB:**

- Der Prozedurname kann bis zu 31 Zeichen lang sein.
- In der Parameterliste werden die formalen Parameter durch Komma getrennt geschrieben.
- Die Option INLINE bedeutet, daß die "Anweisungszeilen" der Prozedur in Maschinensprache geschrieben sind.
- Die Variablenvereinbarung kann folgende Attribute zuordnen:
  LOCAL für lokale, nur in der Prozedur gültige Variablen.
  SHARED für globale Variablen, die vom rufenden Programm übernommen werden.
  STATIC für lokale Variablen, deren Werte aber für einen späteren erneuten Aufruf der Prozedur erhalten bleiben.
- Nicht explizit vereinbarten Variablen wird vom System das Attribut STATIC zugewiesen. Variablen sollten stets explizit vereinbart werden.
- EXIT SUB beendet die Prozedur vorzeitig und sollte nur zur Ausnahmefallbehandlung (z.B. Fehler) verwendet werden.

**Prozeduraufruf mit der Anweisung CALL:**

- Eine Prozedur kann mit CALL Prozedurname(Parameterliste) beliebig oft aufgerufen werden.
- Die aktuellen Parameter müssen in einer Reihenfolge aufgelistet werden, die der formalen Parameterliste in der Prozedurvereinbarung entspricht.

### 3.4.2 Unechtes Unterprogramm mit Anweisung GOSUB

Mit dem Anweisungspaar GOSUB-RETURN kann ein Abschnitt des Basic-Programms als unechtes Unterprogramm definiert werden: "unecht" dehalb, da ein solches Unterprogramm nicht wie eine Prozedur (SUB-END SUB) oder eine Funktion (DEF FN...-END DEF) als Anweisungseinheit bzw. -block vereinbart werden kann, sondern lediglich einen Abschnitt des jeweiligen (Haupt-)Programms darstellt. Zudem kann ein GOSUB-Unterprogramm weder Variablen lokalisieren (Attribut LOCAL) noch Parameter übergeben. Das umseitige Programm UntPrg3 verdeutlicht dies:

- An die Stelle des Prozedurnamens Erhoehen tritt ein Label (Sprungmarke) namens Erhoehen.
- Mit GOSUB Erhoehen wird zu diesem Label unbedingt verzweigt.
- Mit RETURN wird zu der auf GOSUB folgenden Anweisung zurückverzweigt (GOSUB hat sich diese Zeile gemerkt).

Die Programme UntPrg1 (Abschnitt 3.4.1.1), UntPrg2 (Abschnitt 3.4.1.2) und UntPrg3 zeigen den gleichen Dialog bei der Programmausführung.

```
Wert von X eintippen? -10000
X um 10 erhöht:-9990
Wert von Y eintippen? 108
Y um 10 erhöht: 118
Ende des Hauptprogramms UntPrg3.
```

```
....
Anweisung n
GOSUB Label              Sprung zur Zeile mit dem Label
Anweisung n+1
....
....
Label:                   Label als Sprungadresse
  Anweisung m            Erste Anweisung des Unterprogramms
  Anweisung m+1
  ....
RETURN                   Rücksprung zur Folgeanweisung von GOSUB
```

Anweisungspaar GOSUB-RETURN

**Basic-Quelltext zu Programm UntPrg3:**

```
' ====== Programm UntPrg3
' Ein Unterprogramm zweimal im Hauptprogramm mittels GOSUB aufrufen

' ====== Vereinbarungsteil
' X, Y:      Zwei aktuelle Parameter
' Par:       Ein formaler Parameter

' ====== Anweisungsteil
CLS
INPUT "Wert von X eintippen"; X
LET Par=X
GOSUB Erhoehen                          ' Erster Unterprogrammaufruf
LET X=Par : PRINT "X um 10 erhöht:"; X
INPUT "Wert von Y eintippen"; Y
LET Par=Y
GOSUB Erhoehen                          ' Zweiter Unterprogrammaufruf
LET Y=Par : PRINT "Y um 10 erhöht:"; Y
PRINT "Ende des Hauptprogramms UntPrg3."
END

Erhoehen:                               ' Erhoehen als Label
  LET Par = Par + 10
RETURN
```

**Zum Anweisungspaar GOSUB Label-RETURN:**

- GOSUB hat zwei Aufgaben:
  1. Verzweige zur Anweisung, die auf die Label-Zeile folgt.
  2. Merke die Adresse der Folgeanweisung von GOSUB für den späteren Rücksprung mittels RETURN (Programmzählerstand auf dem Stack merken).
- GOSUBs können tief geschachtelt werden (Begrenzung durch den Platz auf dem Stack).
- Hinweis: Schalter **Stack test** über das Options-Kommando setzen, um Programmzusammenbrüche bei "Anzahl GOSUB und RETURN verschieden" zu vermeiden.

### 3.4.3 Funktionsvereinbarung mit Anweisung DEF FN-END DEF

**Vordefinierte und benutzerdefinierte Funktionen:** Turbo Basic stellt zahlreiche Funktionen vordefiniert, d.h. standardisiert bereit. Beispiele: s$=RIGHT$(t$,n) und n=INT(z); siehe Zusammenstellung in Abschnitt 2.3.4. Daneben kann der Benutzer neue Funktionen selbst vereinbaren bzw. definieren.

**Benutzervereinbarte Funktion Erhoehen als Beispiel:** Das folgende Programm UntPrg4 ähnelt dem Programm UntPrg1 (Abschnitt 3.4.1.1); der Unterschied besteht darin, daß die Prozedur Erhoehen durch eine Funktion Erhoehen ersetzt wird.

**Basic-Quelltext zu Programm UntPrg4:**

```
' ====== Programm UntPrg4
' Ein Unterprogramm zweimal im Hauptprogramm mittels FN....  aufrufen.
' Variablenparameter als Ein-/Ausgabeparameter.

' ====== Vereinbarungsteil
' X, Y:       Zwei aktuelle Parameter
' Par:        Ein formaler Parameter

  DEF FNErhoehen(Par)                          'Funktionsvereinbarung
    FNErhoehen = Par + 10
  END DEF

' ====== Anweisungsteil
CLS
INPUT "Wert von X eintippen"; X
PRINT "X um 10 erhöht:"; FNErhoehen(X)        'Erster Funktionsaufruf
INPUT "Wert von Y eintippen"; Y
PRINT "Y um 10 erhöht:"; FNErhoehen(Y)        'Zweiter Funktionsaufruf
PRINT "Ende des Hauptprogramms UntPrg4."
END
```

```
Wert von X eintippen? -4
X um 10 erhöht: 6
Wert von Y eintippen? 77
Y um 10 erhöht: 87
Ende des Hauptprogramms UntPrg4.
```

```
Wert von X eintippen? -1
X um 10 erhöht: 9
Wert von Y eintippen? 11
Y um 10 erhöht: 21
Ende des Hauptprogramms UntPrg4.
```

**Zur Funktion Erhoehen in Programm UntPrg4:**

- Vereinbarung mit DEF:
  ```
  DEF FNErhoehen(Par)
    FNErhoehen = Par + 10
  END DEF
  ```
- Aufruf mit FNErhoehen(Y).
- Der Funktionswert muß zum Funktionsnamen zugewiesen werden. Diesen Wert gibt die Funktion zurück.
- Die Funktion wird wie eine Variable aufgerufen: Rechts vom Zuweisungszeichen, als Argument von PRINT, SELECT, DO, IF, usw.

```
DEF FNFunktionsname (/Liste der aktuellen Werteparameter)/
  /Vereinbarung von Variablen/
  ....
  Anweisung(en)
  ....
  FNFunktionsname = Ausdruck
  /EXIT DEF/
END DEF
```

Allgemeine Form der mehrzeiligen benutzervereinbarten Funktion

**Zur allgemeinen Form der mehrzeiligen Funktion:**

- Bei der Funktion können (im Gegensatz zur Prozedur) nur Werteparameter übergeben werden (also nur Eingabe in die Funktion).
- Dem Funktionsnamen muß mindestens einmal der Funktionswert zugewiesen werden.
- Wird die Prozedur vorzeitig mit EXIT DEF verlassen, muß zuvor der Funktionswert zugewiesen worden sein.
- **Funktionstypen:** Der Funktionswert kann Integer, Langinteger, Real-einfachgenau, Real-doppeltgenau oder String sein. Entsprechend spricht man von der Integer-Funktion, String-Funktion usw. als Funktionstypen.

Neben mehrzeiligen können auch einzeilige Funktionen vereinbart werden. Dabei entfällt die Bildung eines Anweisungsblockes.

**Allgemeine Form der einzeiligen Funktion:**

DEF FNFunktionsname /(Werteparameterliste)/ = Ausdruck

**Beispiele zu einzeiligen Funktionen verschiedener Typen:**

Real-doppeltgenau-Funktion GrosseZahl# ohne Parameter:
- DEF FNGrosseZahl# = 12345678987654321.12345
- Aufruf: PRINT FNGrosseZahl# ergibt 12345678987654321.12345.

Integer-Funktion mit einem Parameter:
- DEF FNVerdoppeln%(Z%) = z%*2
- Aufruf: PRINT FNVerdoppeln%(3) ergibt 6 als Ausgabe.

Real-einfachgenau-Funktion mit zwei Parametern:
- DEF FNSumme!(z1,z2) = z1 + z2
- Aufruf: PRINT Summe!(4.5,2.23) ergibt 6.73 als Ausgabe.

String-Funktion mit drei Parametern
- DEF FN Kette$(s1$,s2$,s3$) = s1$+" "+s2$+" "+s3$
- Aufruf: PRINT Kette$("E","d","v.") ergibt "E d v." als Ausgabe.

Einzeilige benutzerdefinierte Funktionen

| | Prozedur SUB | Funktion DEF FN... |
|---|---|---|
| **Aufruf** | Anweisung CALL | In einem Ausdruck mit FN.... |
| **Rückgabe** | Wert(e) oder nichts | Einen Funktionswert |
| **Parameter** | Variablen- und/oder Werteparameter | Werteparameter |
| **Nichtver-einb. Var.** | STATIC | SHARED |
| **Array als Parameter** | Möglich | Nicht möglich |

Gegenüberstellung von Prozedur und Funktion

### 3.4.4 Gültigkeitsbereich bzw. Attribute von Variablen

#### 3.4.4.1 Gültigkeitsbereich bei ungeschachtelten Unterprogrammen

**Anordnung von Programm und Unterprogramm(-en):** Unterprogramme (Prozeduren und Funktionen) kann man wie folgt in einem Programm anordnen:

- **Ungeschachtelt:** Die Unterprogramme befinden sich auf der gleichen Ebene und werden nacheinander ausgeführt.
- **Geschachtelt:** Mit dem äußeren Unterprogramm wird erst dann fortgefahren, wenn das innere Unterprogramm vollständig abgearbeitet worden ist.

**Variablenattribute LOCAL, SHARED und STATIC:** Turbo-Basic unterscheidet die Attribute LOCAL (lokal), SHARED (global) sowie STATIC (statisch) und weist allen nicht explizit vereinbarten Variablen in Prozeduren das Attribut STATIC und in Funktionen das Attribut SHARED zu. Im folgenden beschäftigen wird uns mit Prozeduren. Das jeweilige Attribut bestimmt den Gültigkeitsbereich einer Variablen.

Das umseitige Programm namens Variabl demonstriert den Gültigkeitsbereich von Variablen, wenn Prozeduren ungeschachtelt angeordnet werden. Sollen Variablen in zwei Prozeduren auf der gleichen Stufe global bekannt sein, müssen sie **in beiden Prozeduren als SHARED** vereinbart sein. So ist z.B. Zahl1 nicht in Prozedur4 bekannt, wohl aber Zahl4 (Block-Regel). In dieser Regelung ist Turbo Basic z.B. strenger als Pascal.

**Basic-Quelltext und Ausführungsbeispiel zu Programm Variabl:**

```
' ====== Programm Variabl
' Gültigkeitsbereich von Variablen bei Prozeduren auf gleicher Ebene.

' ====== Vereinbarungsteil
SUB Prozedur2
  LOCAL Zahl2                 'nur Zahl2 in der Prozedur bekannt
  LET Zahl2 = 2
  LET Zahl4 = Zahl2
  PRINT "Prozedur2:",Zahl1, Zahl2, Zahl3, Zahl4
END SUB

SUB Prozedur3
  LOCAL Zahl2, Zahl3
  SHARED Zahl1, Zahl4         'Globales Zahl1 von Treiberprogramm
  LET Zahl3 = 3
  LET Zahl2 = 9               'Ausblenden-Regel: Zahl2=9 nur hier
  LET Zahl4 = Zahl2
  PRINT "Prozedur3:",Zahl1, Zahl2, Zahl3, Zahl4
END SUB

SUB Prozedur4
  SHARED Zahl4                'Auf gleicher Ebene zwei SHARED
  PRINT "Prozedur4:",Zahl1, Zahl2, Zahl3, Zahl4
END SUB

' ====== Anweisungsteil
CLS
PRINT "              Zahl1:        Zahl2:        Zahl3:        Zahl4:"
LET Zahl1 = 1
PRINT "Variabl-1:   ",Zahl1, Zahl2, Zahl3, Zahl4
CALL Prozedur2
PRINT "Variabl-2:   ",Zahl1, Zahl2, Zahl3, Zahl4
CALL Prozedur4
PRINT "Variabl-3:   ",Zahl1, Zahl2, Zahl3, Zahl4
CALL Prozedur3
PRINT "Variabl-4:   ",Zahl1, Zahl2, Zahl3, Zahl4
CALL Prozedur4
PRINT "Variabl-5:   ",Zahl1, Zahl2, Zahl3, Zahl4
PRINT "Programmende Variabl."
END
```

```
             Zahl1:        Zahl2:        Zahl3:        Zahl4:
Variabl-1:   1             0             0             0
Prozedur2:   0             2             0             2
Variabl-2:   1             0             0             0
Prozedur4:   0             0             0             0
Variabl-3:   1             0             0             0
Prozedur3:   1             9             3             9
Variabl-4:   1             0             0             9
Prozedur4:   0             0             0             9
Variabl-5:   1             0             0             9
Programmende Variabl.
```

1. **Vereinbarungs-Regel:**
   Eine Variable muß mit LOCAL, SHARED oder STATIC vereinbart werden, bevor man auf sie zugreift. Parametern wird automatisch das Attribut LOCAL zugeordnet.

2. **Block-Regel:**
   Eine Variable ist in dem Anweisungsblock (Prozedur, Funktion) bekannt, in dem sie vereinbart wurde.
   SHARED V1 z.B. macht die im über- oder gleichgeordneten Block bekannte Variable V1 als globale Variable auch im betreffenden Unterprogramm bekannt.
   LOCAL V2 begrenzt den Gültigkeitsbereich von Variable V2 auf ein Unterprogramm.
   - STATIC V3 begrenzt wie LOCAL V3; Unterschied: zwischen den einzelnen Unterprogrammaufrufen bleiben die Werte der STATIC-Variablen V3 erhalten.

3. **Ausblenden-Regel:**
   Haben Variablen von rufendem und gerufenem Unter- bzw. Hauptprogramm den gleichen Namen, dann gilt vorrangig der lokale Name, d.h. der globale Name ist vorläufig ausgeblendet. Anders ausgedrückt: Zu einem bestimmten Zeitpunkt gilt stets die letzte Vereinbarung.

Grundlegende Regeln zum Gültigkeitsbereich von Variablen

### 3.4.4.2 Gültigkeitsbereich bei geschachtelten Unterprogrammen

Das Programm Variab2 zeigt, wie die Attribute LOCAL und SHARED auf den Gültigkeitsbereich von Variablen bei der Schachtelung von Prozeduren wirken.

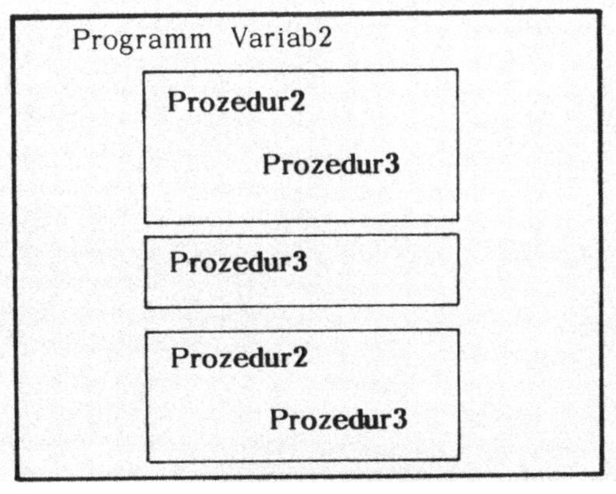


Ebene 0: Variab2
Ebene 1: Prozedur2
Ebene 2: Prozedur3
Ebene 2: Prozedur3
Ebene 2: Prozedur2
Ebene 3: Prozedur3

Schachtelungsstruktur zu Programm Variab2:

**Basic-Quelltext zu Programm Variab2:**

```
' ====== Programm Variab2
' Gültigkeitsbereich von Variablen bei geschachtelten Prozeduren

' ====== Vereinbarungsteil
SUB Prozedur2
  LOCAL Zahl2                  'nur Zahl2 in der Prozedur bekannt
  LET Zahl2 = 2
  PRINT "Prozedur2:",Zahl1, Zahl2, Zahl3
  CALL Prozedur3               'Prozedur3 von Prozedur2 aufgerufen
END SUB

SUB Prozedur3
  LOCAL Zahl3, Zahl2
  SHARED Zahl1                'Globales Zahl1 von Treiberprogramm
  LET Zahl3 = 3
  LET Zahl2 = 9               'Ausblenden-Regel: Zahl2=9 nur hier
  PRINT "Prozedur3:",Zahl1, Zahl2, Zahl3
END SUB

' ====== Anweisungsteil
CLS
PRINT "               Zahl1:         Zahl2:         Zahl3:"
LET Zahl1 = 1
PRINT "Variab2-1:    ",Zahl1, Zahl2, Zahl3
CALL Prozedur2
PRINT "Variab2-2:    ",Zahl1, Zahl2, Zahl3
CALL Prozedur3
PRINT "Variab2-3:    ",Zahl1, Zahl2, Zahl3
CALL Prozedur2
PRINT "Variab2-4:    ",Zahl1, Zahl2, Zahl3
PRINT "Programmende Variab2."
END
```

**Ausführungsbeispiel zu Programm Variab2:**

```
             Zahl1:         Zahl2:         Zahl3:
Variab2-1:   1              0              0
Prozedur2:   0              2              0
Prozedur3:   1              9              3
Variab2-2:   1              0              0
Prozedur3:   1              9              3
Variab2-3:   1              0              0
Prozedur2:   0              2              0
Prozedur3:   1              9              3
Variab2-4:   1              0              0
Programmende Variab2.
```

Die Ausblenden-Regel könnte man auch wie folgt formulieren: "Die zuletzt angegebene Vereinbarung gilt."

### 3.4.4.3 Gegenüberstellung der Attribute LOCAL, SHARED und STATIC

Das Programm Variab3 demonstriert den Unterschied der Attribute LOCAL, SHARED und STATIC. Es zeigt, daß undefinierte als nicht explizit vereinbarte Variablen vom System das Attribut STATIC erhalten.

**Basic-Quelltext zu Programm Variab3:**

```
' ====== Programm Variab3
' Variablen global/SHARED, statisch/STATIC, lokal/LOCAL und undefiniert

' ====== Vereinbarungsteil
  SUB PlusDrei
    SHARED w%
    LOCAL  x%
    STATIC y%
    LET w%=w%+3 : LET x%=x%+3 : LET y%=y%+3 : LET z%=z%+3
    PRINT "in Prozedur:      ";w%,x%,y%,z%
  END SUB

' ====== Anweisungsteil
CLS
LET w%=2 : LET x%=2 : LET y%=2 : LET z%=2
PRINT "                    w%         x%            y%            z%"
PRINT "                    SHARED     LOCAL         STATIC        undef."
PRINT "im Hauptprogramm:"; w%,x%,y%,z%
CALL PlusDrei
PRINT "im Hauptprogramm:"; w%,x%,y%,z%
CALL PlusDrei
PRINT "im Hauptprogramm:"; w%,x%,y%,z%
PRINT "Programmende Variab3."
END
```

**Ausführungsbeispiel zu Programm Variab3:**

```
                   w%         x%            y%            z%
                   SHARED     LOCAL         STATIC        undef.
im Hauptprogramm: 2          2             2             2
in Prozedur:      5          3             3             3
im Hauptprogramm: 5          2             2             2
in Prozedur:      8          3             6             6
im Hauptprogramm: 8          2             2             2
Programmende Variab3.
```

### 3.4.5 Wertübergabe und Adreßübergabe bei Parametern

#### 3.4.5.1 Variablen einfacher Datentypen als Parameter

Einfache Datentypen sind Integer, Langinteger, Real-einfachgenau, Real-doppeltgenau und String. Parameter in Prozeduren und Funktionen können diese Datentypen aufweisen. Wie das Programm Paramet1 zeigt, müssen sich die Datentypen der formalen Parameter (Parameterliste bei der Unterprogrammvereinbarung) und der aktuellen Parameter (Parameterliste beim Unterprogrammaufruf) natürlich entsprechen.

**Basic-Quelltext zu Programm Paramet1:**

```
' ====== Programm Paramet1
' Werteparameter und Variablenparameter.

' ====== Vereinbarungsteil
  SUB Berechnen(p1, p2, p3, p4, p5, p6)
    SHARED Maske$
    PRINT USING Maske$; 2, p1,p2,p3,p4,p5,p6, a1,a2,a3,a4,a5,a6
    LET p1=p1+4 : LET p2=p2+4 : LET p3=p3+4
    LET p4=p4+4 : LET p5=p1+p2 : LET p6=p5+111
    PRINT USING Maske$; 3, p1,p2,p3,p4,p5,p6, a1,a2,a3,a4,a5,a6
  END SUB

' ====== Anweisungsteil
CLS
PRINT "wo? p1  p2  p3  p4  p5  p6    a1  a2  a3  a4  a5  a6"
PRINT "-----------------------------------------------------"
LET Maske$ = "#:  ### ### ### ### ### ###   ### ### ### ### ### ###"
LET a1=2 : LET a2=2: LET a3=2
PRINT USING Maske$; 1, p1,p2,p3,p4,p5,p6, a1,a2,a3,a4,a5,a6
CALL Berechnen(a1, a2+1, (a3), 777, a5, p6)
PRINT USING Maske$; 4, p1,p2,p3,p4,p5,p6, a1,a2,a3,a4,a5,a6
PRINT "Programmende Paramet1."
END
```

**Ausführungsbeispiel zu Programm Paramet1:**

```
wo? p1  p2  p3  p4  p5  p6    a1  a2  a3  a4  a5  a6
-----------------------------------------------------
1:    0   0   0   0   0   0     2   2   2   0   0   0
2:    2   3   2 777   0   0     0   0   0   0   0   0
3:    6   7   6 781  13 124     0   0   0   0   0   0
4:    0   0   0   0   0 124     6   2   2   0  13   0
Programmende Paramet1.
```

**Werte- oder Variablenparameter in Programm Paramet1?**

- p1 bis p6 sind formale Parameter.
- a1, a2, a3 und a5 sind aktuelle Parameter.
- p6 ist sowohl aktueller Parameter (im Hauptprogramm) als auch formaler Parameter (somit LOCAL in der Prozedur).
- p1 ist Variablenparameter: a1=2 wird beim Aufruf an p1 übergeben, p1 auf 6 erhöht und an a1 zurückübergeben. Ein Variablenparameter ist ein Ein-/Ausgabeparameter.
- p2 ist Werteparameter: da beim Aufruf mit a2+1 ein Ausdruck genannt wird, wird nur ein Wert (nämlich 3) an p2 übergeben. Dann wird mit p2=p2+4 auf 7 erhöht. Der Wert p4=7 wird jedoch nicht an a2 zurückübergeben (a2 zeigt nach dem Abarbeiten der Prozedur immer noch den anfänglichen Wert 2).
- p3 ist Werteparameter, da beim Aufruf anstelle von a3 der Klammerausdruck (a3) angegeben wird. Also: Soll nur vom Hauptprogramm an die Prozedur übergeben werden, so ist ein Variablenname einfach in Klammern zu setzen.
- p4 ist Werteparameter, da beim Aufruf die Konstante 777 genannt wird.
- p5 ist Variablenparameter: Beim Aufruf wird a5 angegeben. Da zuvor nicht initialisiert (kein guter Stil!), erhält a5 den Anfangswert 0 zugewiesen.
- p6 ist Variablenparameter: Da im rundenden Hauptprogramm und in der Prozedur mit p6 eine Variabe gleichen Namens genannt wird, gilt die Ausblenden-Regel (siehe Abschnitt 3.4.4.1).

**Parameterübergabe als Adresse:** Dabei findet eine Eingabe in das Unterprogramm (Import) und eine Ausgabe an das rufende Programm (Export) statt.

- Bezeichnungen: Variablenparameter, Ein-/Ausgabeparameter, "Call by variable", "Call by reference", Adreßübergabe oder Variablensubstitution.
- Übergabe eines Zeigers auf den Speicherplatz bzw. die Adresse, in der der Wert der aktuellen Variablen steht. Da das Unterprogramm die Adresse kennt, kann es deren Wert nicht nur lesen, sondern auch verändern. Nach dem Beenden des Unterprogramms steht der (neue) Wert dem rufenden Programm zur Verfügung. Auf diese Weise findet eine Rückübergabe vom gerufenen an das rufende Programm statt.
- Der formale Parameter bezieht sich somit auf den gleichen Speicherplatz wie der zugehörige aktuelle Parameter.
- Eine Adreßübergabe findet dann statt, wenn in der aktuellen Parameterliste Variablen (z.B. a%) genannt werden.
- Variablenparameter sind bei Prozeduren möglich, nicht aber bei Funktionen.

Parameterübergabe als Adresse

**Parameterübergabe als Wert:** Dabei findet nur eine Eingabe (Import) vom rufenden Programm an das Unterprogramm (Prozedur, Funktion) statt.

- Bezeichnungen: Werteparameter, Eingabeparameter, "Call by value" oder Wertübergabe.
- Wert des in der aktuellen Parameterliste angegebenen Ausdrucks ermitteln und dann in einen gesonderten Speicherbereich kopieren. Das Unterprogramm kann den Wert des Speicherbereichs lesen und auch verändern. Da der Speicherbereich nach dem Beenden des Unterprogramms sofort wieder freigegeben wird, kann keine Rückübergabe an das rufende Programm stattfinden.
- Eine Wertübergabe findet statt, wenn in der aktuellen Parameterliste Konstanten (z.B. 55), Ausdrücke (z.B. a%-1) oder Variablen in Klammern (z.B. (a%)) genannt werden.
- Werteparameter sind bei Prozeduren wie Funktionen möglich.

Parameterübergabe als Wert

### 3.4.5.2 Arrays als Parameter bei Prozeduren

**Basic-Quelltext zu Programm Paramet2:**

```
' ====== Programm Paramet2
' Eindimensionalen Array als Variablenparameter übergeben.

' ====== Vereinbarungsteil
' i%: Zählervariable
  DIM Menge%(5)                     'Menge% mit 6 Elementen 0-5

  SUB Summieren (Anzahl%, M%(1))    'M% als formaler Parameter
    LOCAL z%
    PRINT "2. Inhalt der Elemente 1-5 nach Element 0 aufsummieren."
    FOR z% = 1 TO Anzahl%
      M%(0) = M%(0) + M%(z%)
    NEXT z%
  END SUB

' ====== Anweisungsteil
CLS
PRINT "1. Indizes als Elemente in Array Menge% speichern."
FOR i% = 1 TO 5
  Menge%(i%) = i%
NEXT i%
CALL Summieren(5,Menge%())          'Menge%() als aktueller Parameter
PRINT "3. Elemente 0-5 von Array Menge% ausgeben:"
FOR i% = 0 TO 5
  PRINT Menge%(i%);"  ";
NEXT i%
PRINT: PRINT "Programmende Paramet2."
END
```

Bei Funktionen können nur einfache Datentypen übergeben werden. Bei Prozeduren hingegen ist auch die Übergabe von Arrays als strukturierten Datentypen erlaubt. Programm Paramet2 zeigt folgende Regelung:

- Als formaler Parameter wird **M%(1)** genannt. **"(1)"** steht für "eindimensionaler Array". Eine 2 würde eine Tabelle als zweidimensionalen Array bezeichnen.
- Als aktueller Parameter wird **Menge%()** genannt. **"()"** zeigt an, daß ein Array zu übergeben ist.

**Ausführung zu Programm Paramet2:**

```
1. Indizes als Elemente in Array Menge% speichern.
2. Inhalt der Elemente 1-5 nach Element 0 aufsummieren.
3. Elemente 0-5 von Array Menge% ausgeben:
 15    1    2    3    4    5
Programmende Paramet2.
```

In Abschnitt 3.6 wird näher auf den Array eingegangen.

# 3

# Programmierkurs mit Turbo Basic – Grundkurs –



| | |
|---|---|
| 3.1 Lineare Programme (Folgestrukturen) | 117 |
| 3.2 Verzweigende Programme (Auswahlstrukturen) | 129 |
| 3.3 Programme mit Schleifen (Wiederholungsstrukturen) | 145 |
| 3.4 Prozeduren und Funktionen (Unterprogrammstrukturen) | 161 |
| **3.5 String als strukturierter Datentyp (Textverarbeitung)** | 181 |
| 3.6 Array als strukturierter Datentyp (Tabellenverarbeitung) | 199 |
| 3.7 File als strukturierter Datentyp (Dateiverarbeitung) | 219 |

### 3.5.1 Überblick

**String als Zeichenkette:** Unter einem String versteht man eine Zeichenkette, d.h. eine Folge von Zeichen. In Basic schreibt man Strings zwischen Gänsefüßchen. Hier einige Beispiele:

| | |
|---|---|
| - "Basic" | String aus 5 Buchstaben. |
| - "!#§$%&/()=?'" | String aus 12 Sonderzeichen. |
| - "007" | String aus 3 Ziffern. |
| - "... nur 53 DM!!" | String aus 15 Zeichen (Buchstaben, Ziffern und Sonderzeichen "gemischt"). |
| - "      " | String aus 6 Leerzeichen (Sonderzeichen). |
| - "" | String aus keinem Zeichen als Leerstring. |

**Stringvariablen** erkennt man an dem Datentypkennzeichen "$", das an den Variablennamen angehängt wird.

| | |
|---|---|
| - Text$ = "Basic" | String in Variable Text$ zuweisen. |
| - PRINT Text$ | Am Bildschirm den String "Basic" ausgeben. |
| - IF Text$="Logo" .... | Vergleich zweier Strings. |

**Stringfunktionen** erkennt man ebenfalls am "$"-Zeichen am Namensende; sie geben einen String als Ergebnis zurück. Beispiel: Funktion LEFT$ zur Entnahme eines linken Teilstrings. Basic stellt zahlreiche solcher Funktionen standardmäßig bereit. Sie sind in Abschnitt 2.3.4 zusammengestellt. Zusammen mit einigen numerischen Funktionen (sie geben ein numerisches Ergebnis zurück, z.B. LEN zur Angabe der Länge eines Strings) erleichtern sie die Stringverarbeitung: Wichtige Funktionen sind z.B. ASC, CHR$, INSTR, LEFT$, LEN, MID$, RIGHT$, SPACE$, STRING$, STR$ und VAL.

**Stringverarbeitung und Textverarbeitung** werden im folgenden Abschnitt als identische Begriffe verwendet. Mit Textverarbeitung ist hier also nicht der Umgang mit den entsprechenden Software-Tools wie z.B. Word und Wordstar gemeint.

**String als einfacher und strukturierter Datentyp:** Neben dem einfachen Stringtyp (z.B. die obige Variable Text$ ) lassen sich in Basic auch Stringarrays vereinbaren. In einem mit DIM Tage$(7) vereinbarten Stringarray kann man z.B. die sieben Wochentagsnamen "Montag" bis "Sonntag" speichern. Auf Stringarrays gehen wir erst in Abschnitt 3.6 ein.

Im folgenden wird auf die typischen Probleme beim Zerlegen von Strings in Teilstrings bzw. Zeichen einerseits und beim Zusammenfügen von Teil- zu Gesamtstrings andererseits eingegangen.

### 3.5.2 Zeichen für Zeichen verarbeiten

Das Programm Text0 demonstriert, wie man über die vordefinierte Funktion INSTR einen Teilstring oder ein einzelnes Zeichen suchen kann. Die Suche nach dem Zeichen "e" zeigt, daß INSTR mit der Suche abbricht, sobald ein Zeichen gefunden wird ("e" an Stelle 9 und Stelle 11).

**Basic-Quelltext und zwei Ausführungsbeispiele zu Programm Text0:**

```
' ====== Programm Text0
' Teilstring in einem Text bzw. String suchen mittels Funktion INSTR.

' ====== Vereinbarungsteil
' Eingabetext$,  Suchtext$: String
' Stelle%                 : Integer

' ====== Anweisungsteil
CLS
INPUT "Welcher Text"; Eingabetext$
INPUT "Welchen Teilstring suchen"; Suchtext$
LET Stelle% = INSTR(1,Eingabetext$,Suchtext$)
IF Stelle% = 0 THEN
  PRINT "... nicht gefunden."
ELSEIF LEN(Suchtext$) = 0 THEN
  PRINT "Sie gaben einen Leerstring ein."
ELSE
  PRINT "... beginnt an Stelle"; Stelle%;"."
END IF
PRINT "Programmende Text0."
END
```

```
Welcher Text? Diskontieren
Welchen Teilstring suchen? Disko
... beginnt an Stelle 1 .
Programmende Text0.
```

```
Welcher Text? Diskontieren
Welchen Teilstring suchen? e
... beginnt an Stelle 9 .
Programmende Text0.
```

**n = INSTR(/Position,/ Zielstring, Suchstring)**

- **Position** (1-32767) gibt die Stelle an, ab der im Zielstring zu suchen ist. Beim Fehlen von Position wird Position=1 angenommen.
- **Zielstring und Suchstring** sind Konstanten, Variablen oder Ausdrücke vom Datentyp String.
- **n** ist die Anfangsposition von Suchstring in Zielstring und wird als Funktionsergebnis zurückgegeben. Wird Suchstring nicht gefunden, ist n=0. Hat Suchstring die Länge 0, wird stets n=1 zurückgegeben.
- **Beispiel:** PRINT INSTR(1,'Basic','si') ergibt 3.

INSTR-Funktion sucht einen Teilstring
und gibt dessen Anfangsposition im Gesamtstring an

INSTR wird oft eingesetzt, um einzelne Trennungszeichen (Delimiter) wie z.B. " " oder ";" zu suchen. Dabei wird INSTR zumeist zusammen mit anderen Stringfunktionen verwendet. Die Anweisungsfolge

```
LET Zeile$ = "Personalcomputer (PC, XT, AT)"
LET Suchstelle% = INSTR(Zeile$,"PC")
PRINT LEFT$(Zeile$,Suchstelle%-1)
```

gibt die links vom Suchstring "PC" stehenden Zeichen "Personalcomputer " aus.

Das Programm Text1 zeigt, wie auch ohne Verwendung der Funktion INSTR über die Funktion MID$ gesucht werden kann.

**Ausführungsbeispiel und Basic-Quelltext zu Programm Text1:**

```
Welcher Text? MwSt incl.
Welchen Teilstring suchen? incl.
incl. beginnt an der Stelle 6 .
Programmende Text1.
```

```
' ====== Programm Text1
' String in einem Text suchen. Wie Text0, aber ohne Funktion INSTR.

' ====== Vereinbarungsteil
' Eingabetext$, Suchtext$: String
' Stelle%, i%:             Integer

' ====== Anweisungsteil
CLS
INPUT "Welcher Text"; Eingabetext$
INPUT "Welchen Teilstring suchen"; Suchtext$
FOR i% = 1 TO (LEN(Eingabetext$) - LEN(Suchtext$) + 1)
  IF MID$(Eingabetext$,i%,LEN(Suchtext$)) = Suchtext$ THEN
    LET Stelle% = i%
  END IF
NEXT i%
IF Stelle% > 0 THEN
  PRINT Suchtext$;" beginnt an der Stelle";Stelle%;"."
ELSE
  PRINT "... nicht gefunden. Fehlanzeige."
END IF
PRINT "Programmende Text1."
END
```

**s$ = MID$(String-Ausdruck, Startposition /Zeichenanzahl/)**

- **s$** enthält die in Zeichenanzahl genannte Anzahl von Zeichen ab der Stelle, die in Startposition angegeben ist.
- **Leerstring ""** als Ergebnis in s$, wenn Startposition die Länge des Strings übersteigt.
- Fehlt Zeichenanzahl oder ist der String kürzer als Startposition plus Zeichenanzahl, enthält s$ entsprechend weniger Zeichen.
- **Beispiel:** IF MID$(Ein$,i%,1)="a" THEN ... durchsucht den String Ein$ Zeichen für Zeichen nach "a", wenn i% Laufvariable in einer FOR-Schleife ist.

MID$-Funktion liefert eine bestimmte Zeichenfolge "aus der Mitte" eines Strings

Neben der Funktion MID$ stellt Basic eine gleichnamige Anweisung zur Verfügung.

**MID$(Stringvariable, Startposition /,Zeichenzahl/) = String-Ausdruck**

- **Zeichenzahl** Zeichen ab dem durch Startposition angegebenen Zeichen innerhalb von Stringvariable durch den String-Ausdruck ersetzen. Die Anweisung MID$ bewirkt also eine Wertzuweisung.
- String-Ausdruck kann zwar länger sein als die Stringvariable, ein Verlängern der Stringvariablen ist jedoch nicht möglich.
- **Beispiel:** LET Wort$ = "PersonZZcomputer"
  MID$(Wort$,7,2) = "al"
  "PersonZZcomputer" wird zu "Personalcomputer". Die Wertzuweisung von MID$(Wort$,7)="al" würde dasselbe bewirken.

Anweisung MID$ ersetzt Zeichen "inmitten" einer Stringvariablen

**Basic-Quelltext und Ausführungsbeispiel zu Programm Text2:**

```
' ====== Programm Text2
' Demonstration zum Umkehren von Text.

' ====== Vereinbarungsteil
' T1$:   Eingegebener Text
' T2$:   Ausgegebener Umkehrtext
' L:     Länge von T1$ bzw. T2$
' i%:    Laufvariable für Zählerschleife

' ====== Anweisungsteil
CLS
INPUT "Welchen Text umkehren"; T1$
LET L=LEN(T1$)                          'Länge des Strings T1$
LET T2$=""                              'T2$ als Leerstring mit Länge 0
FOR i% = L TO 1 STEP -1                 'Von L bis 1 hinunterzählen
  LET T2$ = T2$ + MID$(T1$,i%,1)        'Das i%. Zeichen an T2$ anhängen
  PRINT L-i%+1;". Schleifendurchlauf: ";T2$
NEXT i%                                 'Nächstes Zeichen nehmen
PRINT T1$;" umgekehrt zu ";T2$
PRINT "Programmende Text2.
END
```

```
Welchen Text umkehren? Basic
 1 . Schleifendurchlauf: c
 2 . Schleifendurchlauf: ci
 3 . Schleifendurchlauf: cis
 4 . Schleifendurchlauf: cisa
 5 . Schleifendurchlauf: cisaB
Basic umgekehrt zu cisaB
Programmende Text2.
```

Das Programm Text2 kehrt einen Text T1$ zu T2$ um. Dabei wird in einer Zählerschleife mit der Schrittweite -1 das letzte, vorletzte, ... Element aus T1$ entnommen und an den String T2$ angehängt. Das Anhängen geschieht durch Stringaddition bzw. Stringverkettung über den **Verkettungsoperator "+"**.

| | |
|---|---|
| LET T2$ = "" | **Vor der Schleife** |
| LET T2$ = T2$ + MID$(T1$,i%,1) | **In der Schleife** |

Zeichenfolge in T1$ durch Stringaddition verlängern

**Basic-Quelltext und Ausführungsbeispiel zu Programm Text3:**

```
' ====== Programm Text3
' Ganze Zahl in String umwandeln und Ziffern auseinanderziehen.

' ====== Vereinbarungsteil
' Zahl%, i%: Integer als Eingabezahl, Lauf- und Indexvariable
' Zahl$:     String als umgewandelte Zahl

' ====== Anweisungsteil
CLS
INPUT "Welche Zahl ";Zahl%
LET Zahl$ = STR$(Zahl%)
FOR i% = 1 TO LEN(Zahl$)
  PRINT MID$(Zahl$,i%,1);" ";
NEXT i%
PRINT: PRINT "Programmende Text3."
END
```

```
Welche Zahl ? 1384
 1 3 8 4

Programmende Text3.
```

In Programm Text3 wird die STR$-Funktion zum Unwandeln einer Zahl Zahl% in einen String Zahl$ eingesetzt, um dann die Ziffern einzeln auseinanderziehen zu können.
In Programm Text4 wird gezeigt, wie ein String über die Funktion STRING$ und über eine Schreibschleife unterstrichen werden kann. Dabei ist 45 die ASCII-Codezahl von "-". Anstelle von STRING$(Laenge,45) kann man auch STRING$(Laenge,"-") schreiben.

**Basic-Quelltext und Ausführungsbeispiel zu Programm Text4:**

```
' ====== Programm Text4
CLS
PRINT "Welchen Text unterstreichen?
INPUT ,Text$
LET Laenge = LEN(Text$)
PRINT STRING$(Laenge,45)
PRINT Text$
FOR i% = 1 TO Laenge
  PRINT "-";
NEXT i%
PRINT: PRINT "Programmende Text4."
END
```

```
Welchen Text unterstreichen?
Basic - Wegweiser
-----------------
Basic - Wegweiser
-----------------

Programmende Text4.
```

Durch Programm Text5 wird Text rechtsbündig ausgegeben. Hierzu baut man einen String Leer$ mit Breite% Leerstellen bzw. Blanks auf, um dann an ihn den Eingabetext Ein$ anzuhängen. Mit RIGHT$(Gesamt$,Breite%) werden jetzt die Breite% rechtsstehenden Zeichen ausgegeben.

**Basic-Quelltext und Ausführungsbeispiel zu Programm Text5:**

```
' ====== Programm Text5
' Text mit Leerstellen auffüllen und rechtsbündig ausgeben

' ====== Vereinbarungsteil
' Breite%, i%, Ein$, Leer$, Gesamt$, Aus$

' ====== Anweisungsteil
CLS
PRINT "Stellenanzahl bzw. Zeilenbreite?" : INPUT Breite%
FOR i% = 1 TO Breite%
  LET Leer$ = Leer$ + " "
NEXT i%
PRINT "Texteingabe (unter";Breite%;"Stellen)?" : INPUT Ein$
LET Gesamt$ = Leer$ + Ein$
LET Aus$ = RIGHT$(Gesamt$,Breite%)
PRINT "Textausgabe rechtsbündig:" : PRINT Aus$
PRINT "Programmende Text5."
END
```

```
Stellenanzahl bzw. Zeilenbreite?
? 40
Texteingabe (unter 40 Stellen)?
? Heidelberg am Neckar
Textausgabe rechtsbündig:
                    Heidelberg am Neckar
Programmende Text5.
```

Das Programm Text6 erweitert eine ganze Zahl Zahl& vom Datentyp Langinteger in den String Zahl$ um, damit führende Nullen vorangestellt werden können.

**Basic-Quelltext und Ausführungsbeispiel zu Programm Text6:**

```
Anzahl der Stellen insgesamt? 30
Welche positive ganze Zahl   ? 9876543
000000000000009876543
Programmende Text6.
```

```
Anzahl der Stellen insgesamt? 3
Welche positive ganze Zahl   ? 7
007
Programmende Text6.
```

```
' ====== Programm Text6
' Eine Zahl vom Datentyp Langinteger um führende Nullen erweitern

' ====== Vereinbarungsteil
' Anzahl%, Zahl&, Zahl$: Datentypen Integer, Langinteger, String

' ====== Anweisungsteil
CLS
INPUT "Anzahl der Stellen insgesamt"; Anzahl%
INPUT "Welche positive ganze Zahl  "; Zahl&
LET Zahl$ = STR$(Zahl&)                          'Zahl in String
LET Zahl$ = RIGHT$(Zahl$, LEN(Zahl$)-1)          'Vorzeichen weg
LET Zahl$ = RIGHT$("00000000000000"+Zahl$,Anzahl%) 'Nullen voranstellen
PRINT Zahl$
PRINT "Programmende Text6."
END
```

Im Programm Text7 wird die Funktion LEFT$ eingesetzt, um Text durch Blanks zu erweitern. Dieses Problem stellt sich z.B. dann, wenn zwecks Abspeicherung in einer Datei eine feste Datensatzlänge erreicht werden soll.

**Basic-Quelltext und Ausführungsbeispiel zu Programm Text7:**

```
' ====== Programm Text7
' String mit Blanks (Leerstellen) erweitern.

' ====== Vereinbarungsteil
' Anzahl%, Stri$, Blanks$

' ====== Anweisungsteil
CLS
INPUT "Welche Gesamtanzahl von Stellen";Anzahl%
INPUT "Zu erweiternder String          ";Stri$
LET Blanks$ = SPACE$(Anzahl%)             'Anzahl% Blanks nach Blanks$
LET Stri$ = LEFT$(Stri$+Blanks$,Anzahl%)  'Stri$ links anordnen
PRINT "-->";Stri$;"<--"
PRINT "Programmende Text7."
END
```

```
Welche Gesamtanzahl von Stellen? 30
Zu erweiternder String          ? Basic
-->Basic                         <--
Programmende Text7.
```

**Basic-Quelltext und Ausführungsbeispiel zu Programm Text8:**

```
' ====== Programm Text8
' Blanks am Ende eines Eingabestrings abschneiden.

' ====== Vereinbarungsteil
' Ein$, Aus$, Zeichen$, i%

' ====== Anweisungsteil
CLS
PRINT "String mit Blanks am Ende eingeben:"
LET Ein$ = ""
LET Zeichen$ = INPUT$(1)              'Erstes Eingabezeichen
DO WHILE Zeichen$ <> CHR$(13)
  PRINT Zeichen$;
  LET Ein$ = Ein$ + Zeichen$
  LET Zeichen$ = INPUT$(1)            'Neues Eingabezeichen
LOOP
LET Ein$ = LEFT$(Ein$,LEN(Ein$)-1)    'Wagenruecklauf entfernen
LET Aus$ = Ein$
FOR i% = LEN(Aus$) TO 1 STEP -1
  IF RIGHT$(Aus$,1) = " " THEN
    LET Aus$ = LEFT$(Aus$,LEN(Aus$)-1)
  END IF
NEXT i%
PRINT : PRINT "Eingabe: -->";Ein$;"<--"
PRINT "Ausgabe: -->";Aus$;"<--"
PRINT "Programmende Text8."
END
```

Das Programm Text8 geht umgekehrt vor und eliminiert Blanks. Da die Anweisungen INPUT und LINE INPUT keine angehängten Blanks annehmen, wird die Eingabe zeichenweise über eine DO WHILE-Eingabeschleife vorgenommen:

- LET Zeichen$=INPUT$(1) übernimmt jeweils ein Zeichen ohne Echo.
- PRINT Zeichen$ zeigt die Eingabe an (als Bildschirmecho).
- CHR$(13) entspricht dem Drücken der Return- bzw. Enter-Taste.

```
String mit Blanks am Ende eingeben:
Freiburg im Breisgau
Eingabe: -->Freiburg im Breisgau                  <--
Ausgabe: -->Freiburg im Breisgau<--
Programmende Text8.
```

Das Programm Text9 sucht über die INSTR-Funktion die Stellen (Positionen, Indizes) von Blanks in dem beliebig über die Tastatur eingegebenen String namens EinText$.

**Basic-Quelltext und Ausführungsbeispiel zu Programm Text9:**

```
 ' ====== Programm Text9
' Stellen und Anzahl von Blanks in einem Text feststellen."

' ====== Vereinbarungsteil
' EinText$, Startstelle%, Blanksstelle%, Anzahl%

' ====== Anweisungsteil
CLS
PRINT "Welchen Text mit Blanks durchsuchen?"
INPUT ,EinText$
LET Startstelle% = 1 : LET Anzahl% = 0
LET Blanksstelle% = INSTR(Startstelle%,EinText$," ")
PRINT "Stellen mit Blanks:"
DO WHILE Blanksstelle% <> 0
  PRINT Blanksstelle%;
  LET Anzahl% = Anzahl% + 1
  LET Startstelle% = Blanksstelle% + 1
  LET Blanksstelle% = INSTR(Startstelle%,EinText$," ")
LOOP
PRINT : PRINT "Anzahl der Blanks:"; Anzahl%
PRINT "Programmende Text9."
END
```

```
Welchen Text mit Blanks durchsuchen?
Ich hab mein Herz in Heidelberg verloren
Stellen mit Blanks:
 4  8  13  18  21  32
Anzahl der Blanks: 6
Programmende Text9.
```

### 3.5.3 Datumsangaben in Stringform verarbeiten

Angaben zum Datum werden so oft verarbeitet, daß z.B. Datenbanksysteme einen speziellen Datentyp dafür bereitstellen. Das Programm DatumInt bereitet ein Datum wie folgt zum Sortieren auf:

- Das Eingabeformat "Tag-Monat-Jahr" wird ins Format "Jahr-Monat-Tag" umgewandelt.
- In dieser Form kann das Datum leicht sortiert werden.

**Ausführungsbeispiel und Basic-Quelltext zu Programm DatumInt:**

```
Welches Datum im Format TT.MM.JJ? 31.08.47
Datum als sortierfähige Ganzzahl: 470831
Programmende DatumInt.
```

```
' ====== Programm DatumInt
' Datum aus String in eine Ganzzahl umwandeln zwecks Sortieren.

' ====== Vereinbarungsteil
' Datum$, Tage$, Monate$, Jahre$, Datum&

' ====== Anweisungsteil
CLS
INPUT "Welches Datum im Format TT.MM.JJ"; Datum$
LET Tage$ = LEFT$(Datum$,2)                     'Tage entnehmen
LET Monate$ = MID$(Datum$,4,2)                  'Monate entnehmen
LET Jahre$ = RIGHT$(Datum$,2)                   'Jahre entnehmen
LET Datum& = VAL(Jahre$ + Monate$ + Tage$)      'Datum als Langinteger
PRINT "Datum als sortierfähige Ganzzahl:";Datum&
PRINT "Programmende DatumInt."
END
```

Das Programm DatumPru überprüft, ob ein Datum innerhalb einer vorgegebenen Zeitspanne liegt oder nicht. Dabei wird jedes Datum mit der Funktion VAL in einen numerischen Wert umgewandelt, um die IF-Abfragen vornehmen zu können. Ablaufstrukturen im Programm DatumPru: Zählerschleife, gefolgt von einer mehrseitigen Auswahlstruktur mit sieben Fällen.

**Ausführungsbeispiel zu Programm DatumPru:**

```
Untere Datumgrenze TT.MM.JJ ? 31.01.87
Obere Datumgrenze  TT.MM.JJ ? 12.11.88
Testdatum          TT.MM.JJ ? 30.01.87
Tag zu alt.
Programmende DatumPru.
```

**Basic-Quelltext zu Programm DatumPru:**

```
' ====== Programm DatumPru
' Pruefen, ob ein Datum in einer bestimmten Zeitspanne liegt.

' ====== Vereinbarungsteil
DIM Datum$(3)     '3-Elemente-Stringarray fuer Datumangaben
DIM Tag%(3)       '3-Elemente-Integerarray (Ganzzahlarray) fuer Tage
DIM Monat%(3)     '3-Elemente-Integerarray fuer Monate
DIM Jahr%(3)      '3-Elemente-Integerarray fuer Jahre

' ====== Anweisungsteil
CLS
INPUT "Untere Datumgrenze TT.MM.JJ ";Datum$(1)
INPUT "Obere Datumgrenze  TT.MM.JJ ";Datum$(2)
INPUT "Testdatum          TT.MM.JJ ";Datum$(3)
FOR i% = 1 TO 3
  LET Tag%(i%) = VAL(LEFT$(Datum$(i%),2))
  LET Monat%(i%) = VAL(MID$(Datum$(i%),4,2))
  LET Jahr%(i%) = VAL(RIGHT$(Datum$(i%),2))
NEXT i%
IF Jahr%(3) > Jahr%(2) THEN
  PRINT "Jahr zu jung."
ELSEIF Jahr%(3) < Jahr%(1) THEN
  PRINT "Jahr zu alt."
ELSEIF Jahr%(3) = Jahr%(2) AND Monat%(3) > Monat%(2) THEN
  PRINT "Monat zu jung."
ELSEIF Jahr%(3) = Jahr%(1) AND Monat%(3) < Monat%(1) THEN
  PRINT "Monat zu alt."
ELSEIF Jahr%(3)=Jahr%(2) AND Monat%(3)=Monat%(2) AND Tag%(3)>Tag%(2) THEN
  PRINT "Tag zu jung."
ELSEIF Jahr%(3)=Jahr%(1) AND Monat%(3)=Monat%(1) AND Tag%(3)<Tag%(1) THEN
  PRINT "Tag zu alt."
ELSE
  PRINT "Datum liegt innerhalb der Zeitspanne."
END IF
PRINT "Programmende DatumPru."
END
```

### 3.5.4 Teilstrings aufbereiten

Um Speicherplatz zu sparen, speichert man die Datensätze einer Datei oft als Strings ab, wobei die Datenfelder als Satzkomponenten z.B. durch das Zeichen ";" voneinander getrennt werden.
Das folgende Programm namens Etikett geht dieses Problem an und demonstriert, wie aus einem Gesamtstring Satz$ (für den Datensatz) die Teilstrings Teil$ (für die Datenfelder) zu einem Drucketikett aufbereitet werden. Das Beispiel bezieht sich auf eine Artikeldatei mit Datensätzen Satz$, die jeweils aus sechs Datenfeldern bestehen. CHR$(59) steht dabei für ";" als Datenfeld-Trennzeichen.

**Basic-Quelltext zu Programm Etikett:**

```
' ====== Programm Etikett
' Aus einem String (Datensatz) einzelne mit ";" getrennte Teilstrings
' (Datenfelder) entnehmen und als Drucketikett ausgeben.

' ====== Vereinbarungsteil
' Satz$:  Eingegebener Datensatz
' NSatz%: Anzahl der Zeichen von Satz$ einschliesslich ";"
' Teil$:  Teilstring zur Aufnahme eines Datenfeldes
' NTeil%: Anzahl der Zeichen von Teil$
' i%    : Laufvariable sowie Indexvariable (bei Strings)

' ====== Anweisungsteil
CLS
PRINT "Eingabe eines Datensatzes mit Semikolons ';' zur Trennung."
INPUT Satz$ : LET NSatz% = LEN(Satz$)
PRINT : PRINT "Ausgabe als Etikett:"
DO WHILE NSatz% <> 0                     'Beginn der Schleife "aussen"
  FOR i% = 1 TO NSatz%
    IF (MID$(Satz$,i%,1) = CHR$(59)) OR (NSatz% = 1) THEN
      LET NTeil% = i%
      LET i% = NSatz%
    END IF
  NEXT i%
  LET Teil$ = LEFT$(Satz$,NTeil%-1)      'Teilstring Teil$ entnehmen
  PRINT "   "; Teil$
  LET NSatz% = NSatz% - NTeil%           'Satz$ um Teil$ kuerzen
  LET Satz$ = RIGHT$(Satz$,NSatz%)
LOOP                                     'Ende der Schleife "aussen"
PRINT "Programmende Etikett."
END
```

**Ausführungsbeispiel zu Programm Etikett:**

```
Eingabe eines Datensatzes mit Semikolons ';' zur Trennung.
? 1002;Papier;DIN A4;unliniert;100 Blatt;DM 3.50;

Ausgabe als Etikett:
   1002
   Papier
   DIN A4
   unliniert
   100 Blatt
   DM 3.50
Programmende Etikett.
```

### 3.5.5 Stringvergleich mit Wildcard-Zeichen

Das Programm Wildcard veranschaulicht die vier wesentlichen Möglichkeiten, einen String - z.B. den String "Heidelberg" als Ordnungsbegriff mit einem weiteren String als Suchbegriff zu vergleichen. Die Wildcard-Zeichen "*" und "?" werden häufig auch als Joker-Zeichen bezeichnet.

1. **Gesamtvergleich:**
   - Zwei Strings werden Zeichen für Zeichen in voller Länge verglichen.

2. **Teilvergleich:**
   - Beim Teilvergleich wird der Suchstring (hier Such$) als Teilmenge des Gesamtstrings (hier Text$) verglichen.
   - Vergleich in der Länge des Suchstrings ab der ersten Position des Gesamtstrings.

3. **Vergleich mit Wildcard "*":**
   - Das Zeichen "*" ersetzt eine Folge von Zeichen.
   - "H*", "He*" wie "Heide*" z.B. werden als 'gleich' zu "Heidelberg" erkannt.

4. **Vergleich mit Wildcard "?":**
   - Das Zeichen "?" ersetzt ein einzelnes Zeichen.
   - "Heidel?erg" wie "?eid??ber?" werden als 'gleich' zu "Heidelberg" erkannt.

Vergleich zweier Strings

**Ausführungsbeispiel zu Programm Wildcard:**

```
Welcher Ordnungsbegriff? Heidelberg
--> Erster Suchbegriff (999 für Ende)? Heid*
Vergleich mit Wildcard '*': Heid* in Heidelberg
--> Neuer Suchbegriff (999=Ende)? Heid??berg
Vergleich mit Wildcard '?': Heid??berg gleich Heidelberg
--> Neuer Suchbegriff (999=Ende)? Heidel????
Vergleich mit Wildcard '?': Heidel???? gleich Heidelberg
--> Neuer Suchbegriff (999=Ende)? He
Teilvergleich: He links in Heidelberg
--> Neuer Suchbegriff (999=Ende)? Heidelberg
Gesamtvergleich: Heidelberg gleich Heidelberg
Teilvergleich: Heidelberg links in Heidelberg
Vergleich mit Wildcard '?': Heidelberg gleich Heidelberg
--> Neuer Suchbegriff (999=Ende)? Heidelberg 3
Gesamtvergleich: Heidelberg 3 gleich Heidelberg
Vergleich mit Wildcard '?': Heidelberg 3 gleich Heidelberg
--> Neuer Suchbegriff (999=Ende)? Kaier
--> Neuer Suchbegriff (999=Ende)? 999
Programmende Wildcard.
```

**Basic-Quelltext zu Programm Wildcard:**

```
' ====== Programm Wildcard
' Demonstration von vier Arten des Stringvergleichs.

' ====== Vereinbarungsteil
' Text$:           Ordnungsbegriff, mit dem jeweils verglichen wird
' Such$, Such1$:   Suchbegriff
' NText%:          Stellenanzahl von Text$
' NSuch%:          Stellenanzahl von Such$
' s%:              Stelle bzw. Merker (Flagge)
' i%:              Indexvariable, Laufvariable

' ====== Anweisungsteil
CLS
INPUT "Welcher Ordnungsbegriff"; Text$
LET NText% = LEN(Text$)
INPUT "--> Erster Suchbegriff (999 für Ende)";Such$
DO WHILE Such$ <> "999"
  LET NSuch% = LEN(Such$) : LET s% = 0          '1. GESAMTVERGLEICH
  LET Such1$ = LEFT$(Such$+"                                  ",NText%)
  IF Such1$ = Text$ THEN
    PRINT "Gesamtvergleich: ";Such$;" gleich ";Text$
  END IF
  IF Such$ = LEFT$(Text$,NSuch%) THEN           '2. TEILVERGLEICH
    PRINT "Teilvergleich: ";Such$;" links in ";Text$
  END IF
  FOR i% = 1 TO NSuch%                          '3. VERGLEICH MIT EGAL *
    IF "*" = MID$(Such$,i%,1) THEN
      LET s% = i%
      LET i% = NSuch%
    END IF
  NEXT i%
  IF (s%<>0) AND (LEFT$(Such$,s%-1) = LEFT$(Text$,s%-1)) THEN
    PRINT "Vergleich mit Wildcard '*': ";Such$;" in ";Text$
  END IF
  LET s% = 1     'S als Flagge                  '4. VERGLEICH MIT EGAL ?
  FOR i% = 1 TO NText%
    IF "?" <> MID$(Such$,i%,1) THEN
      IF MID$(Such$,i%,1) <> MID$(Text$,i%,1) THEN
        LET s% = 0
        LET i% = NText%
      END IF
    END IF
  NEXT i%
  IF s% <> 0 THEN
    PRINT "Vergleich mit Wildcard '?': ";Such$;" gleich ";Text$
  END IF
  INPUT "--> Neuer Suchbegriff (999=Ende)"; Such$
LOOP
PRINT "Programmende Wildcard."
END
```

### 3.5.6 Blocksatz erstellen

**Randausgleich bei der Textdarstellung:** In der Textverarbeitung unterscheidet man zwischen Flattersatz und Blocksatz. Beim Blocksatz wird ein Text mit linkem und rechtem Randausgleich dargestellt. Das Programm Blocksat demonstriert dies. Dabei wird ein Eingabestring Ein$ der Länge LEin% durch Hinzufügen von Leerstellen zu einem Ausgabestring Aus$ der gewünschten Länge LAus% erweitert. Mehrere solcher Strings Aus$ ergeben dann eine Textseite mit rechtem Randausgleich bei einer gewählten Zeilenlänge von LAus% Zeichen.

**Basic-Quelltext zu Programm Blocksat:**

```
' ====== Programm Blocksat
' Demonstration: Blocksatz bzw. automatischer Randausgleich.

' ====== Vereinbarungsteil
' Ein$, LEin%:   Eingabezeile, Laenge von Ein$
' Aus$, LAus%:   Ausgabezeile, Laenge von Aus$
' BlankEin%:     Anzahl von Blanks in Ein$
' BlankAus%:     Anzahl von Blanks in Aus$ hinzuzufuegen
' BlankVerarb%: Anzahl von Blanks gerade verarbeitet
' Zeichen$:      Zeichen zum Hinzufuegen

' ====== Anweisungsteil
CLS
INPUT "Eingabezeile"; Ein$ : LET LEin% = LEN(Ein$)
INPUT "L{nge f}r Ausgabezeile";LAus% : PRINT
LET BlankEin%=0 : LET BlankAus% = LAus%-LEin% : LET Aus$=""
FOR z% = 1 TO LAus%                      'Blanks in Eingabezeile
  IF MID$(Ein$,z%,1) = " " THEN
    LET BlankEin% = BlankEin% + 1
  END IF
NEXT z%
FOR z% = 1 TO LAus%                      'Ausgabezeile aufbauen
  LET Zeichen$ = MID$(Ein$,z%,1)         'z%.Zeichen in Ein$ nehmen
  LET Aus$ = Aus$ + Zeichen$             'z%.Zeichen in Aus$ anfuegen
  IF Zeichen$ = " " THEN
    LET BlankVerarb% = INT(BlankAus% / BlankEin%)
    IF BlankVerarb% >= 1 THEN
      FOR b% = 1 TO BlankVerarb%
        LET Aus$ = Aus$ + " "
        LET BlankAus% = BlankAus% - 1
      NEXT b%
    END IF
    LET BlankEin% = BlankEin% - 1
  END IF
NEXT z%
PRINT "123456789012345678901234567890123456789012345678901234567890"
PRINT Ein$ : PRINT Aus$
PRINT "123456789012345678901234567890123456789012345678901234567890"
PRINT "Programmende Blocksat."
END
```

**Ausführungsbeispiel zu Programm Blocksat:**

```
Eingabezeile? In der alten engen Gasse ist nicht sehr viel Platz
Länge für Ausgabezeile? 60

123456789012345678901234567890123456789012345678901234567890
In der alten engen Gasse ist nicht sehr viel Platz
In   der   alten   engen   Gasse   ist   nicht   sehr   viel   Platz
123456789012345678901234567890123456789012345678901234567890
Programmende Blocksat.
```

### 3.5.7 Verschlüsselung zwecks Datenschutz

Im Klartext gespeicherte Daten kann jeder lesen, verschlüsselte Daten hingegen zumindest nicht so leicht. Die Kryptographie als Lehre von der Textverschlüsselung kennt drei grundlegende Verfahren: die Umcodierung, den Versatz und die Ersetzung.

1. Bei der **Umcodierung** wird Information in einen anderen Code wie z.B. in den ASCII umgeschrieben.

2. Bei den **Versatz-Verfahren** wird das zugrundeliegende Alphabet versetzt und dadurch umgestellt. Ein Beispiel haben wir mit dem "Von hinten nach vorne schreiben" in Programm Text2 (Abschnitt 3.5.2) bereits dargestellt.

3. Bei der **Ersetzung** wird das zugrundeliegende Alphabet durch ein anderes ersetzt.

Drei Verfahren zur Textverschlüsselung

**Ausführungsbeispiele zu Programm Geheim:**

```
Eingabetext?
Kaier
Schlüssel? 2

1. Verschlüsselung:
Ausgabetext:
Mckgt

2. Entschlüsselung:
Eingabetext jetzt:
Mckgt
Ausgabetext wiederum:
Kaier
Programmende Geheim.
```

```
Eingabetext?
1298560.25 DM Bilanzsumme
Schlüssel? 10

1. Verschlüsselung:
Ausgabetext:
wwo

2. Entschlüsselung:
Eingabetext jetzt:
wwo
Ausgabetext wiederum:
1298560.25 DM Bilanzsumme
Programmende Geheim.
```

Das folgende Programm Geheim geht nach der "Ersetzung" vor und wendet dazu ein einfaches, auf Julius Cäsar zurückgehendes Verfahren an.

- Jedes Zeichen des Klar- bzw. Eingabetextes Ein$ wird der Reihe nach z.B. durch das 10. im ASCII nachfolgende Zeichen ersetzt. Die Codezahlen im ASCII geben die Reihenfolge vor. Die Zahl 10 wird als Schlüssel in die Variable Schluessel% eingegeben.
- Mit dem Aufruf ASC(MID$(E$,i%,1) stellt die ASC-Funktion die Codezahl des i%. Zeichens im Klartext zur Verfügung. Zu dieser Zahl kann nun der gewählte Schlüsselwert addiert werden.

**Basic-Quelltext zu Programm Geheim:**

```
' ====== Programm Geheim
' Textverschlüsselung nach dem Verfahren 'Ersetzung Cäsar'.

' ====== Vereinbarungsteil
' Ein$, Aus$:  Eingabetext und verschlüsselter Ausgabetext
' Schluessel%: Ganzzahliger Schlüssel zum Ersetzen
' Hilf%:       ASCII-Codezahl für jeweiliges Zeichen

  SUB Ersetzung(E$,A$,S%)
    LOCAL i%, Hilf%
    LET A$=""
    FOR i%=1 TO LEN(E$)
      LET Hilf% = ASC(MID$(E$,i%,1)) + S%
      IF Hilf% ³ 127 THEN LET Hilf% = Hilf% - 127
      IF Hilf% ² 0   THEN LET Hilf% = Hilf% + 127
      LET A$ = A$ + CHR$(Hilf%)
    NEXT i%
  END SUB

' ====== Anweisungsteil
CLS
PRINT "Eingabetext?" : INPUT ,Ein$
INPUT "Schlüssel"; Schluessel%
PRINT
PRINT "1. Verschlüsselung:"
CALL Ersetzung((Ein$),Aus$,(Schluessel%))
PRINT "Ausgabetext:" : PRINT Aus$
PRINT
PRINT "2. Entschlüsselung:"
PRINT "Eingabetext jetzt:" : PRINT Aus$
CALL Ersetzung((Aus$),Aus$,-Schluessel%)
PRINT "Ausgabetext wiederum:" : PRINT Aus$
PRINT "Programmende Geheim."
END
```

**Zur Prozedur Ersetzung:** Nur der Ausgabetext ist ein Variablenparameter; er wird als aktueller Parameter Aus$ und als formaler Parameter A$ genannt. Die beiden anderen Parameter sind Werteparameter und dienen allein der Eingabe von Werten in die Prozedur:

- Der formale Parameter S% vertritt den übergebenen Ausdruck (Schluessel%) bzw. -Schluessel%.
- Der formale Parameter E$ vertritt den Wert (Ein$) bzw. (Aus$).

Durch die Angabe von (Ein$) anstelle von Ein$ wird erreicht, daß Basic nur den Wert, nicht aber die Adresse übergibt.

# 3

# Programmierkurs mit Turbo Basic – Grundkurs –


| | |
|---|---|
| 3.1 Lineare Programme (Folgestrukturen) | 117 |
| 3.2 Verzweigende Programme (Auswahlstrukturen) | 129 |
| 3.3 Programme mit Schleifen (Wiederholungsstrukturen) | 145 |
| 3.4 Prozeduren und Funktionen (Unterprogrammstrukturen) | 161 |
| 3.5 String als strukturierter Datentyp (Textverarbeitung) | 181 |
| **3.6 Array als strukturierter Datentyp (Tabellenverarbeitung)** | 199 |
| 3.7 File als strukturierter Datentyp (Dateiverarbeitung) | 219 |

In Abschnitt 1.2.2 hatten wir den Array als wichtige Datenstruktur kennengelernt:

- **Typgleiche Elemente:** Ein Array umfaßt mehrere Datenelemente bzw. -komponenten, die alle den gleichen Datentyp aufweisen: Integer, Langinteger, Real-einfachgenau, Real-doppeltgenau oder String.
- **Arraytypen:** Entsprechend unterscheidet man fünf Typen von Arrays mit fünf Datentypkennzeichen. Beispiele für eindimensionale Arrays:

  | | |
  |---|---|
  | DIM I%(6) | Integer-Array mit sieben Elementen 0,1,..,6. |
  | DIM L&(100) | Langinteger-Array namens L&. |
  | DIM R1!(59) | Real-einfachgenau-Array mit 60 Elementen. |
  | DIM R2#(20) | Real-doppeltgenau-Array. |
  | DIM S$(200) | String-Array mit 201 Elementen. |

- **Dimensionieren:** Mit der DIM-Anweisung werden der Datentyp sowie die Ausdehnung eines Arrays vereinbart. Ein zweidimensionaler Array wie z.B. T% dehnt sich in Zeilen waagerecht und in Spalten senkrecht aus.

  DIM T%(7,9)    Integer-Array T% mit 8*10=80 Elementen.
- **Bezeichnungen:** Einen eindimensionalen Array bezeichnet man auch als Bereich, Feld, Vektor oder Liste.

## 3.6.1 Eindimensionale numerische Arrays

### 3.6.1.1 Zugriff auf das Arrayelement mittels Indizierung

Einen eindimensionalen Array kann man sich als Regal vorstellen, dessen Schubfächer waagerecht nebeneinander angeordnet sind. Das folgende Programm LagRegal veranschaulicht diese Datenstruktur.

- **Zuerst dimensionieren:** Mit DIM Regal(%Fachanzahl) werden für einen Array namens Regal% genau acht (bzw. %Fachanzahl+1) Elemente reserviert, in die später Werte vom Datentyp Real-einfachgenau gespeichert werden können. Für Basic sind die Namen Regal und Regal! genau gleich.
- **OPTION BASE 0 als Voreinstellung:** Basic zählt gemäß dieser Voreinstellung von 0 an. Da die Integer-Konstante %Fachanzahl=7 ist, werden die Elemente (bzw. Regalfächer) 0,1,2,...,7 reserviert.
- **Index und Indizierung:** Die Stellennummern 0,...,7 werden auch als Indizes bezeichnet, da sie Elemente anzeigen (Index bedeutet Anzeiger). Den Index schreibt man stets in Klammern. Regal (3) liest man als "Regal an der Stelle 3" bzw. "Regal von 3".
- **Indexvariable i%:** In Bezug auf die FOR-Schleife dient die Variable i% als Laufvariable. In Bezug auf den Array ist i% eine Indexvariable, da ihr jeweiliger Inhalt die jeweilige Stelle (Element, Komponente) des Arrays anzeigt (indiziert). Regal(i%) ist identisch mit Regal(3), wenn die Indexvariable i% gerade den Wert 3 hat.
- **Zugriff lesend und schreibend über Schleifen:** Die Eingabe (Schreiben) von Werten in Arrays geschieht über Zählerschleifen Element für Element; dasselbe gilt für die Ausgabe (Lesen). Die erste Schleife von Programm LagRegal ist eine reine Eingabeschleife (INPUT). Die zweite Schleife hingegen dient sowohl der Eingabe (LET) als auch der Ausgabe (PRINT USING).

**Basic-Quelltext und Ausführungsbeispiel zu Programm LagRegal:**

```
' ====== Programm LagRegal
' Eindimensionaler Array Regal.

' ====== Vereinbarungsteil
  %FachAnzahl = 7
  DIM Regal(%Fachanzahl)
' i%:     Lauf- bzw. Indexvariable
' Maske$: Druckmaske PRINT USING

' ====== Anweisungsteil
CLS
PRINT "Eingabe in Regalfächer:"
FOR i% = 1 TO 7
  PRINT "Menge für Fach"; i%;
  INPUT Regal(i%)
NEXT i%
LET Maske$ = " ##          ####.##"
PRINT
PRINT "Fach:        Menge:"
FOR i% = 1 TO 7
  PRINT USING Maske$; i%, Regal(i%)
  LET Regal(0) = Regal(0)+Regal(i%)
NEXT i%
PRINT USING Maske$; 0,Regal(0)
PRINT "Programmende LagRegal."
END
```

```
Eingabe in Regalfächer:
Menge für Fach 1 ? 12
Menge für Fach 2 ? 23.5
Menge für Fach 3 ? 11
Menge für Fach 4 ? 88
Menge für Fach 5 ? 24.25
Menge für Fach 6 ? 17
Menge für Fach 7 ? 5

Fach:          Menge:
  1            12.00
  2            23.50
  3            11.00
  4            88.00
  5            24.25
  6            17.00
  7             5.00
  0           180.75
Programmende LagRegal.
```

| Regal(0) | Regal(1) | Regal(2) | Regal(3) | Regal(4) | Regal(5) | Regal(6) | Regal(7) |
|---|---|---|---|---|---|---|---|
| 180.75 | 12.00 | 23.50 | 11.00 | 88.00 | 24.25 | 17.00 | 05.00 |

**Vereinbarung:**

- DIM Regal(7) — Vereinbare Array mit 8 Elementen 0,1,...,7.

**Verarbeitungen des Arrays:**

- LET Regal(2)=23.50 — Wertzuweisung in das Element 2.
- INPUT Regal(6) — Tastatureingabe in das Element 6.
- INPUT Regal(i%) — Tastatureingabe über Indizierung mittels i%.
- LET Regal(3)=Regal(3)+9 — Werterhöhung von Element 3.
- PRINT Regal(i%+1) — Ausgabe des Inhalts von Element i%+1.
- Sum=Regal(7)+Regal(5) — Zwei Arrayelemente aufsummieren.
- WHILE Regal(0) 9999 — Arrayelement dient der Schleifensteuerung.

8-Elemente-Array namens Regal als Beispiel

### 3.6.1.2 Elemente eines Arrays umkehren

Das Programm UmkehrZa kehrt einen 5-Elemente-Array so um, daß das erste als letztes Element gespeichert wird. Die Anweisung OPTION BASE 1 legt die 1 als ersten Index fest.

**Basic-Quelltext zu Programm UmkehrZa:**

```
' ====== UmkehrZa
' Elemente in einen Array eingeben und elementweise umkehren.

' ====== Vereinbarungsteil
  %Anzahl = 5
  OPTION BASE 1               '1 als kleinster Index
  DIM Zahl%(%Anzahl)          'Array für eingegebene Zahlen
  DIM UmkehrZahl%(%Anzahl)    'Array für umgekehrte Zahlen
' i%, h%:                      Lauf- bzw. Hilfsvariable

REM ====== Anweisungsteil
CLS
PRINT "Zahlen einzeln tippen:"
FOR i% = 1 TO %Anzahl
  INPUT Zahl%(i%)
NEXT i%
LET h% = 1
FOR i% = %Anzahl TO 1 STEP -1
  LET UmkehrZahl%(h%) = Zahl%(i%)
  LET h% = h% + 1
NEXT i%
PRINT "Eingegebene Zahlen:"
FOR i% = 1 TO %Anzahl : PRINT Zahl%(i%); : NEXT i%
PRINT
PRINT "Umgekehrte Zahlen:"
FOR i% = 1 TO %Anzahl : PRINT UmkehrZahl%(i%); : NEXT i%
PRINT : PRINT "Programmende UmkehrZa."
END
```

**Ausführungsbeispiele zu Programm UmkehrZa:**

```
Zahlen einzeln tippen:
? 2
? 5
? 7
? 4
? 1
Eingegebene Zahlen:
 2  5  7  4  1
Umgekehrte Zahlen:
 1  4  7  5  2
Programmende UmkehrZa.
```

```
Zahlen einzeln tippen:
? 77
? -12
? 4
? 99
? 0
Eingegebene Zahlen:
 77 -12  4  99  0
Umgekehrte Zahlen:
 0  99  4 -12  77
Programmende UmkehrZa.
```

### 3.6.2 Eindimensionale String-Arrays

#### 3.6.2.1 Dynamische Dimensionierung

**Drillprogramm:** Das folgende Programm namens VokabelD ist Drillprogramm zum Erlernen von Vokabeln. Der Algorithmus ist sehr einfach und im Hinblick auf Zufallsauswahl von Vokabeln, Antwortanalyse (Fehlerhinweise), Ablaufmodifikation je nach Antworteingaben (lernfähiges Programm) wie Vokabelspeicherung (Diskettendatei) sicher erweiterungsbedürftig.

**Dynamische Dimensionierung:** Das Programm arbeitet mit den String-Arrays Deutsch**$** und Franz**$,** deren Anzahl von Elementen (also Vokabeln) erst zur Zeit der Programmausführung durch den Benutzer festgelegt wird. Man spricht dabei von dynamischer Dimensionierung, dynamischen Arrays bzw. dynamischer Belegung des Hauptspeichers.

**Quelltext und Ausführungsbeispiel zu Programm VokabelD:**

```
' ====== Programm VokabelD
' Drill Französisch - Deutsch.

' ====== Vereinbarungsteil
  CLS
  INPUT "Vokabelanzahl"; Anzahl%
  DIM Deutsch$(Anzahl%)
  DIM Franz$(Anzahl%)
' Antwort$:

' ====== Anweisungsteil
PRINT "Paarweise tippen: D, F"
FOR i% = 1 TO Anzahl%
  INPUT Deutsch$(i%), Franz$(i%)
NEXT i%
PRINT : PRINT "Beginn der Übung:"
FOR i% = 1 TO Anzahl%
  PRINT Deutsch$(i%);" heißt? ";
  INPUT ,Antwort$
  IF Antwort$ = Franz$(i%) THEN
    PRINT "Gut."
  ELSE
    PRINT "Nein: "; Deutsch$(i%);
    PRINT " heißt "; Franz$(i%)
  END IF
NEXT i%
PRINT "Programmende VokabelD."
END
```

```
Vokabelanzahl? 3
Paarweise tippen: D, F
? Mann, Homme
? Frau, Femme
? Kind, Enfant

Beginn der Übung:
Mann heißt? Homme
Gut.
Frau heißt? Feme
Nein: Frau heißt Femme
Kind heißt? L'Enfant
Nein: Kind heißt Enfant
Programmende VokabelD.
```

**Statische Dimensionierung:**

- Zur Übersetzungszeit reserviert der Compiler eine feste Speicherplatzgröße für den Array.
- Arraygröße vor Programmstart gleichbleibend (statisch) festgelegt.
- In der DIM-Anweisung wird eine Konstante, ein Ausdruck oder eine eingeklammerte Variable angegeben.
- Vier Beispiele (Annahme: OPTION BASE 0):

| | |
|---|---|
| DIM Deutsch$(10) | Speicherplatz für 11 Elemente reservieren. |
| DIM Franz$(%Anzahl) | Integer-Konstante bezeichnet Elementanzahl. |
| DIM Deutsch$(i%+3) | Speicherplatz für i%+3+1 Elemente. |
| DIM Deutsch$((g%)) | Speicherplatz für g%+1 Elemente. |

**Dynamische Dimensionierung:**

- Erst zur Ausführungszeit wird der Array eingerichtet. Der Compiler markiert den Array lediglich als "dynamisch, d.h. später zu erzeugen".
- Problem: Laufzeitfehler, falls nicht genügend Speicherplatz mehr vorhanden ist.
- In der DIM-Anweisung wird eine Variable (anstelle eines konstanten Wertes) angegeben.
- Zwei Beispiele:

| | |
|---|---|
| LET Anzahl% = 10 | Zur Ausführungszeit einen Array Deutsch$ |
| DIM Deutsch$(Anzahl%) | mit Platz für 11 Elemente bereitstellen. |
| INPUT n% | |
| DIM Franz$(n%) | Umfang abhängig von der Tastatureingabe. |

Statische und dynamische Dimensionierung

### 3.6.2.2 Methode der parallelen Arrays

Das Programm VokabelD stellt ein elementares Beispiel zur Methode der parallelen Arrays dar:

- Die Elemente der beiden Arrays Deutsch$ und Franz$ kann man durch nebeneinanderstehende Spalten darstellen.
- Jeweils waagerecht gegenüberstehende Elemente gehören zusammen. Anders ausgedrückt: Elemente mit gleichen Indexnummern gehören zusammen.
- Diese Methode findet sich bei den meisten tabellenförmigen Anordnungen von Daten (Adreßverzeichnis, Umsatztabelle usw.).

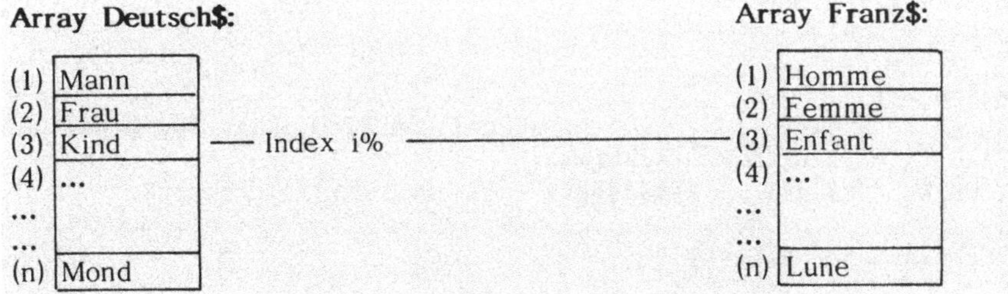


Parallele Arrays in Programm VokabelD

### 3.6.3 Nicht-rekursive und rekursive Methoden

#### 3.6.3.1 Fakultät über Array als Kellerspeicher

**Fakultät:** Das Programm Fakult1 dient der Berechnung von n! (sprich n Fakultät). wobei n an der Tastatur eingegeben werden kann (die Eingabe erfolgt in eine Integer-Variable n%):

```
1! = 1
2! = 1*2              = 2*1!       = 2
3! = 1*2*3            = 3*2!       = 6
4! = 1*2*3*4          = 4*3!       = 24
5! = 1*2*3*4*5        = 5*4!       = 120
..
..
n! = 1*2*...*n        = n*(n-1)!
```

**Basic-Quelltext zu Programm Fakult1:**

```
' ====== Programm Fakult1
' Berechnung von n-Fakultät (n!) nach zwei nicht-rekursiven Methoden.

' ====== Vereinbarungsteil
  CLS
  INPUT "Berechnung von n! für maximal n=12 ";n%
  DIM Stack%(n%)  'Kellerspeicher als dynamischer n%-Elemente-Array
' Fakult&:         Fakultät als Ergebnis vom Typ Langinteger
' Zahl%:           Zahl 1,2,3,...,n%
' i%:              Index 1,2,3,...,n% für den Array

' ====== Anweisungsteil
PRINT "Methode 1: Fakultät über eine Zählerschleife bzw. Iteration."
LET Fakult& = 1
PRINT USING "###        ##########"; 1, Fakult&
FOR Zahl% = 2 TO n%
  LET Fakult& = Fakult& * Zahl%
  PRINT USING "###        ##########"; Zahl%, Fakult&
NEXT Zahl%
PRINT
PRINT "Methode 2: Fakultät über einen Stack mit Ein- und Auskellern."
LET Zahl% = n%
FOR i% = 1 TO n%                   'Einkellern in den Stack
  LET Stack%(i%) = Zahl%
  LET Zahl% = Zahl% - 1
NEXT i%
LET Fakult& = 1
FOR i% = n% TO 1 STEP -1           'Auskellern FIFO: Last In, First Out
  LET Fakult& = Fakult& * Stack%(i%)
  PRINT USING "### ###    ##########"; i%, Stack%(i%), Fakult&
NEXT i%
PRINT "Programmende Fakult1."
END
```

**Ausführungsbeispiel zu Programm Fakult1:**

```
Berechnung von n! für maximal n=12 ? 12
Methode 1: Fakultät über eine Zählerschleife bzw. Iteration.
  1           1
  2           2
  3           6
  4          24
  5         120
  6         720
  7        5040
  8       40320
  9      362880
 10     3628800
 11    39916800
 12   479001600

Methode 2: Fakultät über einen Stack mit Ein- und Auskellern.
 12  1           1
 11  2           2
 10  3           6
  9  4          24
  8  5         120
  7  6         720
  6  7        5040
  5  8       40320
  4  9      362880
  3 10     3628800
  2 11    39916800
  1 12   479001600
Programmende Fakult1.
```

**DIM Stack%(n%):** Zur Speicherung von n% Zahlen wird über DIM Stack%(n%) ein Integer-Array namens Stack% mit n% Elementen dynamisch vereinbart. Anschließend demonstriert das Programm Fakult1 zwei nicht-rekursive Methoden zur Ermittlung von n% Fakultät:

1. **Iteration über eine 'normale Zählerschleife':** Wir nehmen Fakult&=1 als Anfangswert an, um über die Zählerschleife FOR Zahl%=2 TO n% bei jedem Schleifendurchlauf zur Ergebnisvariablen Fakult& den jeweils neuen Zählerwert von Zahl% zu multiplizieren.

2. **Array als Stack bzw. Kellerspeicher:** Bei einem Tablettenröhrchen wird jeweils auf die oberste als zuletzt eingefüllte Tablette zugegriffen. Entsprechend wird bei einem als Stack organisierten Array auf das jeweils zuletzt gespeicherte Datenelement zugegriffen. Das Speichern (Schreiben bzw. Einkellern) läuft also in umgekehrter Reihenfolge wie das Zugreifen (Lesen bzw. Auskellern) ab. Aus diesem Grunde bezeichnet man den Keller oft auch als LIFO-Speicher (Last In, First Out: Zuletzt ein, zuerst aus). Entsprechend diesem Vorgehen werden Stacks auch zur internen Speicherorganisation von Basic verwendet.

Das Programm Fakult1 verarbeitet den Array Stack% als Kellerspeicher wie folgt:

- **Einkellern** über FOR i%=1 TO n%
- **Auskellern** über Schleife FOR i%=n% TO 1 STEP -1

**Einkellern von 4,3,2,1 in den Stack%:**

| | | | | | |
|---|---|---|---|---|---|
| (4) | | | | 1 | 4. Schritt: 1 als 4. Element |
| (3) | | | 2 | 2 | 3. Schritt: 2 als 3. Element |
| (2) | | 3 | 3 | 3 | 2. Schritt: 3 als 2. Element |
| (1) | 4 | 4 | 4 | 4 | 1. Schritt: 4 als 1. Element |

**Auskellern von 1,2,3,4 aus dem Stack:**

| **Element** | **Werte im Stack** | | | | **LET Fakult& = Fakult& * Stack%(i%)** |
|---|---|---|---|---|---|
| (4) | 1 | 1 | 1 | 1 | 1. Schritt: 1 = 1*1 |
| (3) | 2 | 2 | 2 | | 2. Schritt: 2 = 1*2 |
| (2) | 3 | 3 | | | 3. Schritt: 6 = 2*3 |
| (1) | 4 | | | | 4. Schritt: 24 = 6*4 |

Verarbeitung des Arrays namens Stack% als Kellerspeicher

### 3.6.3.2 Fakultät über Rekursion

Unter Rekursion versteht man einen Ablauf, bei dem sich ein Unterprogramm (Prozedur oder Funktion) selbst aufruft. Das folgende Programm namens Fakult2 dient demselben Zweck wie das Programm Fakult1 (Abschnitt 3.6.3.1), verwendet aber anstelle der Methode der Iteration bzw. Ein-/Auskellerung die Methode der Rekursion.

Zwei Anmerkungen zur Prozedur Fakultaet:

- Für die Eingabe von n%=13 ergibt sich "Error 6: Overflow", da der Zahlenbereich der Langinteger-Variablen Fakult& überschritten wird. Abhilfe: Fakult& durch Fakult# ersetzen.
- Die Prozedur Fakultaet hat zwei Variablenparameter n% und Fakult&. Man kann die Prozedur auch mit einem Variablenparameter in der Form SUB Fakultaet(n%) aufrufen und innerhalb der Prozedur mittels STATIC Fakult& das STATIC-Attribut für Fakult& wählen.

Zum Ausführungsbeispiel von Programm Fakult2 mit n%=7:

- Für n% wird die Prozedur Fakultaet mit dem Wert 7 aufgerufen.
- Nun ruft sich die Prozedur Fakultaet erneut mit dem Wert 6 auf.
- Rekursiver Aufruf der Prozedur Fakultaet mit den Werten 5, 4, 3, 2 und 1 für n%.
- Für n%=1 wird die Wertzuweisung LET Fakult&=1 ausgeführt.
- Nun werden nach und nach die Rekursions-Ebenen n%=2, n%=3, ... abgearbeitet, um Fakult& entsprechend zu multiplizieren.

**Basic-Quelltext zu Programm Fakult2:**

```
' ====== Programm Fakult2
' Berechnung von n-Fakultät (n!) nach der rekursiven Methode.

' ====== Vereinbarungsteil

  SUB Fakultaet(n%,Fakult&)
    IF (n% = 0) OR (n% = 1) THEN
      LET Fakult&  = 1
    ELSEIF n% > 1 THEN
      CALL Fakultaet(n%-1,Fakult&)
      LET Fakult& = Fakult& * n%
      PRINT USING "###      ##########"; n%,Fakult&
    END IF
  END SUB

' ====== Anweisungsteil
CLS
INPUT "Berechnung von n! für wieviel Tage (maximal 12)"; n%
CALL Fakultaet(n%,Fakult&)
PRINT "Ergebnis:";n%;"! ergibt";Fakult&
PRINT "Programmende Fakult2."
END
```

**Ausführungsbeispiel zu Programm Fakult2:**

```
Berechnung von n! für wieviel Tage (maximal 12)? 7
  2          2
  3          6
  4         24
  5        120
  6        720
  7       5040
Ergebnis: 7 ! ergibt 5040
Programmende Fakult2.
```

### 3.6.4 Zweidimensionale Arrays

Ein zweidimensionaler Array dehnt sich waagerecht in Zeilen und senkrecht in Spalten aus. In Programm AbTabell wollen wir diese Datenstruktur am Beispiel des durch **DIM Regal(%Zeilen,%Spalten)** statisch vereinbarten Arrays Regal näher betrachten. Zweidimensionale Arrays bezeichnet man auch als Tabellen; deshalb der Programmname AbTabell für Absatztabelle.

**Basic-Quelltext zu Programm AbTabell:**

```
' ====== Programm AbTabell
' Tabellenverarbeitung: Absatztabelle Kunde/Vierteljahr
' als zweidimensionalen Array (bzw. Feld, Bereich, Matrix) darstellen.

' ====== Vereinbarungsteil
  %Zeilen = 5                      'Zeilenanzahl als Integerkonstante
  %Spalten = 4                     'Spaltenanzahl
  DIM Regal(%Zeilen, %Spalten)     'Array statisch dimensionieren

SUB Tabelleneingabe(Z%,S%,R(2))
  LOCAL Kunde%,Jahr%
  PRINT "Eingabe zeilenweise:"
  FOR Kunde% = 1 TO Z%
    PRINT "Nächste Zeile, nächster Kunde:"
    FOR Jahr% = 1 TO S%
      PRINT "Kunde";Kunde%;", Vierteljahr";Jahr%;
      INPUT R(Kunde%,Jahr%)
    NEXT Jahr%
  NEXT Kunde%
END SUB

SUB Summieren(Z%,S%,R(2))          'Übergabe Wert (Z%,S%), Adresse (R)
  LOCAL Kunde%,Jahr%
  FOR Kunde% = 1 TO Z%             'Zeilenweise summieren nach Spalte 0
    FOR Jahr% = 1 TO S%
      LET R(Kunde%,0) = R(Kunde%,0) + R(Kunde%,Jahr%)
    NEXT Jahr%
  NEXT Kunde%
  FOR Kunde% = 1 TO Z%             'Gesamtsumme nach R(0,0) bringen
    LET R(0,0) = R(0,0) + R(Kunde%,0)
  NEXT Kunde%
  FOR Jahr% = 1 TO S%              'Spaltenweise summieren nach Zeile 0
    FOR Kunde% = 1 TO Z%
      LET R(0,Jahr%) = R(0,Jahr%) + R(Kunde%,Jahr%)
    NEXT Kunde%
  NEXT Jahr%
END SUB
```

```
SUB Tabellenausgabe(Z%,S%,R(2))
  LOCAL Kunde%, Jahr%
  PRINT : PRINT "Übersicht:";Z%;"Zeilen,";S%;"Spalten:"
  FOR Kunde% = 0 TO Z%
    FOR Jahr% = 0 TO S%
      PRINT USING "##### "; R(Kunde%,Jahr%);
    NEXT Jahr%
    PRINT
  NEXT Kunde%
END SUB

' ====== Anweisungsteil
CLS
CALL Tabelleneingabe(%Zeilen, %Spalten, Regal())
CALL Summieren(%Zeilen, %Spalten, Regal())
CALL Tabellenausgabe(%Zeilen, %Spalten, Regal())
PRINT "Programmende AbTabell."
END
```

**Ausführungsbeispiel zu Programm AbTabell (Ausdruck nebeneinander):**

```
Eingabe zeilenweise:
Nächste Zeile, nächster Kunde:
Kunde 1 , Vierteljahr 1 ? 10
Kunde 1 , Vierteljahr 2 ? 20
Kunde 1 , Vierteljahr 3 ? 30
Kunde 1 , Vierteljahr 4 ? 40
Nächste Zeile, nächster Kunde:
Kunde 2 , Vierteljahr 1 ? 20
Kunde 2 , Vierteljahr 2 ? 40
Kunde 2 , Vierteljahr 3 ? 60
Kunde 2 , Vierteljahr 4 ? 80
Nächste Zeile, nächster Kunde:
Kunde 3 , Vierteljahr 1 ? 30
Kunde 3 , Vierteljahr 2 ? 60
Kunde 3 , Vierteljahr 3 ? 90
Kunde 3 , Vierteljahr 4 ? 120
Nächste Zeile, nächster Kunde:
Kunde 4 , Vierteljahr 1 ? 40
Kunde 4 , Vierteljahr 2 ? 80
Kunde 4 , Vierteljahr 3 ? 120
Kunde 4 , Vierteljahr 4 ? 160

Nächste Zeile, nächster Kunde:
Kunde 5 , Vierteljahr 1 ? 50
Kunde 5 , Vierteljahr 2 ? 100
Kunde 5 , Vierteljahr 3 ? 150
Kunde 5 , Vierteljahr 4 ? 200

Übersicht: 5 Zeilen, 4 Spalten:
 1500   150   300   450   600
  100    10    20    30    40
  200    20    40    60    80
  300    30    60    90   120
  400    40    80   120   160
  500    50   100   150   200
Programmende AbTabell.
```

### 3.6.4.1 Schleifenschachtelung

Regal kann man sich als Regalschrank vorstellen, in dem die Absatzmengen von fünf Kunden (Zeilen 1 bis 5) in den vier Quartalen (Spalten 1 bis 4) abgespeichert werden. So haben der Kunde 5 im 1. Jahresquartal 50 Stück und der Kunde 3 im 1. Quartal 90 Stück eingekauft.

Die Tastatureingabe der 5*4=20 Absatzmengen vollzieht sich über zwei Zählerschleifen, die geschachtelt angeordnet sind. Jeder Durchlauf der äußeren Schleife **FOR Kunde%=1 TO Z%** bewirkt ein viermaliges Durchlaufen der inneren Schleife **FOR Jahr%=1 TO S%** für den Kunden. Das Verarbeiten von zweidimensionalen Arrays (Tabellen, Matrizen) führt stets zur Schleifenschachtelung.

```
FOR Kunde% = 1 TO Z%                     Äußere Schleife (Anfang)
  FOR Jahr% = 1 TO S%                     Innere Schleife (Anfang)
    INPUT Regal(Kunde%,Jahr%)
  NEXT Jahr%                              Innere Schleife (Ende)
NEXT Kunde%                              Äußere Schleife (Ende)
```

Typisch für zweidimensionale Arrays: Schleifenschachtelung

### 3.6.4.2 Arrays als Parameter übergeben

Turbo Basic unterstützt zwei Unterprogrammtypen: Funktionen und Prozeduren. Bei Funktionen können nur einfache Variablen als Parameter übergeben werden. Bei Prozeduren hingegen sind auch Arrays als strukturierte Variablen erlaubt. Dabei gilt eine Einschränkung: Arrays können als Variablenparameter, nicht aber als Werteparameter übergeben werden.

Zur Angabe in der Parameterliste gilt folgende Regel:

- Beim formalen Parameter wird die Dimension in Klammern hinter dem Arraynamen angegeben: z.B. **R(2)**.
- Beim aktuellen Parameter wird eine leere Klammer hinter dem Arraynamen angegeben: z.B. **Regal()**.

**SUB Tabelleneingabe(Z%,S%,R(2))** FORMAL

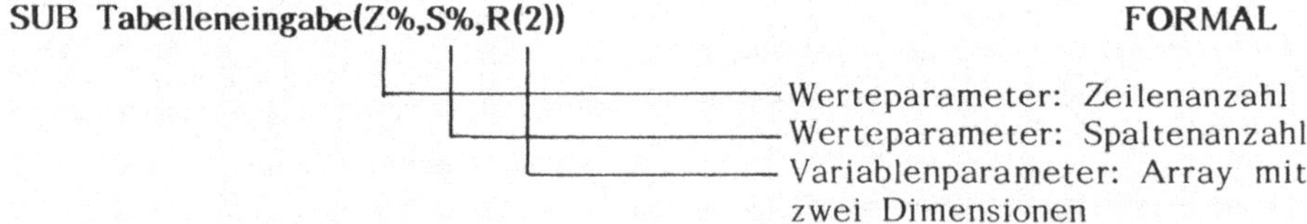


**CALL Tabelleneingabe(%Zeilen,%Spalten,Regal())** AKTUELL

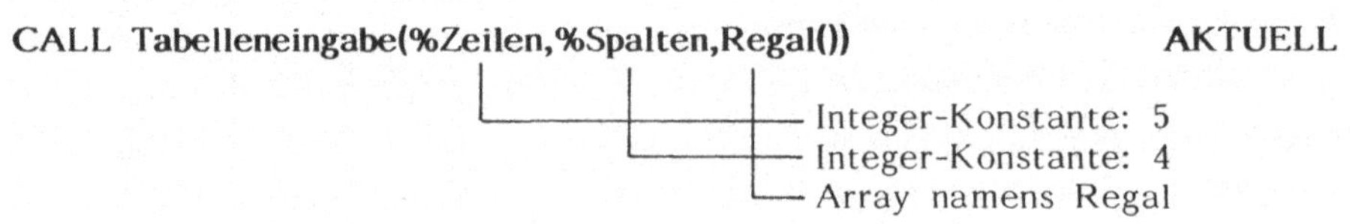


Formaler Array-Parameter R vertritt den aktuellen Array-Parameter Regal während der Ausführung der Prozedur Tabelleneingabe

### 3.6.5 Speicherplatzbelegung durch Arrays

#### 3.6.5.1 Array als lokale und dynamische Variable

Im Hinblick auf die Vereinbarung von Variablen bzw. Arrays sind zwei Begriffspaare zu unterscheiden:
- lokal - global bzw. LOCAL - SHARED
- dynamisch - statisch bzw. DYNAMIC - STATIC

Im Programm Jahre1 wird ein Array namens Jahr% mittels LOCAL als lokale Variable und mittels DYNAMIC als dynamische Variable vereinbart. Das bedeutet, daß der Array nur in der Prozedur bekannt und erst zur Zeit der Programmausführung erzeugt wird.

**1. LOCAL Jahr%()**
- Der mit dem Attribut LOCAL vereinbarten Array-Variablen Jahr% werden nur temporär Speicherplätze zugeordnet.
- Nach dem Verlassen der Prozedur JahreZuweisen werden die Speicherplätze wieder freigegeben.
- Der lokale Array ist nur innerhalb der Prozedur bekannt.

**2. DIM DYNAMIC Jahr%(1987:2000)**
- Der Array wird - trotz der Angabe von Konstanten als Indizes - durch das Anweisungswort DYNAMIC dynamisch erzeugt.
- Erst zur Laufzeit des Programms wird für den Array Speicherplatz zugeteilt und belegt.
- Mit der Anweisung ERASE könnte der dynamisch erzeugte Array innerhalb der Prozedur wieder komplett entfernt werden.
- Durch die Angabe der Indexgrenzen 1987:2000 werden 14 Elemente mit den Indexnummern 1987, 1988, ..., 2000 zugewiesen.

Vereinbarungen LOCAL und DIM DYNAMIC am Beispiel des Arrays Jahr%

**Ausführungsbeispiel zu Programm Jahre1:**

```
Summe%, DrittesJahr%:  0  0
Jahr%(1989):  1989
Summe%, DrittesJahr%:  27909  1989
Programmende Jahre1.
```

| | |
|---|---|
| DIM Jahr%(1987:2000) | 14 Elemente 1987,1988,...,2000 |
| DIM r(%Unten,%Oben) | Integer-Konstanten zur Bereichangabe |
| DIM z#(0:5, 100:110) | Tabelle mit 6*11=66 Elementen |
| DIM w(50:58, 1) | Tabelle mit 9*2=18 Elementen (Annahme OPTION BASE 0) |

Array-Vereinbarungen mit Angabe von Indexbereichen
(Untergrenze und Obergrenze)

```
' ====== Programm Jahre1
' Array Jahr% als lokale sowie dynamische Variable vereinbaren

' ====== Vereinbarungsteil
  SUB JahreZuweisen
    LOCAL j%, Jahr%()                        'Integer und Array lokal
    SHARED Summe%, DrittesJahr%              'Zwei Integers global
    DIM DYNAMIC Jahr%(1987:2000)
    FOR j% = 1987 TO 2000
      Jahr%(j%) = j%
      Summe% = Summe% + Jahr%(j%)
    NEXT j%
    DrittesJahr% = Jahr%(1989)
    PRINT "Jahr%(1989): "; Jahr%(1989)
  END SUB

' ====== Anweisungsteil
CLS
PRINT "Summe%, DrittesJahr%: "; Summe%; DrittesJahr%
CALL JahreZuweisen
PRINT "Summe%, DrittesJahr%: "; Summe%; DrittesJahr%
PRINT "Programmende Jahre1."
END
```

### 3.6.5.2 Speicherbereiche String, Array und Stack

**Vordefinierte Funktion FRE:** Die Funktion FRE gibt den freien, noch verfügbaren Speicherplatz im String-Speicherbereich, Array-Speicherbereich bzw. auf dem Stack an, je nachdem, ob als Funktionsargument ein Stringausdruck, -1 bzw. -2 angegeben wird. Damit läßt sich veranschaulichen, inwieweit statische und dynamische Arrays Speicherplatz beanspruchen.

**Demonstrationsprogramm Speich1:** Das Programm Speich1 zeigt, wie der Speicherplatz der dynamisch vereinbarten Arrays Zahlen# und Strings$ durch die ERASE-Anweisung noch während der Laufzeit des Programms wieder freigegeben werden.

**Demonstrationsprogramm Speich2:** Das Programm Speich2 stellt die Speicherplatzbelegung von statisch und dynamisch vereinbarten Variablen gegenüber.

**Basic-Quelltext zu Programm Speich1:**

```
' ====== Programm Speichl
' Speicherplatz überprüfen beim Vereinbaren dynamischer Arrays.

' ====== Vereinbarungsteil
  SUB Speicherplatz
    PRINT "Speicher String, Array, Stack: "; FRE(""), FRE(-1), FRE(-2)
    PRINT "Gesamt-Speicher frei:"; FRE("") + FRE(-1) + FRE(-2)
    PRINT
  END SUB

' ====== Anweisungsteil
CLS
PRINT "1. Speicherplatz nach dem Programmstart:"
CALL Speicherplatz
DIM DYNAMIC Zahlen#(1000)
PRINT "2. Speicherplatz nach DIM DYNAMIC Zahlen#(1000):"
CALL Speicherplatz
DIM DYNAMIC Strings$(1000)
PRINT "3. Speicherplatz nach DIM DYNAMIC Strings$(1000):"
CALL Speicherplatz
ERASE Zahlen#, Strings$
PRINT "4. Speicherplatz nach dem Löschen der Variablen:"
CALL Speicherplatz
PRINT "Programmende Speichl."
END
```

**Ausführungsbeispiel zu Programm Speich1:**

```
1. Speicherplatz nach dem Programmstart:
Speicher String, Array, Stack:  65254       69792             1010
Gesamt-Speicher frei: 136056

2. Speicherplatz nach DIM DYNAMIC Zahlen#(1000):
Speicher String, Array, Stack:  61750       61744             1010
Gesamt-Speicher frei: 124504

3. Speicherplatz nach DIM DYNAMIC Strings$(1000):
Speicher String, Array, Stack:  57702       57696             1010
Gesamt-Speicher frei: 116408

4. Speicherplatz nach dem Löschen der Variablen:
Speicher String, Array, Stack:  57702       69792             1010
Gesamt-Speicher frei: 128504

Programmende Speichl.
```

**Basic-Quelltext zu Programm Speich2:**

```
' ====== Programm Speich2
' Speicherplatz überprüfen bei dynamischen und statischen Arrays.

' ====== Vereinbarungsteil
  SUB Speicherplatz
    PRINT "Speicher String, Array, Stack: "; FRE(""), FRE(-1), FRE(-2)
    PRINT "Gesamt-Speicher frei:"; FRE("") + FRE(-1) + FRE(-2)
    PRINT
  END SUB

' ====== Anweisungsteil
CLS: PRINT "1. Speicherplatz nach dem Programmstart:"
CALL Speicherplatz
DIM Sta%(1000), Sta$(1000)                        'statische Arrays
LET z% = 1000
DIM Dyn%(z%), Dyn$(z%)                            'dynamische Arrays
PRINT "2. Speicherplatz nach DIM:"
CALL Speicherplatz
LET Sta%(2) = 55 : LET Sta$(2) = "Statisch"
LET Dyn%(2) = 99 : LET Dyn$(2) = "Dynamisch"
PRINT "3. Speicherplatz nach Wertzuweisungen:"
PRINT Sta%(2), Sta$(2), Dyn%(2), Dyn$(2)
CALL Speicherplatz
CLEAR
PRINT "4. Speicherplatz nach dem Löschen von Variablen mit CLEAR:"
PRINT Sta%(2), Sta$(2)          'PRINT Dyn%(2), Dyn$(2) undefiniert
CALL Speicherplatz
PRINT "Programmende Speich2."
END
```

**Ausführungsbeispiel zu Programm Speich2:**

```
1. Speicherplatz nach dem Programmstart:
Speicher String, Array, Stack:  63148      63136          1010
Gesamt-Speicher frei: 127294

2. Speicherplatz nach DIM:
Speicher String, Array, Stack:  57052      57040          1010
Gesamt-Speicher frei: 115102

3. Speicherplatz nach Wertzuweisungen:
 55            Statisch       99            Dynamisch
Speicher String, Array, Stack:  57019      57008          1010
Gesamt-Speicher frei: 115037

4. Speicherplatz nach dem Löschen von Variablen mit CLEAR:
 0
Speicher String, Array, Stack:  63148      63136          1010
Gesamt-Speicher frei: 127294

Programmende Speich2.
```

**Vorteil der statischen Dimensionierung:** Bei einem statischen Array reserviert der Compiler bereits zur Übersetzungszeit den erforderlichen Speicherplatz. Damit kann es während der Programmausführung zu keinen Überraschungen mehr kommen.

**64-KBytes-Begrenzung:** Dies ist deshalb wichtig, da in Turbo Basic die Größe eines Arrays auf 64 KBytes begrenzt ist. Die Anzahl der Arrayelemente ist somit vom jeweiligen Datentyp abhängig.

**String-Array als Sonderfall:** In den Programmen Speich1 und Speich2 werden drei Speicherbereiche unterschieden: Array, String und Stack. Numerische Arrays sind im Array-Bereich gespeichert. Beim String-Array hingegen sind im Array-Bereich nur die Länge und ein Adreß-Zeiger auf den Spring-Bereich gespeichert, während die Zeichenketten selbst im String-Bereich abgelegt sind. Deshalb die Angabe von "nur 4 Bytes je Element" in der Übersichtstabelle.

| **Speicherplatz je Element:** | **Datentyp:** | **Maximal mögliche Anzahl von Elementen je Array:** |
|---|---|---|
| 2 Bytes | Integer % | 32768 |
| 4 Bytes | Langinteger & | 16384 |
| 4 Bytes | Real-einfachgenau ! | 16384 |
| 8 Bytes | Real-doppeltgenau # | 8192 |
| 4 Bytes | String | 16384 |

Maximalanzahl von Arrayelementen in Abhängigkeit des Datentyps (Grundlage: ein Array darf maximal 64 KBytes groß sein)

**Compiler-Befehle $STATIC und $DYNAMIC:** Mit diesen Befehlen kann man die jeweilige Arrayart kontrollieren. Voreingestellt ist $STATIC. Werden die Befehle als Parameter in der DIM-Anweisung genannt, dann beziehen sie sich nur auf die jeweilige DIM-Anweisung.

```
$STATIC                    'überflüssig, da voreingestellt
DIM i%(99)                 'statischer Array i%
DIM j%((z%)                'statisch, da Variable in Klammern
DIM k(z%+1)                'statisch, da Ausdruck
LET Anzahl%=80
DIM z(Anzahl%)             'dynamisch, da Anzahl% als Variable
DIM DYNAMIC u$(30)         'dynamisch, obwohl 30 als Konstante
$DYNAMIC                   'ab jetzt dynamische Erzeugung
DIM tt(40+Anzahl%)         'dynamisch, obwohl Ausdruck
DIM q#(1111)               'dynamisch, obwohl Konstante
DIM STATIC a(60)           'statisch
DIM STATIC b(n%)           'Fehler, da n% als Variable
```

Beispiele zu statischer und dynamischer Array-Vereinbarung

# 3

# Programmierkurs mit Turbo Basic – Grundkurs –


| | |
|---|---|
| 3.1 Lineare Programme (Folgestrukturen) | 117 |
| 3.2 Verzweigende Programme (Auswahlstrukturen) | 129 |
| 3.3 Programme mit Schleifen (Wiederholungsstrukturen) | 145 |
| 3.4 Prozeduren und Funktionen (Unterprogrammstrukturen) | 161 |
| 3.5 String als strukturierter Datentyp (Textverarbeitung) | 181 |
| 3.6 Array als strukturierter Datentyp (Tabellenverarbeitung) | 199 |
| **3.7 File als strukturierter Datentyp (Dateiverarbeitung)** | **219** |

**Vier Arten von Dateien:** Eine Datei ist eine Sammlung von Daten, die auf einem Externspeicher (wie Diskette oder Festplatte) dauerhaft gespeichert werden kann. Turbo Basic unterstützt vier Arten von Dateien:

| | |
|---|---|
| **1. Sequentielle Datei** | (variable Datensatzlänge) |
| **2. Direktzugriff-Datei** | (konstante Datensatzlänge) |
| **3. Gerätedatei** | (Sonderform der sequentiellen Datei) |
| **4. Binärdatei** | (unstrukturierte Folge von Bytes) |

Auf diese Dateien wird in den Abschnitten 3.7.1 bis 3.7.4 an Beispielen eingegangen.

### 3.7.1 Sequentielle Datei

**Sequentielle Dateiorganisation:** In Abschnitt 1.5 wurde das Prinzip der sequentiellen Dateiorganisation allgemein dargestellt:
- Dateihierarchie mit: Datenbank, Datei, Datensatz, Datenfeld und Zeichen.
- Eintrag für Eintrag bzw. Datenfeld für Datenfeld hintereinander auf Externspeicher schreiben.
- Die Reihenfolge des Schreibens bestimmt die spätere Reihenfolge des Lesens. Ursprünglich wurde auf Magnetband (bzw. Kassette) als typisch sequentiellem Speicher gespeichert.
- Die Datensatzlänge ist variabel. Auf den Datensatz als Dateneinheit wird vollkommen verzichtet.

**Befehle zur sequentiellen Datei:** In Abschnitt 2.3.5 werden alle Anweisungen und Funktionen mit Beispielen in alphabetischer Ordnung wiedergegeben.

**Lagerdatei namens Lager1.DAT als sequentielle Beispieldatei:** Die Lagerdatei besteht aus Datensätzen, die jeweils die drei Datenfelder
- Bezeichnung des Artikels (Datenfeldvariable Bezeichnung$)
- Lagerbestand (Datenfeldvariable Bestand%)
- Stückpreis des Artikels (Datenfeldvariable Stueckpreis!)

umfassen. Da die Datenfelder unterschiedlich lang sein können, ist die Datensatzlänge variabel.

**Dateiverarbeitung in drei Schritten:** Jede Datei wird zunächst geöffnet (OPEN), um dann lesend oder schreibend auf die Datei zuzugreifen (INPUT# oder PPRINT# bzw. WRITE#). Abschließend muß die Datei geschlossen werden (CLOSE). Für jeden dieser Schritte wird in den Programmen jeweils eine Prozedur vereinbart.

**Anweisungen zu Schritt 1: Datei öffnen.** Beim Öffnen der Datei wird ein Zusammenhang zwischen dem Programm im RAM und der sequentiellen Datei auf Diskette hergestellt.

**OPEN "I", #1, "B:Lager1.DAT"**
- Eingabedatei (I für Input) zum Lesen, Dateinummer 1, Dateiname Lager1.DAT in Laufwerk B:. Der Dateivariablen 1 wird der Dateiname B:Lager1.DAT zugeordnet.
- Option in Turbo Basic: OPEN "B:Lager1.DAT" FOR INPUT AS #1.

**OPEN "O", #1, "B:Lager1.DAT"**
- Ausgabedatei (O für Output) zum Schreiben von Anfang an (alter Inhalt wird zerstört).
- Option in Turbo Basic: OPEN "B:Lager1.DAT" FOR OUTPUT AS #1.

**OPEN "A", #2, Dateiname$**
- Ausgabedatei zum Schreiben vom Dateiende an (A für Append), Dateiname in Variable Dateiname$ abgelegt. Dateinummer 2.
- Option in Turbo Basic: OPEN Dateiname$ FOR APPEND AS #2.

**Anweisungen zu Schritt 2: Datei lesen bzw. beschreiben.** Lesen ist ein Eingabevorgang, um Datensätze von der Diskettendatei in den RAM einzugeben. Das Schreiben ist ein Ausgabevorgang, da Datensätze aus dem RAM in die Diskettendatei gespeichert werden.

**INPUT #1, Bezeichnung$,Bestand%**
- Die nächsten zwei Daten von Datei 1 in die Variablen Bezeichnung$ und Bestand% einlesen.

**PRINT #1, Bezeichnung$,",";Bestand%**
- Inhalt der Variablen Bezeichnung$ und Bestand% durch ein Komma getrennt als nächste Daten auf die Diskettendatei 1 schreiben.
- Komma als Trennungszeichen stets explizit angeben (Basic faßt Komma, Semikolon, Leerstelle, Wagenrücklauf bzw. Zeilenvorschub als Trennungszeichen auf (Achtung bei Speicherung von Strings, die solche Zeichen enthalten!)).

**WRITE #1, Bezeichnung$, Bestand%**
- Identisch mit obiger Anweisung PRINT #, da WRITE # das Trennungszeichen "," automatisch zwischen die Daten schreibt.

**LINE INPUT #3, Eintrag$**
- Liest Daten bis zum nächsten Chr$(13) bzw. Wagenrücklauf in die Variable Eintrag$ ein (Trennungszeichen "," bzw. ";" dabei ignoriert).

**PRINT #3 USING "######.## "; z1%,z2%,z3%**
- Drei Zahlen werden formatiert jeweils mit einer Leerstelle als Trennungszeichen auf die Datei 3 geschrieben.

**Anweisungen zu Schritt 3: Datei schließen.** Nach dem lesenden und/oder schreibenden Zugriff auf eine Datei muß diese geschlossen werden.

**CLOSE #1 bzw. CLOSE**
- Dateien 1 und 2 schließen bzw. alle offenen Dateien schließen.

### 3.7.1.1 Datensätze erfassen und auf die Datei schreiben

Das Programm LagSchr1 ist ein sequentielles Schreibprogramm, um neue Datensätze über die Tastatur einzutippen und entweder von Anfang an zu schreiben oder aber hinten an die Datei anzufügen. Die oben dargestellte Drei-Schritt-Folge wird von den Prozeduren Oeffnen, Schreiben und Schliessen übernommen:

- **Prozedur Oeffnen:** Datei mit OPEN "O" öffnen, um neu zu schreiben, oder aber mit OPEN "A", um anzufügen.
- **Prozedur Schreiben:** Schleife, um über die WRITE #-Anweisung Satz für Satz zu schreiben.
- **Prozedur Schliessen:** Verbindung zwischen Datei und Programm beenden.

**Ausführungsbeispiel zum Schreibprogramm LagSchr1:**

```
Name der Lagerbestandsdatei (z.B. Lager1.DAT)? Lager1.dat
Datensätze von Beginn an schreiben (0) oder anhängen (1)?
1
Datei zum Anfügen von Sätzen geöffnet.
Bezeichnung des Artikels (0=Ende)? Karteil (Software)
Lagerbestand, Stückpreis? 20, 855.20
Nächste Bezeichnung (0=Ende)? 0
Ende des Schreibens auf die Lagerbestandsdatei.
Programmende LagSchr1.
```

**Strukturbaum zum Schreibprogramm LagSchr1:**

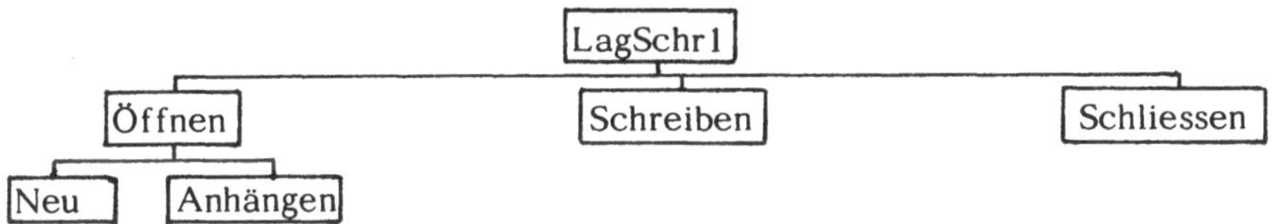


**Datenflußplan zum Schreibprogramm LagSchr1:**

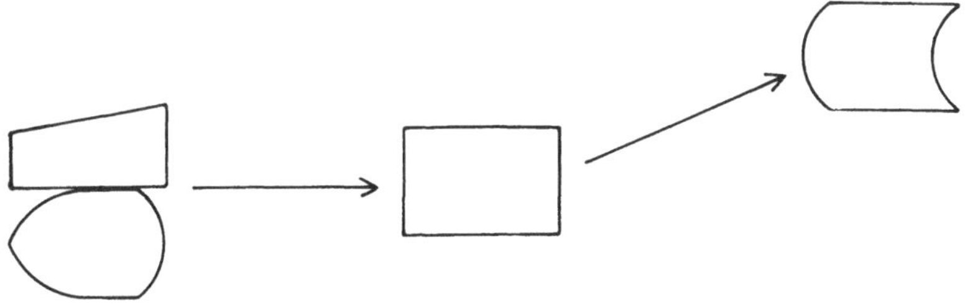

**Basic-Quelltext zum Schreibprogramm LagSchr1:**

```
' ====== Programm LagSchr1
' Sequentielle Dateiorganisation: Lagerbestandsdatei einrichten
' und Datensätze auf die Datei schreiben

' ====== Vereinbarungsteil
SUB Oeffnen                                   'Lagerbestandsdatei öffnen
  LOCAL Dateiname$, Wahl$
  INPUT "Name der Lagerbestandsdatei (z.B. Lager1.DAT)"; Dateiname$
  DO
    PRINT "Datensätze von Beginn an schreiben (0) oder anhängen (1)?"
    INPUT ,Wahl$
  LOOP UNTIL Wahl$ = "0" OR Wahl$ = "1"
  IF Wahl$ = "0" THEN
    INPUT "Bisherige Lagerdatei zerstören (j/n)"; Wahl$
    IF Wahl$ <>"j" THEN
      PRINT "Abbruch des Programmes (Fehler bei Schreiben)."
      EXIT SUB
    END IF
    OPEN "O", #1, Dateiname$
    PRINT "Datei neu und leer geöffnet."
  ELSE
    OPEN "A", #1, Dateiname$
    PRINT "Datei zum Anfügen von Sätzen geöffnet."
 END IF
END SUB

SUB Schreiben                                 'Sätze auf Datei schreiben
  LOCAL Bezeichnung$, Bestand%, Stueckpreis!
       ' Datensatz besteht aus drei Datenfeldern
  INPUT "Bezeichnung des Artikels (0=Ende)"; Bezeichnung$
  DO WHILE Bezeichnung$ <>"0"
    INPUT "Lagerbestand, Stückpreis"; Bestand%, Stueckpreis!
    WRITE #1, Bezeichnung$, Bestand%, Stueckpreis!
    INPUT "Nächste Bezeichnung (0=Ende)"; Bezeichnung$
  LOOP
END SUB

SUB Schliessen                                'Datei verändert schließen
  PRINT "Ende des Schreibens auf die Lagerbestandsdatei."
  CLOSE #1
END SUB

' ====== Anweisungsteil
CLS
CALL Oeffnen
CALL Schreiben
CALL Schliessen
PRINT "Programmende LagSchr1."
END
```

### 3.7.1.2 Alle Datensätze von Datei in den RAM lesen und anzeigen

Das Programm LagLes1 liest alle Datensätze in der Reihenfolge, in der sie zuvor über das Programm LagSchr1 auf die Diskettendatei gespeichert wurden. Die Funktion EOF(1) liefert den Wert True (wahr), wenn der letzte Datensatz aus der Datei 1 gelesen wurde (EOF für End Of File bzw. Ende der Datei).

**Basic-Quelltext zum Leseprogramm LagLes1:**

```
' ====== Programm LagLes1
' Sequentielle Dateiorganisation: Alle Sätze aus einer
' Lagerbestandsdatei in Speicherungsfolge lesen und anzeigen

' ====== Vereinbarungsteil
SUB Oeffnen                               'Datei als Eingabedatei öffnen
  LOCAL Dateiname$
  INPUT "Name der Lagerbestandsdatei (z.B. Lager1.DAT)"; Dateiname$
  OPEN "I", #1, Dateiname$
END SUB

SUB Lesen                                 'Leseschleife Gesamtdatei
  LOCAL Bezeichnung$, Bestand%, Stueckpreis!
  LOCAL Maske$
  Maske$ = "\                   \  #####      #####.##"
  PRINT "Aktueller Gesamtinhalt der Lagerbestandsdatei:"
  PRINT "Bezeichnung:        Lagerbestand:  Stückpreis:"
  PRINT "----------------------------------------------"
  DO WHILE NOT EOF(1)
    INPUT #1, Bezeichnung$, Bestand%, Stueckpreis!
    PRINT USING Maske$; Bezeichnung$, Bestand%, Stueckpreis!
  LOOP
END SUB

SUB Schliessen                            'Datei unverändert schließen
  PRINT "Ende des Lesens von der Lagerbestandsdatei."
  CLOSE #1
END SUB

' ====== Anweisungsteil
CLS
CALL Oeffnen
CALL Lesen
CALL Schliessen
PRINT "Programmende LagLes1."
END
```

**Ausführungsbeispiel zum Leseprogramm LagLes1:**

```
Name der Lagerbestandsdatei (z.B. Lager1.DAT)? Lager1.DAT
Aktueller Gesamtinhalt der Lagerbestandsdatei:
Bezeichnung:          Lagerbestand:  Stückpreis:
---------------------------------------------
Diskette                    500         2.20
Papier                       80        11.25
Personalcomputer 013          9      1780.55
Drucker Eps Q3               11       525.00
Karteil (Software)           20       855.20
Ende des Lesens von der Lagerbestandsdatei.
Programmende LagLes1.
```

**Datenflußplan zum Leseprogramm LagLes1:**

**Datenflußplan zum Änderungsprogramm LagAend1:**

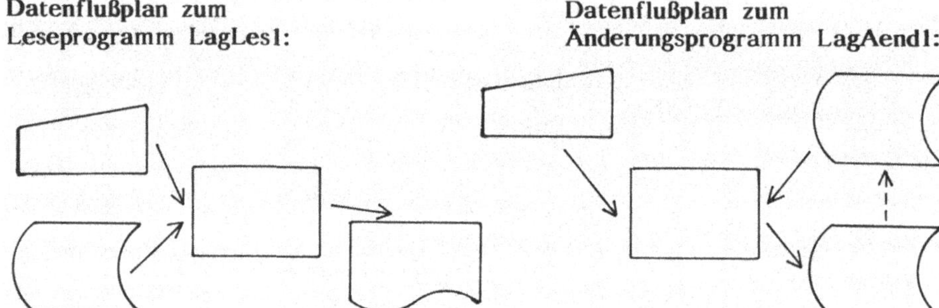

### 3.7.1.3 Änderungsdienst am Beispiel des Einfügens eines Datensatzes

Das Ausführungsbeispiel zeigt, wie mit "Modem" der zweite Datensatz in die Lagerdatei eingefügt wird.

**Ausführungsbeispiel zum Änderungsprogramm LagAend1:**

```
Name der Lagerdatei (z.B. Lager1.DAT)? Lager1.DAT
Name der Hilfsdatei (z.B. Hilf.DAT)? Hilf.DAT
1) Einzufügenden Datensatz erfassen:
Bezeichnung, Bestand, Stückpreis des neuen Satzes =?
Modem,7,99.75
2) Protokoll: Kopieren von Lager1.DAT in Hilf.DAT
Satz Diskette kopieren.
Satz Modem einfügen.
Satz Papier kopieren.
Satz Personalcomputer kopieren.
Satz Drucker Eps Q3 kopieren.
Satz Karteil (Software) kopieren.
3) Datei Lager1.DAT wird zerstört.
4) Datei Hilf.DAT wird in Lager1.DAT umbenannt.
Programmende LagAend1.
```

**Basic-Quelltext zum Änderungsprogramm LagAend1:**

```
' ====== Programm LagAend1
' Sequentielle Dateiorganisation: Einen zusätzlichen Satz in die
' Lagerbestandsdatei einfügen.

' ====== Vereinbarungsteil
SUB Oeffnen
  SHARED Dateiname$, DateinameHilf$
  INPUT "Name der Lagerdatei (z.B. Lager1.DAT)"; Dateiname$
  OPEN "I", #1, Dateiname$                        'Quelldatei
  INPUT "Name der Hilfsdatei (z.B. Hilf.DAT)"; DateinameHilf$
  OPEN "O", #2, DateinameHilf$                    'Zieldatei
END SUB

SUB Einfuegen
  SHARED Dateiname$, DateinameHilf$
  LOCAL Bezeichnung$, Bestand%, Stueckpreis!          'bisheriger Satz
  LOCAL BezeichnungNeu$, BestandNeu%, StueckpreisNeu%  'neuer Satz
  PRINT "1) Einzufügenden Datensatz erfassen:"
  PRINT "Bezeichnung, Bestand, Stückpreis des neuen Satzes =?"
  INPUT ,BezeichnungNeu$, BestandNeu%, StueckpreisNeu!
  PRINT "2) Protokoll: Kopieren von ";Dateiname$;" in ";DateinameHilf$
  DO WHILE NOT EOF(1)
    INPUT #1, Bezeichnung$, Bestand%, Stueckpreis
    IF BezeichnungNeu$ > Bezeichnung$ THEN
      PRINT "Satz ";BezeichnungNeu$;" einfügen."
      WRITE #2, BezeichnungNeu$, BestandNeu%, StueckpreisNeu!
      LET BezeichnungNeu$ = "zzzzz"     'sperren für Abfragen
    END IF
    PRINT "Satz ";Bezeichnung$;" kopieren."
    WRITE #2, Bezeichnung$, Bestand%, Stueckpreis!
  LOOP
END SUB

SUB SchliessenUndLoeschen
  SHARED Dateiname$, DateinameHilf$
  CLOSE                                     'Alle zwei Dateien schließen
  PRINT "3) Datei ";Dateiname$;" wird zerstört."
  KILL Dateiname$
  PRINT "4) Datei ";DateinameHilf$;" wird in ";Dateiname$;" umbenannt."
  NAME DateinameHilf$ AS Dateiname$
END SUB

' ====== Anweisungsteil
CLS
CALL Oeffnen
CALL Einfuegen
CALL SchliessenUndLoeschen
PRINT "Programmende LagAend1."
END
```

### 3.7.2 Direktzugriff-Datei

**Direkter Zugriff auf den einzelnen Datensatz:** Diese auch als Random-Datei bezeichnete Organisationsform wurde in Abschnitt 1.5 allgemein dargestellt. Turbo Basic unterstützt die Direktzugriff-Datei durch spezielle Sprachmittel:

- Lesen und Schreiben von Datensätzen durch die Anweisungen GET # und PUT # (bei sequentieller Datei: INPUT # und PRINT #).
- Datei mit konstanter Datensatzlänge, die bei der OPEN-Anweisung angegeben wird (bei sequentieller Datei: variable Datensatzlänge).
- Zugriff auf den einzelnen Datensatz direkt über die entsprechende Datensatznummer. Die Reihenfolge des Lesens ist somit unabhängig von der Speicherungsfolge der Datensätze.
- Datensätze werden beim Lesen wie Schreiben durch den Dateipuffer als "Fenster" durchgereicht. Zweck: Konvertierung des Darstellungsformates von Daten.
- Der Dateipuffer (mit den Puffervariablen) wird durch die FIELD-Anweisung vereinbart und eingerichtet.

**Kundendatei als Beispiel einer Direktzugriff-Datei:** Die folgenden Programme beziehen sich alle auf eine Kundendatei namens Kunden1.DAT, deren Datensätze die drei Datenfelder Nummer%, Name$ und Umsatz sowie eine konstante Satzlänge von 26 Zeichen aufweisen.

| | | | |
|---|---|---|---|
| Datenfeldvariable: | Nummer% | Bezeichnung$ | Umsatz |
| Datentyp: | Integer | String | Real |
| **Datenpuffervariable:** | **NummerP$** | **BezeichnungP$** | **UmsatzP$** |
| **Länge in der Datei:** | **2** | **20** | **4** |
| Beispiel: | 109 | Schulte | 7000.50 |

Datensatzbeschreibung der Daten Kunden1.DAT:
Datensatz mit drei Datenfeldern und Satzlänge LEN=26

**Dateipuffer als "Fenster":** Die Datenfelder sind auf Diskette in einem speziellen Datenformat gespeichert. Im Dateipuffer werden die entsprechend formatierten Daten bereitgestellt. Im Dateipuffer hat immer nur ein Datensatz Platz; man bezeichnet ihn als aktuellen bzw. aktiven Satz.

**Schreiben und Lesen über einen Dateipuffer bei der Direktzugriff-Datei:**

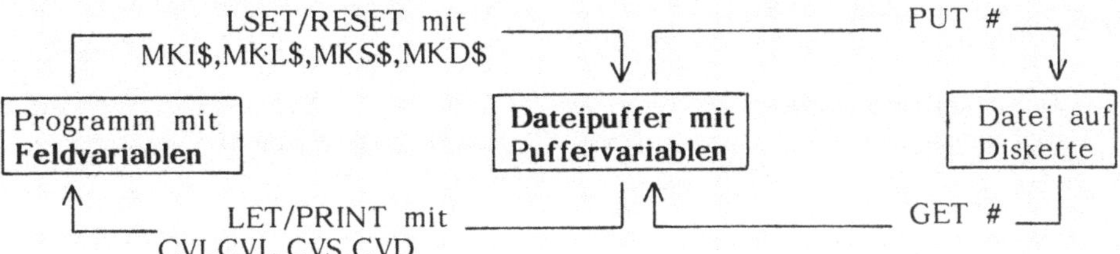


**Schreiben und Lesen bei der sequentiellen Datei:**

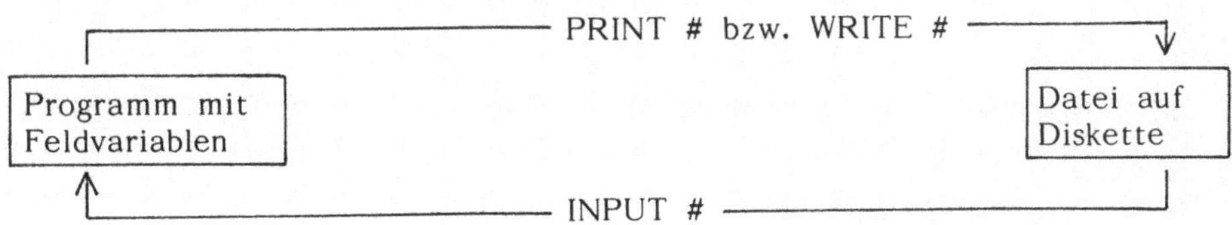


Dateipuffer als "Fenster" nur bei der Direktzugriff-Datei

### 3.7.2.1 Datei neu anlegen und Leersätze speichern

Das Programm KunAnl dient dazu, eine bestimmte Anzahl von Datensätzen der Datei Kunden1.DAT als Leersätze bereitzustellen. "Leer" bedeutet, daß für numerische Felder der Wert 0 und für Stringfelder der Leerstring gespeichert wird.

**1. Dateipuffer einrichten:**
- FIELD #1, 2 AS NummerP$, 20 AS NameP$, 4 AS UmsatzP$ richtet einen Pufferspeicher mit den drei Puffervariablen NummerP$, NameP$ und UmsatzP$ ein.
- Puffervariablen müssen Stringvariablen sein. Die Länge hängt vom Datentyp ab: Integer 2, Langinteger 4, Real-einfachgenau 4, Real-doppeltgenau 8 und String hier z.B. 20 Zeichen lang.

**2. Feldinhalte in Puffervariablen setzen:**
- Wertzuweisungen in Puffervariablen müssen mit LSET (linksbündig) oder RSET (rechtsbündig) vorgenommen werden, keinesfalls mit INPUT oder LET.
- Die Funktionen MKI$ (lies: Make Integer zu einem String ($)), MKL$, MKS$ und MKD$ dienen zur Umwandlung numerischer Werte in das spezielle Dateiformat.
- LSET NummerP$=MKI$(0) wandelt die Null um und setzt sie linksbündig in die Puffervariable NummerP$.

**3. Datensatz aus Dateipuffer in die Datei schreiben:**
- PUT #1, Satznummer% schreibt den aktuellen Inhalt des Dateipuffers an die Position der Datei 1, die in der Variablen Satznummer% gerade angegeben ist.

Schreiben über den Dateipuffer in drei Schritten
anhand Programm KunAnl1

**Basic-Quelltext zum Anlegeprogramm KunAnl1:**

```
' ====== Programm KunAnl1
' Random-Dateiorganisation: Anlegen einer Kundendatei mit Leersätzen

' ====== Vereinbarungsteil
' Dateiname$:               Name für Direktzugriffdatei
' Anzahl%:                  Satzanzahl der Datei
' Satznummer%:              Laufvariable
' NummerP$, NameP$, UmsatzP$: Puffervariablen für drei Datenfelder
  %Satzlaenge = 26          'Konstante Datensatzlänge für FIELD-Puffer

' ====== Anweisungsteil
CLS
INPUT "Dateiname (z.B. Kunden1.DAT)"; Dateiname$
INPUT "Anzahl der zu reservierenden Datensätze"; Anzahl%
PRINT Dateiname$;" mit Satzlänge";%Satzlaenge;"und Satzanzahl";Anzahl%
INPUT "anlegen, also alte Datei gegebenenfalls löschen (j/n)"; Wahl$
IF Wahl$ < >"j" THEN
  PRINT "... Programmabbruch, da Löschen nicht gewünscht."
ELSE
  OPEN "R", #1, Dateiname$, %Satzlaenge
  CLOSE #1
  KILL Dateiname$
  PRINT : PRINT "Datei ";Dateiname$;" gelöscht."
  OPEN "R", #1, Dateiname$, %Satzlaenge
  FIELD #1, 2 AS NummerP$, 20 AS NameP$, 4 AS UmsatzP$
  PRINT "Datei ";Dateiname$;" neu geöffnet."
  ' Leersatz mit Datenfeldinhalt (0,Blank,0) aufbauen
  LSET NummerP$=MKI$(0)        'erstes Datenfeld Integer-Format
  LSET NameP$="" :             'zweites Datenfeld String
  LSET UmsatzP$=MKS$(0)        'drittes Datenfeld Real-einfachgenau
  PRINT "Leersätze"
  FOR Satznummer% = 1 TO Anzahl%
    PUT #1, Satznummer%        'Leersatz in Datei schreiben
    PRINT Satznummer%;         'Kontrollausgabe am Bildschirm
  NEXT Satznummer%
  PRINT: PRINT "in die Datei ";Dateiname$;" geschrieben."
  CLOSE #1
  PRINT "Datei leer angelegt und wieder geschlossen."
END IF
PRINT "Programmende KunAnl1."
END
```

```
Dateiname (z.B. Kunden1.DAT)? Kunden1.DAT
Anzahl der zu reservierenden Datensätze? 15
Kunden1.DAT mit Satzlänge 26 und Satzanzahl 15
anlegen, also alte Datei gegebenenfalls löschen (j/n)? j

Datei Kunden1.DAT gelöscht.
Datei Kunden1.DAT neu geöffnet.
Leersätze
 1  2  3  4  5  6  7  8  9  10  11  12  13  14  15
in die Datei Kunden1.DAT geschrieben.
Datei leer angelegt und wieder geschlossen.
Programmende KunAnl1.
```

### 3.7.2.2 Datensätze erfassen und im Direktzugriff schreiben

Das Programm KunSchr1 dient der Datenerfassung und schreibt den jeweiligen Datensatz direkt an die in Satznummer% angegebene Position auf die Datei.

**Adreßrechnung:** Den Zusammenhang "Satznummer% = Nummer% - 100" bezeichnet man als Adreßrechnung. Damit wird ein Zusammenhang hergestellt zwischen der Kundennummer Nummer% einerseits und der Speicheradresse des entsprechenden Satzes in der Datei andererseits. Satznummer% wird auch relative Datensatznummer genannt, da sich diese Nummer auf die Adresse des Dateianfangs bezieht. Es gibt zahlreiche Verfahren der Adreßrechnung.

**Basic-Quelltext zum Schreibprogramm KunSchr1:**

```
' ====== Programm KunSchr1
' Random-Dateiorganisation: Sätze direkt auf Datei schreiben
' (Adreßrechnung: Satznummer = Kundennummer - 100)

' ====== Vereinbarungsteil
' Dateiname$:                   Name der Direktzugriff-Datei
' Nummer%, Namen$, Umsatz:      Datensatz mit 3 Datenfeldvariablen
' NummerP$, NamenP$, UmsatzP$:  Datensatz mit 3 Puffervariablen (FIELD)
' Satznummer%:                  Relative Satznummer
  %Satzlaenge = 26             'Konstante Datensatzlänge (2+20+4)

' ====== Anweisungsteil
CLS
INPUT "Dateiname (z.B. Kunden1.DAT)"; Dateiname$
OPEN "R", #1, Dateiname$, %Satzlaenge
FIELD #1, 2 AS NummerP$, 20 AS NamenP$, 4 AS UmsatzP$
PRINT "Datei ";Dateiname$;" mit Satzlänge"; %Satzlaenge; "eröffnet."
INPUT "Welche Kundennummer (0=Ende)"; Nummer%
DO WHILE Nummer% <>0
  INPUT "Name, Umsatz"; Namen$,Umsatz     'Datenfelder eintippen
  LSET NummerP$ = MKI$(Nummer%)           'Datenfelder in Dateipuffer
  LSET NamenP$  = Namen$
  LSET UmsatzP$ = MKS$(Umsatz)
  LET Satznummer% = Nummer% - 100         'Adreßrechnung
  PUT #1,Satznummer%                      'Satz schreiben an Satznummer%
  INPUT "Neue Kundennummer (0=Ende)"; Nummer%
LOOP
CLOSE #1
PRINT "Datei ";Dateiname$;" geschlossen. Programmende KunSchr1."
END
```

```
Dateiname (z.B. Kunden1.DAT)? Kunden1.DAT
Datei Kunden1.DAT mit Satzlänge 26 eröffnet.
Welche Kundennummer (0=Ende)? 105
Name, Umsatz? Vogt, 1888.25
Neue Kundennummer (0=Ende)? 0
Datei Kunden1.DAT geschlossen. Programmende KunSchr1.
```

### 3.7.2.3 Einen Datensatz direkt lesen und anzeigen

Das Programm KunLes1 greift über die relative Satznummer% direkt auf den jeweiligen Kundensatz zu.

**Basic-Quelltext zum Leseprogramm KunLes1:**

```
' ====== Programm KunLes1
' Random-Dateiorganisation: Auf einen Datensatz direkt lesend zugreifen

' ====== Vereinbarungsteil
' Dateiname$:                   FILE-Name (Direktzugriff-Datei)
' Nummer%, Namen$, Umsatz:      Datensatz mit 3 Datenfeldern
' NummerP$, NamenP$, UmsatzP$: Datensatz in FIELD-Dateipuffer
' Satznummer%:                  Relative Satznummer
' NummerSuch%:                  Suchbegriff für Kundennummer
  %Satzlaenge = 26             'Konstante Datensatzlänge

' ====== Anweisungsteil
CLS
INPUT "Dateiname (z.B. Kunden1.DAT)"; Dateiname$
OPEN "R", #1, Dateiname$, %Satzlaenge
FIELD #1, 2 AS NummerP$, 20 AS NamenP$, 4 AS UmsatzP$      'Dateipuffer
INPUT "Satz mit welcher Kundennummer suchen"; NummerSuch%
LET Satznummer% = NummerSuch% - 100                'Adreßrechnung
  GET #1, Satznummer%                              'Satz in Dateipuffer lesen
  LET Nummer% = CVI(NummerP$)                      'Format umsetzen
  LET Namen$  = NamenP$
  LET Umsatz  = CVS(UmsatzP$)
  IF Nummer% = 0 THEN
    PRINT "... Kunde nicht gefunden."
  ELSE
    PRINT "Kundennummer:  "; Nummer%               'Satz anzeigen
    PRINT "Kundenname:    "; Namen$
    PRINT USING "Umsatz in DM: #######.##"; Umsatz
  END IF
PRINT "Datei ";Dateiname$;" unverändert geschlossen."
CLOSE #1
PRINT "Programmende KunLes1."
END
```

**Ausführungsbeispiel zum Leseprogramm KunLes1:**

```
Dateiname (z.B. Kunden1.DAT)? Kunden1.DAT
Satz mit welcher Kundennummer suchen? 109
Kundennummer:   109
Kundenname:     Schulte
Umsatz in DM:    7000.50
Datei Kunden1.DAT unverändert geschlossen.
Programmende KunLes1.
```

**1. Dateipuffer einrichten:**
- FIELD #1, 2 AS NummerP$, 20 AS NameP$, 4 AS UmsatzP$ richtet einen Pufferspeicher mit den vier Puffervariablen NummerP$, NameP$ und UmsatzP$ ein. Der Dateipuffer ist beim Lesen wie Schreiben identisch.
- Puffervariablen müssen Stringvariablen sein. Die Länge hängt vom Datentyp ab: Integer 2, Langinteger 4, Real-einfachgenau 4, Real-doppeltgenau 8 und String hier z.B. 20 Zeichen lang.

**2. Datensatz aus Dateipuffer in die Datei schreiben:**
- GET #1, Satznummer% liest den an der relativen Satznummer% beginnenden Satz in den Dateipuffer der Datei 1 ein.

**3. Inhalte der Puffervariablen in die Feldvariablen umwandeln:**
- Die Funktionen CVI (lies: ConVert to Integer), CVL, CVS und CVD wandeln die in den Puffervariablen im speziellen Dateiformat zwischengespeicherten Daten in den entsprechenden numerischen Datentyp um.
- LET Nummer%=CVI(NummerP$) wandelt den Inhalt von Puffer NummerP$ in eine Integerzahl um und weist sie dann der Feldvariablen Nummer% zu.

Lesen über den Dateipuffer in drei Schritten
anhand Programm KunLes1

### 3.7.2.4 Dateiinhalt komplett anzeigen

Das Programm KunLes2 liest die Direktzugriff-Datei seriell, d.h. in der Speicherungsfolge. Dazu wird in einer FOR-Schleife die relative Satznummer% um jeweils eine Position erhöht. Das Ausführungsbeispiel verdeutlicht, daß bei der Direktzugriff-Datei "Lücken" entstehen können.

**Ausführungsbeispiel zum seriellen Leseprogramm KunLes2:**

```
Name der Kundendatei (z.B. Kunden1.DAT)? Kunden1.DAT
Satznummer: Kundennummer:     Kundenname:             Umsatz:
     1 :        101          Kaier                      65.10
     2 :        102          Schonfelder              9650.25
     3 :          0                                      0.00
     4 :          0                                      0.00
     5 :        105          Tillmann-Severin       109443.75
     6 :        106          Maucher                 99000.00
     7 :        107          Daubert-Heidelberger     4907.25
     8 :          0                                      0.00
     9 :        109          Schulte                  7000.50
    10 :          0                                      0.00
    11 :        111          Tomerl                     43.00
    12 :          0                                      0.00
    13 :          0                                      0.00
    14 :        114          Littenweiler-Klaus          9.50
    15 :        115          Hildebrandt               730.95
Datei Kunden1.DAT unverändert geschlossen.
Programmende KunLes2.
```

**Basic-Quelltext zum seriellen Leseprogramm KunLes2:**

```
' ====== Programm KunLes2
' Random-Dateiorganisation: Alle Sätze seriell lesen und anzeigen

' ====== Vereinbarungsteil
' Dateiname$:                   FILE-Name (Direktzugriff-Datei)
' Nummer%, Namen$, Umsatz:      Datensatz mit 3 Datenfeldern
' NummerP$, NamenP$, UmsatzP$: Datensatz in FIELD-Dateipuffer
' Maske$:                       Druckmaske zur Ausgabeformatierung
' Satznummer%:                  Relative Satznummer
' Satzanzahl%:                  Anzahl der gespeicherten Kundensätze
  %Satzlaenge = 26             'Konstante Datensatzlänge

' ====== Anweisungsteil
CLS
INPUT "Name der Kundendatei (z.B. Kunden1.DAT)"; Dateiname$
OPEN Dateiname$ AS #1 LEN = %Satzlaenge
Satzanzahl% = LOF(1) / %Satzlaenge
FIELD #1, 2 AS NummerP$, 20 AS NamenP$, 4 AS UmsatzP$       'Dateipuffer
LET Maske$=" ## :         ###          \                    \ #######.##"
PRINT "Satznummer: Kundennummer:    Kundenname:           Umsatz:"
FOR Satznummer% = 1 TO Satzanzahl%
  GET #1, Satznummer%                            'Satz in Dateipuffer lesen
  LET Nummer% = CVI(NummerP$)                    'Format umsetzen
  LET Namen$  = NamenP$
  LET Umsatz  = CVS(UmsatzP$)
  PRINT USING Maske$; Satznummer%,Nummer%,Namen$,Umsatz 'Satz anzeigen
 NEXT Satznummer%
PRINT "Datei ";Dateiname$;" unverändert geschlossen."
CLOSE #1
PRINT "Programmende KunLes2."
END
```

### 3.7.2.5 Änderungsdienst am Beispiel der Umsatzfortschreibung

Das Programm KunAend1 demonstriert das Problem des Änderungsdienstes am Beispiel der Fortschreibung bzw. Aktualisierung des Kundenumsatzes.

**Datenflußplan zum Änderungsprogramm KunAend1:**

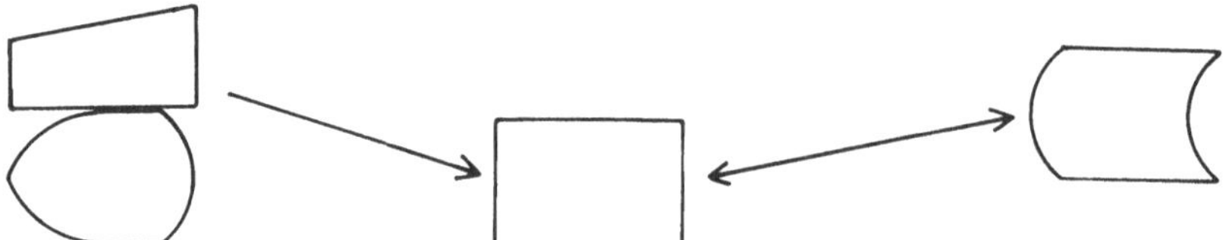

**Basic-Quelltext zum Änderungsprogramm KunAend1:**

```
' ====== Programm KunAend1
' Random-Dateiorganisation: Änderungsdienst einer Direktzugriff-Datei
' am Beispiel der Aktualisierung des Kundenumsatzes.

' ====== Vereinbarungsteil
' Dateiname$:                  Name der Direktzugriff-Datei
' Nummer%, Namen$, Umsatz:     Datensatz mit 3 Datenfeldern
' NummerP$, NamenP$, UmsatzP$: Datensatz in FIELD-Puffer-Vereinbarung
' Satznummer%:                 Relative Satznummer
' NummerAend%:                 Kundennummer des zu ändernden Satzes
  %Satzlaenge = 26            'Konstante Datensatzlänge

' ====== Anweisungsteil
CLS
INPUT "Dateiname (z.B. Kunden1.DAT)"; Dateiname$
OPEN "R", #1, Dateiname$, %Satzlaenge
FIELD #1, 2 AS NummerP$, 20 AS NamenP$, 4 AS UmsatzP$
INPUT "Satz mit welcher Nummer ändern (z.B. 106)"; NummerAend%
LET Satznummer% = NummerAend% - 100    'Adreßrechnung
  GET #1, Satznummer%                  'Satz in Puffer lesen
  LET Nummer% = CVI(NummerP$)          'Format konvertieren
  LET Namen$ = NamenP$
  LET Umsatz = CVS(UmsatzP$)
  IF Nummer% = 0 THEN
    PRINT "Satz mit Nummer";NummerAend%;"nicht gefunden."
  ELSE
    PRINT "Umsatzänderung für Kunde ";Namen$
    PRINT USING "Umsatz bisher ######.## ";Umsatz
    INPUT "Umsatz jetzt"; Umsatz
    LSET UmsatzP$ = MKS$(Umsatz)
    PUT #1, Satznummer%                'Satz überschreiben
    PRINT "Änderung durchgeführt, Satz überschrieben."
  END IF
CLOSE #1
PRINT "Datei ";Dateiname$;" geschlossen."
PRINT "Programmende KunAend1."
END
```

**Ausführungsbeispiel zum Änderungsprogramm KunAend1:**

```
Dateiname (z.B. Kunden1.DAT)? Kunden1.DAT
Satz mit welcher Nummer ändern (z.B. 106)? 106
Umsatzänderung für Kunde Maucher
Umsatz bisher 130455.00
Umsatz jetzt? 99000
Änderung durchgeführt, Satz überschrieben.
Datei Kunden1.DAT geschlossen.
Programmende KunAend1.
```

### 3.7.3 Gerätedatei

Gerätedateien stellen eine Sonderform der sequentiellen Dateien dar und werden wie diese behandelt:

- **Drei-Schritt-Folge "Öffnen - Zugriff - Schließen":** Externe Geräte wie Drucker und Tastatur werden als Datei geöffnet, beschrieben bzw. gelesen und wieder geschlossen.
- **Reservierte Namen:** Für jede als Datei angesprochene Gerät sieht Turbo Basic einen reservierten Dateinamen vor, der mit einem ":" endet: Mit LPT1: wird z.B. der erste angeschlossene Drucker benannt.

| | |
|---|---|
| **COM1:, COM2** | Ports 1 und 2 (COMmmunication) als serielle Schnittstellen zur Eingabe- wie Ausgabe zu öffnen. |
| **KYBD:** | Tastatur (KeYBoarD) als Eingabedatei zu öffnen. |
| **LPT1:, LPT2:, LPT3:** | Drucker 1-3 (Line PrinTer) als Ausgabedateien zu öffnen. |
| **SCRN:** | Bildschirm (SCReeN) als Ausgabedatei zu öffnen |

Für Gerätedateien reservierte Dateinamen

**Tastatur KEYBD: als Eingabedatei:** Die Anweisungen INPUT s$,i%: INPUT r! bewirken dasselbe wie diese Anweisungsfolge:

```
OPEN "KYBD:" FOR INPUT AS #1
  INPUT #2, s$,i%
  INPUT r!
CLOSE #1
```

**Bildschirm SCRN: als Ausgabedatei:** Die Anweisung PRINT "Turbo Basic-Wegweiser" kann in folgender Anweisungsfolge geschrieben werden:

```
OPEN "SCRN:" FOR OUTPUT AS #2
  PRINT #2, "Turbo Basic-Wegweiser"
CLOSE #2
```

**Drucker LPT1: als Ausgabedatei:** Das folgende Programm Drucker1 zeigt, wie der Computer als Schreibmaschine genutzt werden kann:
- Durch die Anweisung OPEN "LPT1:" AS #1 wird die Schnittstelle des ersten Druckers der Dateivariablen #1 zugeordnet.
- Alle mit der Return-Taste abgeschlossenen Zeileneingaben werden an den Drucker geschickt.
- Durch Drücken der Return-Taste (ohne vorherige Zeicheneingabe) wird der Drucker als Schreibmaschine wieder abgeschaltet bzw. die Ausgabedatei LPT1: geschlossen.

**Basic-Quelltext zu Programm Drucker1:**

```
' ====== Programm Drucker1
' Drucker als Gerätedatei öffnen und zeilenweise drucken

' ====== Vereinbarungsteil
' Druckzeile$: auszugebende Zeile

' ====== Anweisungsteil
CLS
PRINT "Ausdrucken von Text bis zur Eingabe von Return:"
OPEN "LPT1:" AS #1
INPUT Druckzeile$
DO WHILE Druckzeile$ 2 3 ""
  PRINT #1, Druckzeile$
  INPUT Druckzeile$
LOOP
CLOSE #1
PRINT "Programmende Drucker1."
END
```

**Ausführungsbeispiel zu Programm Drucker1:**

```
Ausdrucken von Text bis zur Eingabe von Return:
? Ich hab mein Herz
? in Heidelberg verloren ...
?
Programmende Drucker1.
```

— — — ... **nur Return-Taste gedrückt**

### 3.7.4 Binärdatei

**BINARY:** Mit dem reservierten Wort BINARY wird eine Datei als datentypfrei bzw. unstrukturiert vereinbart: Zeichen werden als Folge von Bytes hintereinander in die Binärdatei geschrieben bzw. von dieser gelesen. Dem Benutzer obliegt somit die Zugriffskontrolle; er muß zwei Angaben machen:

- **Von welcher Startposition innerhalb der Datei an soll zugegriffen werden?** Turbo Basic unterstützt den Benutzer durch die Funktionen LOF() und LOC() sowie durch die Anweisung SEEK.
- **Wieviele Zeichen sollen gelesen bzw. geschrieben werden?** Anweisungen GET$ und PUT$ sowie Funktion EOF().

Man kann jede Datei als BINARY öffnen. Insbesondere solche Dateien, die nicht dem ASCII-Format entsprechen (wie z.B. dBASE III-Dateien), die aber von Turbo Basic-Programmen weiterverarbeitet werden sollen.

### 3.7.4.1 Lesender Zugriff auf eine Binärdatei

Das Programm BinTest1 veranschaulicht, welche Möglichkeiten bzw. Sprachmittel dem Benutzer zur Verfügung stehen, um eine Datei als Binärdatei zu untersuchen, ohne dabei den Dateiinhalt zu verändern.

**OPEN Dateiname$ FOR BINARY AS #1**
- Eine Binärdatei wird stets als Ein-/ wie Ausgabedatei geöffnet. Angaben wie z.B. INPUT und OUTPUT entfallen.
- Die Dateivariable #1 ist nun im Binärmodus verfügbar.
- OPEN stellt den **Dateizeiger** auf die Anfangsposition 0 und EOF(1) auf False (siehe unten).

**PRINT LOF(1)**
- Die Funktion LOF(1) gibt die Länge der Binärdatei in Bytes aus (für Length Of File).
- Die Beispieldatei A:AB372.TXT ist genau 7680 Bytes lang.
- LOF(1) läßt den Dateizeiger unbewegt.

**PRINT LOC(1)**
- Die Funktion LOC(1) gibt die Position innerhalb der Binärdatei an, auf die der Dateizeiger gerade weist.
- Hinweis: LOC(1) zählt bei der Binärdatei in Bytes und bei der sequentiellen Datei in "128 Bytes-Blöcken". Bei der Direktzugriff-Datei wird die Nummer des Datensatzes genannt, auf den zuletzt zugegriffen wurde.

**SEEK #1, 3**
- Die SEEK-Anweisung bewegt den Dateizeiger auf die angegebene Position, hier also auf Position 3.
- SEEK kann den Dateizeiger auch hinter das Dateiende positionieren, wie hier durch die Anweisung SEEK #1,Position& auf die Position 9999999. LOC(1) gibt diesen Wert an und EOF(1) wird dann True bzw. wahr.

**GET$ #1, 10, Inhalt$**
- Die GET$-Anweisung liest die angegebene Anzahl von Bytes (hier 10) von der Binärdatei in die genannte Stringvariable (hier Inhalt$).
- GET$ erhöht den Dateizeiger um die Anzahl der gelesenen Bytes.
- Im Ausführungsbeispiel liefert der obige GET$-Anweisung keine (sichtbare) Ausgabe. Grund: Die Datei A:AB372.TXT ist eine unter Word erstellte Textdatei, bei der nicht druckbare Steuerzeichen am Dateianfang stehen.
- Hinweis: Das Lesen und Ausgeben solcher Steuerzeichen kann zu unliebsamen Überraschungen führen.
- GET$ liest nur bis zum Dateiende. Die Angabe **GET$ #1, 10000, s$** würde also nur die 7680 Bytes der Datei A:AB372.TXT lesen.
- Ist EOF(1) True, gibt GET$ einen Leerstring ohne Fehlermeldung aus. Im Ausführungsbeispiel wird dies durch IF abgefragt.

**IF EOF(1)**
- Die Funktion EOF(1) liefert den Wert False bzw. 0 zurück, solange der Dateizeiger vor dem Dateiende steht.
- Die OPEN-Anweisung stellt EOF(1) auf True.
- Die Anweisungen SEEK und GET$ können EOF(1) auf False setzen.

**Basic-Quelltext zum Leseprogramm BinTest1:**

```
' ====== Programm BinTest1
' Test der Funktionen LOF(), LOC(), EOF() und der Anweisungen
' GET$ und SEEK für Binärdateien.

' ====== Vereinbarungsteil
' Dateiname$, Inhalt$, Position&

' ====== Anweisungsteil
CLS
INPUT "Name der als BINARY zu öffnenden Datei";Dateiname$
OPEN Dateiname$ FOR BINARY AS #1
PRINT "1. ";Dateiname$;" belegt"; LOF(1); "Bytes an Speicherplatz."
PRINT "2. Dateizeiger steht auf Position";LOC(1)
SEEK #1, 3
PRINT "3. Dateizeiger steht auf Position";LOC(1)
GET$ #1, 10, Inhalt$
PRINT "4. In den nächsten 10 Stellen steht: ";Inhalt$
PRINT : PRINT "5. Dateizeiger testen"
DO
  INPUT "-  Dateizeigerposition (9999999=Ende)"; Position&
  SEEK #1, Position&
  PRINT "   Dateizeiger steht auf"; LOC(1)
  IF EOF(1) THEN
    PRINT "   EOF(1) erreicht. Dateizeiger zeigt hinter das Dateiende."
  ELSE
    PRINT "   EOF(1) nicht wahr."
  END IF
  GET$ #1, 1, Inhalt$
  IF Inhalt$ = "" THEN
    PRINT "   Anweisung GET$ liefert einen Leerstring zurück."
  ELSE
    PRINT "   An Position"; Position&; "ist ";Inhalt$;" gespeichert."
  END IF
LOOP UNTIL Position& = 9999999
CLOSE
PRINT "Programmende BinTest1."
END
```

**Ausführungsbeispiel zum Leseprogramm BinTest1:**

```
Name der als BINARY zu öffnenden Datei? A:AB372.TXT
1. A:AB372.TXT belegt 7680 Bytes an Speicherplatz.
2. Dateizeiger steht auf Position 0
3. Dateizeiger steht auf Position 3
4. In den nächsten 10 Stellen steht:      10 Zeichen nich druckbar,
                                          da Steuerzeichen.
5. Dateizeiger testen
-  Dateizeigerposition (9999999=Ende)? 2785
   Dateizeiger steht auf 2785
   EOF(1) nicht wahr.
   An Position 2785 ist P gespeichert.
-  Dateizeigerposition (9999999=Ende)? 9999999
   Dateizeiger steht auf 9999999
   EOF(1) erreicht. Dateizeiger zeigt hinter das Dateiende.
   Anweisung GET$ liefert einen Leerstring zurück.
Programmende BinTest1.
```

### 3.7.4.2 Schreibender Zugriff auf eine Binärdatei

Das Programm BinTest2 zeigt auf, wie eine Binärdatei beschrieben bzw. verändert werden kann. Jede Datei kann als BINARY geöffnet und byteweise beschrieben werden. Turbo Basic stellt dazu die PUT$-Anweisung bereit. Um Überraschungen zu vermeiden, sollte man sich hüten, "unbekannte Dateien" mit PUT$ zu verändern.

**PUT$ #1, "Turbo Basic"**

- Die PUT$-Anweisung schreibt die 11 Bytes "Turbo Basic" bei der aktuellen Position des Dateizeigers beginnend in die mit #1 geöffnete Binärdatei.
- PUT$ erhöht den Dateizeiger um die Anzahl geschriebener Bytes, hier also um 11.
- Hat SEEK den Dateizeiger hinter das bisherige Dateiende positioniert (siehe oben), schreibt PUT$ ab dieser Position in der angegebenen Länge. EOF(1) verschiebt sich dadurch, die Datei wird entsprechend verlängert.
- GET$ und PUT$ werden oft kombiniert. Mit der Lese-/Schreibschleife

  ```
  DO WHILE NOT EOF(1)
    GET$ #1, 32767, Inhalt$
    PUT$ #2, Inhalt$
  LOOP
  ```

  wird eine mit #1 geöffnete binäre Eingabedatei in die binäre Ausgabedatei #2 kopiert, und zwar Byte für Byte. GET$ kann nur maximal 32767 Bytes auf einmal lesen. GET$ und PUT$ rücken die Dateizeiger um die jeweils gelesene bzw. geschriebene Anzahl von Bytes weiter.

**Basic-Quelltext zum Schreibprogramm BinTest2:**

```
' ====== Programm BinTest2
' Test der Anweisungen PUT$, GET$ und SEEK für Binärdateien.

' ====== Vereinbarungsteil
' Dateiname$, Inhalt1$, Inhalt2$

' ====== Anweisungsteil
CLS
INPUT "Name der als BINARY zu öffnenden Datei"; Dateiname$
OPEN Dateiname$ FOR BINARY AS #1
IF LOF(1)<>0 THEN
  PRINT Dateiname$;" enthält bereits Information."
ELSE
  PRINT "1. ";Dateiname$;" belegt"; LOF(1); "Bytes an Speicherplatz."
  PRINT "2. Dateizeiger steht auf Position"; LOC(1)
  PUT$ #1, "Turbo Basic"
  PUT$ #1, "!"
  SEEK #1, 0
  GET$ #1, 5, Inhalt1$
  GET$ #1, 7, Inhalt2$
  PRINT "3. ... gespeichert ist: ";Inhalt1$ + Inhalt2$
  PRINT "4. Dateizeiger steht auf Position"; LOC(1)
END IF
CLOSE #1
PRINT "Programmende BinTest2."
END
```

**Ausführungsbeispiel zum Schreibprogramm BinTest2:**

```
Name der als BINARY zu öffnenden Datei? B:Daten1.BIN
B:Daten1.BIN enthält bereits Information.
Programmende BinTest2.



Name der als BINARY zu öffnenden Datei? B:Daten2.BIN
1. B:Daten2.BIN belegt 0 Bytes an Speicherplatz.
2. Dateizeiger steht auf Position 0
3. ... gespeichert ist: Turbo Basic!
4. Dateizeiger steht auf Position 12
Programmende BinTest2.
```

# ASCII-Tabelle

| 765 | Higher bits / bit-Nummer | | 000 / 765 | 001 / 765 | 010 / 765 | 011 / 765 | 100 / 765 | 101 / 765 | 110 / 765 | 111 / 765 |
|---|---|---|---|---|---|---|---|---|---|---|
| 765 | Lower-bits 4321 | Hex-Code | 0 | 1 | 2 | 3 | 4 | 5 | 6 | 7 |
| | 0000 | 0 | NUL 00 | DLE 16 | SP 32 | 0 48 | @ 64 | P 80 | \ / ◇ 96 | p 112 |
| | 0001 | 1 | SOH 01 | DC1 17 | ! 33 | 1 49 | A 65 | Q 81 | a 97 | q 113 |
| | 0010 | 2 | STX 02 | DC2 18 | " 34 | 2 50 | B 66 | R 82 | b 98 | r 114 |
| | 0011 | 3 | EXT 03 | DC3 19 | # 35 | 3 51 | C 67 | S 83 | c 99 | s 115 |
| | 0100 | 4 | EOT 04 | DC4 20 | $ 36 | 4 52 | D 68 | T 84 | d 100 | t 116 |
| | 0101 | 5 | ENQ 05 | NAK 21 | % 37 | 5 53 | E 69 | U 85 | e 101 | u 117 |
| | 0110 | 6 | ACK 06 | SYN 22 | & 38 | 6 54 | F 70 | V 86 | f 102 | v 118 |
| | 0111 | 7 | BEL 07 | ETB 23 | ' 39 | 7 55 | G 71 | W 87 | g 103 | w 119 |
| | 1000 | 8 | BS 08 | CAN 24 | ( 40 | 8 56 | H 72 | X 88 | h 104 | x 120 |
| | 1001 | 9 | HT 09 | EM 25 | ) 41 | 9 57 | I 73 | Y 89 | i 105 | y 121 |
| 0111 | 1010 | A | LF 10 | SUB 26 | * 42 | : 58 | J 74 | Z 90 | j 106 | z 122 |
| | 1011 | B | VT 11 | ESC 27 | + 43 | ; 59 | K 75 | [ / Ä 91 | k 107 | \| / ä 123 |
| | 1100 | C | FF 12 | FS 28 | , 44 | < 60 | L 76 | \ / Ö 92 | l 108 | \| / ö 124 |
| | 1101 | D | CR 13 | GS 29 | - 45 | = 61 | M 77 | ] / Ü 93 | m 109 | \| / ü 125 |
| | 1110 | E | SO 14 | RS 30 | . 46 | > 62 | N 78 | ^ / ß 94 | n 110 | ~ / – 126 |
| | 1111 | F | SI 15 | US 31 | / 47 | ? 63 | O 79 | _ 95 | o 111 | DEL 127 |

**Beispiele:**

- "z" als 122 (ASCII-Nr), 01111010 (binär) bzw. 7A (hexadezimal).
- Der ASCII ist ein 7-Bit-Code. Aus diesem Grunde ergänzt man als 8. Byte die 0.
- PRINT CHR$(122) ergibt "z".
- PRINT ASC("z") ergibt 122.

- "%" als 037 (ASCII-Nr), 00100101 (binär) bzw. 25 (hexadezimal).
- PRINT CHR$(37) ergibt "%".
- PRINT ASC("%") ergibt 37.

- Steuerzeichen von 0 bis 31.
- PRINT CHR$(13) ergibt CR, d.h. Zeilenvorschub mit Wagenrücklauf.

# Programmverzeichnis

**Die Begleitdiskette namens KAI87TB-WEG umfaßt acht Unterverzeichnisse für die Abschnitte 2 und 3.1 bis 3.7:**

```
 Dskt/Platte in Laufwerk B ist KAI87TB-WEG
 Verzeichnis von B:\

AB31         <DIR>      30.07.87   0.02
AB32         <DIR>      30.07.87   0.07
AB33         <DIR>      30.07.87   0.07
AB34         <DIR>      30.07.87   0.07
AB35         <DIR>      30.07.87   0.07
AB36         <DIR>      30.07.87   0.07
AB37         <DIR>      30.07.87   0.07
LIESMICH           695   5.09.87   3.43
AB2          <DIR>      14.08.87   4.15
        9 Datei(en)     254976 Byte frei
```

**Programme von Abschnitt 2:**

```
 Verzeichnis von B:\AB2

.               ..              ERSTPROG BAS
        3 Datei(en)
```

**Programme von Abschnitt 3.1**

```
 Verzeichnis von B:\AB31

.               ..              KALKULAT BAS    PREIS1   BAS    PREIS2   BAS
VERBRAU1 BAS    VERBRAU2 BAS    VERBRAU3 BAS
        8 Datei(en)
```

**Programme von Abschnitt 3.2**

```
 Verzeichnis von B:\AB32

.               ..              DREIFALL BAS    MWST1    BAS    MWST2    BAS
MWST3    BAS    SKONTOE1 BAS    SKONTOE2 BAS    SKONTOM1 BAS    SKONTOM2 BAS
SKONTOZ1 BAS    SKONTOZ2 BAS    SKONTOZ3 BAS
       13 Datei(en)
```

**Programme von Abschnitt 3.3**

```
 Verzeichnis von B:\AB33

.               ..              FAHRTENB BAS    KAPITAL1 BAS    KAPITAL2 BAS
KAPITAL3 BAS    RATENSPA BAS    WARTEN1  BAS    ZEITAUS1 BAS    ZEITTEST BAS
ZUFALL   BAS
       11 Datei(en)
```

**Programme von Abschnitt 3.4**

```
 Verzeichnis von B:\AB34

.               ..              PARAMET1 BAS    PARAMET2 BAS    UNTPRG1  BA:
UNTPRG2  BAS    UNTPRG3  BAS    UNTPRG4  BAS    VARIAB1  BAS    VARIAB2  BA:
VARIAB3  BAS
       11 Datei(en)
```

**Programme von Abschnitt 3.5**

```
 Verzeichnis von B:\AB35

.               ..              BLOCKSAT BAS    DATUMINT BAS    DATUMPRU BA:
ETIKETT  BAS    GEHEIM   BAS    TEXT0    BAS    TEXT1    BAS    TEXT2    BA:
TEXT3    BAS    TEXT4    BAS    TEXT5    BAS    TEXT6    BAS    TEXT7    BA:
TEXT8    BAS    TEXT9    BAS    WILDCARD BAS
       18 Datei(en)
```

**Programme von Abschnitt 3.6**

```
 Verzeichnis von B:\AB36

.               ..              ABTABELL BAS    FAKULT1  BAS    FAKULT2  BA:
JAHRE1   BAS    LAGREGAL BAS    SPEICH1  BAS    SPEICH2  BAS    UMKEHRZA BA:
VOKABELD BAS
       11 Datei(en)
```

**Programme von Abschnitt 3.7**

```
 Verzeichnis von B:\AB37

.               ..              BINTEST1 BAS    BINTEST2 BAS    DATEN1   BI
DATEN2   BIN    DRUCKER1 BAS    KUNAEND1 BAS    KUNANL1  BAS    KUNDEN1  DA
KUNLES1  BAS    KUNLES2  BAS    KUNSCHR1 BAS    LAGAEND1 BAS    LAGER1   DA
LAGLES1  BAS    LAGSCHR1 BAS
       17 Datei(en)
```

# Sachwortverzeichnis


**ABS 190**
Abweisende Schleife 147
Adresse 27 177
Adreßübergabe 176
Adreßrechnung 231
Änderungsdienst 226 234
Aktueller Parameter 164 176
Aktueller Datensatz 228
Algorithmus 51
Algorithmischer Entwurf 19 141
Alternativstruktur 21
Anweisung (Block) 136
Anweisung (Zeile) 136
Anweisungen (alle) 92
Anweisungsteil (Programm) 29
Anwenderprogramm 6
Array 13 201
Array-Speicher 214
Array (Kellerspeicher) 206
Array (Parameter) 178 212
ASC 100 198
ASCII-Code 140 242
ATN 100
Attribut (Variable) 171
Ausblenden-Regel 173
Ausdruck 83
Auswahlstruktur 20 130

**Basic-Programm 122**
BAS-Datei 121
Befehlsverzeichnis (Turbo) 92
BEEP 92
Benchmark-Test 154
Betriebssystem 7 114
Bewegungsdaten 5
Binärdatei 237
Binärkonstante 88
BINARY 238
BIN$ 100
BLOAD 106
Block(-struktur) 53
Block-Regel 173
Boolean (Datentyp) 12 143
Bottom-Up 52
BOUNDS 75
BSAVE 106
Byte 27 238

**CALL 92 165**
CALL ABSOLUTE 92
Call by Reference 177
Call by Value 178
CASE 140
CHAIN 106
CDBL 101
CEIL 101
Chain File 74
Change dir 69
CHDIR 106
Char (Datentyp) 12
CHR$ 101 242
CINT 101
CIRCLE 92
CLEAR 92
CLOSE 106 222
CLNG 101
Codasyl 42
Code 121
Codierung 51 118
COLORS 77
COMMAND$ 101
COMMON 106
Compiler 7 51 61
Compile-Kommando 67 73
Compile to 74
COM1 92 236
CONST 29
COPY 114
COS 101
CSNG 101
CVD 106 229 233
CVI 106 229 233
CVL 106 229 233
CVMD 106
CVMS 106
CVS 106 229 233

**Datei 9**
Dateihierarchie 221
Dateiverarbeitung 32
Datei-Algorithmus 38
Datenbank 9 40
Datenfeld 221
Datenpuffer 228
Datensatz 32
Datenstrukturen 6
Datentypen 6 86
Datenverkehr 39
DATE$ 101
Datum 192
Debug-Kommando 67 79
DECR 93
DEF FN 93 169
DEF SEG 101
DELAY 93

Desktop 54
Dialogprotokoll 19 118
DIM 93
Dimension (Array) 201
DIR 114
Directory 64 69
Direktzugriff 33 228
DISKCOPY 114
DO-LOOP 93 152
DO-LOOP-UNTIL 93 151
DO WHILE-LOOP 93 148
DRAW 94
Drucker 237
DYNAMIC 213
Dynamisches Dimsionieren 204
Dynamischer Typ 14 213

**Edit-Kommando 70**
Editor 51 59
Ein-/Ausgabeparameter 163
ELSE 130
ELSEIF 137
ENDMEM 101
Entwurfsprache 19 50
ENVIRON 94
ENVIRON$ 101
EOF 107 225
ERADR 101
ERASE 94 114 213
ERDEF 101
Erfassung (Datei) 223
ERROR 94
Esc-Taste 59
Executable File 74
EXE-Datei 121
EXIT 94 152
EXP2 102
EXP10 102

**Fallabfrage 140**
Farbnummern 96
Fehler 51 63
FIELD 107 229
File 12
File-Kommando 60 68
FILES 107
Firmware 4
FIX 102
Folgestruktur 18
FOR 94 154
Formaler Parameter 164 176
FORMAT 114
Formatierte Daten 5
Fortschreibung 234
Frame 54
FRE 214
Funktion 23 29 100 169
Funktionstypen 170

**Gerätedatei 236**
Gestreute Speicherung 34
GET 94
GET$ 107
GET# 228
Globale Variable 171
GOSUB 94 163 167
GOTO 94
Grafikprogramm 10
Gültigkeitsbereich 173

**Hardware 4**
Hexadezimalkonstante 88
HEX$ 102

**IF 94 130**
INCR 95
Indexdatei 35
Indextyp (Array) 201
Indizierte Speicherung 34
INKEY$ 102
INLINE 167
INP 107
INPUT 107 123
INPUT# 222
INPUT$(1) 190
INSTAT 102 150
INSTR 102 184
INT 102
Integer (Datentyp) 12 86
Interpreter 7
IOCTL 107
Iteration 207

**Jackson-Methode 52**
Jokerzeichen 194

**KEY 95**
Keyboard 75
KILL 107
Kommandoleiste 59
Konstante 87 121
KYBD 236

**Label 29 168**
Langinteger 86
Laufvariable 156
LBOUND 102
LCASE$ 102

Leersatz 229
LEFT$ 102
LEN 102
Lesen (Datei) 225
LET 123
LIFO-Speicher 207
LINE 95
LINE INPUT 95 107
LOC 107 238
LOCAL 96 167 175
LOCATE 96
LOF 238
LOG 102
Logische Operation 84
LOG10 102
Lokale Variable 171
LOOP 148
LPRINT 96
LPT1 236
LSET 107
Lücke (Datei) 233

**Matrix 212**
Maus 54
Memory to Memory 74
Menütechnik 52
Message-Fenster 62
MID$ 96 103 185
MKD 108 229
MKDIR 107
MKI 108 229
MKL 108 229
MKS 108 229
Modularisierung 52
MS-DOS 114
MTIMER 96 103

**NAME 108**
NEW 68
Nicht-abweisende Schleife 151
Normierung 52

**Objektcode 62**
OCT$ 103
Öffnen (Datei) 39
Oktalkonstante 88
ON ERROR 96
ON GOSUB 96
ON GOTO 96
ON PEN 96
ON PLAY 96
ON STRIG 96
ON TIMER 96
OPEN 108 222
Operatoren 84
OPTION BASE 96 201
Options-Kommando 65 74
Organisation (Datei) 37
OS shell 69
OUT 108
Overflow 75
Overlay 53

PAP 47
**PAINT 96**
PALETTE 96
PAP 47
Parallele Arrays 205
Parameter 163
Parameterliste 165 176
Parameterübergabe 165
Pop-Up-Menü 53
PEEK 103
PEN 103
Pictogramm 54
PLAY 97 103
PMAP 104
POINT 104
POKE 97
POS 104
PRESET 97
PRINT 108 124
PRINT# 108 222
PRINT USING 97 124
Problemanalyse 45 125
Procedure 29
Programm 29
Programmablaufplan 47
Programmentwicklung 44 125
Programmierung 51
Programmkonstrukt 24
Programmname 243
Programmstrukturen 7 24 90
Prompt-Zeichen 53
Prozedur 23 163
PSET 98
Pseudocode 50
Puffer 228
PUT 98
PUT$ 108 240
PUT# 228

**Quelltext (Source) 62 118**
Quit 69

**RAM 27**
RANDOMIZE 98 154
Random-Datei 228

Rangfolge (Operatoren) 85
READ 98
Real (Datentyp) 12 86
Record (Datentyp) 13
REG 98
Rekursion 206
Relationale Datenbank 42
Relative Datei 231
REM 98
RENAME 114
Reservierte Wörter 82 83
RESET 109
RESTORE 98
RESUME 98
RETURN 98
RIGHT$ 104 187
RMDIR 109
RND 104
RSET 109
Run-Kommando 61 73 109

**Save-Kommando 61 68**
SCREEN 98 104
SCRN 236
SEEK 109
SELECT 99 140
Selektion 21
Sequentielle Datei 33 221
Serielles Lesen 34 234
Set (Datentyp) 13
Setup-Kommando 67 76
SHARED 99 165
SIN 104
SNG 104
Software 4
Software-Bausteine 26
Software-Engineering 51
Software-Pyramide 8
SOUND 99
Sourcefile 62 118
SPACE$ 104
Speicherungsform (Datei) 33
SQR 104
SUB 99 163
SWAP 100
SYSTEMcc 100

**Schachtelung 24 158**
Schachtelungsstruktur 173
Schleife 21 147
Schließen (Datei) 39
Schreiben (Datei) 223

**Stack 158 166 206**
Stack test 75 168
Stack-Speicher 214
Stammdaten 5
STATIC 99
Statische Datenstruktur 14 205
Statische Variable 171
STEP 156
Steuerprogramm 7
STICK 104
STR$ 104
String (Datentyp) 12 139 183
String-Array 204 217
String-Speicher 214
STRING$ 105 187
Struktogramm 19 49
Strukturbaum 45 126
Strukturierte Programmierung 53

**Tabellenkalkulation 8**
Tabellenverarbeitung 210
TAN 105
TB.EXE 58
TBCONFIG.TB 77
Teilstring 192
Test 51
Text 121
Textverarbeitung 8
Tile 79
TIMER 154
TIME$ 105
Tool 6 8
Top-Down-Entwurf 52
Trace 79
Treiber 39
TRON/TROFF 100
True (wahr) 139
TYPE 29 114

**UBOUND 105**
Unechte Zählerschleife 156
Unterprogramm 23
Unterprogrammtechnik 52

**VAL 105**
VARPTR 105
VARPTR$ 105
VARSEG 105
Variable 28 87 121
Variablenliste 45 126
Variablenparameter 163
Vereinbarungsteil (Programm) 29 120

Vereinbarungs-Regel 173
Vergleichszeichen 84 139
Verkettete Speicherung 34 36
Verschlüsselung 197
VIEW 100

**Wahrheitswert 143**
WAIT 109
Wertübergabe 176
Wertzuweisung 119
WHILE 100
WHILE-WEND 149
Wiederholungsstruktur 21 147
Wildcard-Zeichen 194
WINDOW 100
Window-Kommando 67 78
WITH 109
WRITE 100
Write to 69
WRITE# 109 222

**Zählerschleife 156**
Zeichenkette 183
Zeigertypen 15
Zeilenformate 91
ZOOM 79
Zugriffsart (Datei) 33

**$COM 110**
$DYNAMIC 110
$EVENT ON 110
$IF 110
$INCLUDE 111
$SEGMENT 111
$SOUND 111
$STACK 111
$STATIC 111

**+ (Stringaddition) 186**
? (Wildcard) 194
? (PRINT) 119
= (Zuweisung) 123
% (Integer) 86
& (Langinteger) 86
! (Real-einfach) 86
# (Real-doppelt) 87
$ (String) 87
$ (Compilerbefehl) 91
' (Kommentar) 119
_ (logische Zeile) 132
: (Trennung) 135